国家社科基金教育学一般课题
“高校创业学院跨学科组织设计及运行机制研究”（BIA170184）

本书由“江西省一流高峰特色学科——教育学”资助出版

高校创新创业学院跨学科组织设计及运行机制

THE INSTITUTIONALIZATION OF INNOVATION AND ENTREPRENEURSHIP EDUCATION IN CHINA: INTERDISCIPLINARY ORGANIZATIONAL DESIGN AND OPERATING MECHANISM

朱家德 著

社会科学文献出版社
SOCIAL SCIENCES ACADEMIC PRESS (CHINA)

目 录 CONTENTS

·第一章·

引论

1997 年清华大学经济管理学院在工商管理专业硕士学位（MBA）项目中开设创新与创业方向课程，[①] 通常被认为是我国高校开展创新创业教育的开端。2002 年 5 月，黑龙江大学成立虚体形式的创业教育学院，当年年底成立正处级建制的实体形式创业教育学院，被认为是中国第一家以“创业”命名、承担创新创业教育的高校二级学院。[②] 本书课题组的前期调查显示，目前 70% 左右的本科高校成立各种形式的创新创业学院，一些地方政府也鼓励高校设立创新创业学院。但目前，学界和实务界对创新创业学院到底“是什么”“谁来干”“怎么办”并不十分清楚。《国务院办公厅关于深化高等学校创新创业教育改革的实施意见》（国办发〔2015〕36 号）提出要“把深化高校创新创业教育改革作为推进高等教育综合改革的突破口”，并强调“高校要打通一级学科或专业类下相近学科专业的基础课程，

---

① 王占仁:《中国创业教育的历史发端与科学表述论析》,《东北师大学报》(哲学社会科学版）2015 年第 4 期，第 184 页。

② 关于全国第一家创业学院是哪所大学的，包括黑龙江大学创业教育学院副院长刘玉峰在内的不少人认为是北京航空航天大学创业管理培训学院（现改为“教育培训学院”）。从成立组织的目的、定位等来看，本书认为黑龙江大学创业教育学院是全国第一家高校创业学院，这一判断也得到不少高校创新创业学院院长的认可。

开设跨学科专业的交叉课程，探索建立跨院系、跨学科、跨专业交叉培养创新创业人才的新机制，促进人才培养由学科专业单一型向多学科融合型转变”。现有高校创新创业学院普遍为二级管理机构、教辅机构或传统学院，无法满足创新创业型人才培养的组织支持需要，迫切需要进行跨学科组织设计，并重构运行机制。

一　研究背景

（一）创新创业型人才培养质量危机

科技创新是创新创业的基石，科技成果转化是创新创业教育的重要环节。从国家层面看，自《中共中央国务院关于深化体制机制改革加快实施创新驱动发展战略的若干意见》（中发〔2015〕8号）和《国家创新驱动发展战略纲要》（中发〔2016〕4号）发布以来，我国逐步迈进创新驱动发展型创业时代。从高校创新创业教育看，大学生创业普遍集中在低附加值的流通服务业，创业项目的科技含量低，尤其是高新技术含量较低，难以服务国家创新驱动发展战略。本书课题组对2016年“创青春”全国大学生创业大赛获奖项目的统计分析表明，1122个获奖项目中科技类项目有429个，占比38.2%，非科技类项目693个，占比61.8%；奖项级别越低，科技类项目占比越小。创业计划竞赛类项目中金奖、银奖和铜奖的科技类项目占比分别为61.3%、47.3%和32.6%。创业实践挑战赛类项目中金奖、银奖和铜奖的科技类项目占比分别为84.2%、70.8%和46.0%。185个公益创业赛类项目中只有5个科技类项目，占比2.7%（见表1–1）。在科技类项目中，很大一部分项目也仅仅是“互联网+”的低科技含量项目，比如信息科技和电子商务、文化创意和服务咨询等项目，生物医药等较高科技含量的项目数量不多。进一步分析金奖创业计划竞赛类的75个项目，低科技含量或无科技含量的信息技术和电子商务组、文化创意和服务咨询组项目分别有 24 个和 16 个，分别占比 32.0% 和 21.3%，农林、畜牧、食品及相关产业组，生物医药组，化工技术和环境科学组，材料组，机械能源组项目共有 35 个，占比 46.7%。

表 1-1 2016 年“创青春”全国大学生创业大赛获奖项目统计

组别	金奖（134 个）				银奖（262 个）				铜奖（726 个）			
	科技类		非科技类		科技类		非科技类		科技类		非科技类	
	数量（个）	占比（%）	数量（个）	占比（%）	数量（个）	占比（%）	数量（个）	占比（%）	数量（个）	占比（%）	数量（个）	占比（%）
创业计划竞赛	46	61.3	29	38.7	69	47.3	77	52.7	128	32.6	265	67.4
创业实践挑战赛	32	84.2	6	15.8	51	70.8	21	29.2	98	46.0	115	54.0
公益创业赛	0	0	21	100	2	4.5	42	95.5	3	2.5	117	97.5
合计	78	58.2	56	41.8	122	46.6	140	53.4	229	31.5	497	68.5

资料来源：本书课题组根据 2016 年“创青春”全国大学生创业大赛获奖项目名单整理得出。

近年来，大学生毕业即创业比例连续上升，从 2011 届的 1.6% 上升到 2015 届的 3.0%，但创业成功率只有 3% 左右，即使在创业环境较好的省份如浙江、江苏，大学生创业的成功率也只有 5% 左右。① 通常认为导致大学生创业失败的主要因素是政府政策扶持力度不够，社会支持网络有限，高校创新创业教育效果不佳，大学生创新创业能力不足、自我效能感低、缺乏企业管理和市场推广经验。近年来，中央政府及地方各级政府在融资、税收、工商登记、创业场地等方面给大学生创业提供了大量优惠政策，社会各界也积极鼓励大学生创业，高校创新创业教育更是深入开展，大学生创新创业热情持续高涨，但从结果上看，大学生创业成功率并没有明显提高。因此，本书认为，大学生创业成功率不高的表层原因是创业项

① PCPOP:《大学生创业成功率仅有 5%，剩下 95% 到底缺什么？》，http://mobile.163.com/16/0923/16/C1LODOA70011802A.html。

目科技含量低，尤其是高新技术含量低，创业项目缺乏市场竞争力；深层原因则是创新创业型人才培养质量不高。与此同时，近年来我国科技成果总量持续增加，但科技成果转化率仅为10%左右，远低于发达国家40%的水平，而高校科技成果转化率更低。[①] 大量高校科技成果停留在论文层面或以专利证书形式“躺”在抽屉中。因此，通过高校创新创业学院组织创新，把高校科技成果转化与提高大学生创业项目的科技含量结合起来，是解决当前大学生创业成功率低的关键突破口，是提高创新创业型人才培养质量的关键。

（二）高校创新创业学院发展危机

近年来，浙江、广东、上海等地方纷纷出台政策鼓励高校设立创新创业学院支持创新创业型人才培养，2016~2017年，教育部先后遴选出2批共200所深化创新创业教育改革示范高校，本科高校有176所，其中70%左右的本科高校成立了创新创业学院。现有高校创新创业学院普遍为二级管理机构或学科组织，发展受到限制，忽视创新创业型人才培养需要跨学科组织支持，学界和实务界对创新创业学院到底“是什么”“谁来干”“怎么办”并不十分清楚。

大学生创业项目的科技含量不高、创业成功率低，在表层反映了高校创新创业教育效果不明显，在深层则反映了课程内容和学习方法难以满足创新创业型人才培养的需要。从历史性维度看，创新创业教育的本质是有别于专业教育又基于专业教育的跨学科教育，大部分创新创业型人才是有别于通才和专才、具有跨学科素养的专业人才，也有小部分创新创业型人才是掌握、融通两门或两门以上学科的世界观、方法论、知识和应用技能的复合型人才。在不做严格区分的情况下，创新创业型人才的本质就是跨

---

① 葛章志、宋伟、万明：《促进科技成果转化政策发展趋势分析》，《中国高校科技》2015年第Z1期，第116~119页。

学科人才。在这个意义上来说，高校创新创业教育的历史就不是始于1997年，而是始于1958年中国科学技术大学的创办。创新创业型人才培养思想可以追溯到宋朝胡瑗创立的分斋教学制度，其采用了主科副科制度（苏湖教法），该制度与现代大学的主辅修制有异曲同工之妙。中国科学技术大学自创办之日起就以服务“两弹一星”事业为使命，在系科专业设置上没有采用苏联理工分家的模式，而是实行理工结合、科学与技术结合，注重基础课教学，高起点、宽口径培养新兴、边缘、交叉学科的尖端科技人才。改革开放后，创新创业型人才培养方式有实施主辅修双学位教育、开展第二学士学位教育、设置本科跨学科专业、实施荣誉教育以及设立交叉学科门类的跨学科专业（专业类管理，主要进行研究生教育）等。影响创新创业型人才培养质量的两个关键因素是课程内容和学习方法。课程内容是一个从知识导向到能力导向的连续谱系，学习方法是一个从浅层学习到深层学习的连续谱系，二者共同构成创新创业型人才培养从跨学科技术到跨学科价值的连续谱系。

创新创业型人才是能够解决重大科技问题和复杂社会问题的人才，拥有跨学科、跨专业的知识和能力，培养这样的人才需要突破现有学科专业壁垒，需要跨学科组织支持。从历史性视角看，创新创业型人才培养的探索经历是高校以组织学习的方式适应校内外发展环境变化的过程。创新创业学院是高校适应创新创业型人才市场需求、服务国家战略或区域经济社会发展需要与高校自身学科专业建设共同塑造的结果，影响创新创业学院发展的关键因素是其自身环境适应能力和组织学习能力。当前大学生科技创新项目的科技含量和创业成功率不高反映出来的创新创业型人才培养质量危机，从组织创新与人才培养之间的关系看，反映了创新创业学院的环境适应能力和组织学习能力有待提升。换句话说，当前高校创新创业学院建设的两个着力点分别是加强课程内容建设以提高环境适应能力和改进学习方法以加强组织学习能力，进而实现创新创业型人才培养从跨学科技术向跨学科价值的发展。

二 核心概念界定

本书课题组在研究过程中始终被“什么是创新创业教育”困扰。通过梳理人才培养组织创新经验和创新创业型人才培养经验，本书课题组认为我国存在含有“创业”二字的创新创业教育和不含“创业”二字的创新创业教育。一项以 1997~2016 年 37 种教育学 CSSCI 来源期刊刊发的 894 篇创业教育相关论文为样本的文献计量研究发现，创业教育领域研究主题集中在五个方面：创业教育及相关因素的协同、大学生自主创业素质与能力研究、创业型大学的发展与创业教育的融合、高校在创业教育中的地位和作用、创新创业教育与人才培养等。[①] 另一项分析 2009~2018 年创业教育研究主题的研究[②]也佐证上述研究发现。我国开展含有“创业”二字的创新创业教育 20 余年来，学术界没有对“什么是创新创业教育”进行较大规模的理论探讨。不含“创业”二字的创新创业教育是指高校在专业教育之外开展的人才培养创新教育活动，比如主辅修（双学位）教育、第二学士学位教育、荣誉教育等，可以理解为“专业教育 + X”的教育活动。本书课题组查阅改革开放以来的涉及创新创业教育的主要政策，发现这些政策大多阐述创新创业教育的意义、目标、方式、重点等内容，没有找到官方对“创业教育”“创新创业教育”概念的正式定义。教育行政部门和学术界似乎对“什么是创新创业教育”来了一个“集体无意识的回避”。概念不清晰势必会对创新创业教育研究和实践造成消极影响，这可能是高校在创新创业型人才培养中面临质量危机的根源。

---

① 黄兆信、李炎炎、刘明阳：《中国创业教育研究 20 年：热点、趋势与演化路径——基于 37 种教育学 CSSCI 来源期刊的文献计量分析》，《教育研究》2018 年第 1 期，第 64~74 页。

② 徐小洲：《中国创业教育研究的特征和趋势——基于 2009—2018 年研究成果的计量可视化分析》，《中国高教研究》2019 年第 3 期，第 52~60 页。

（一）创新创业教育概念发展

创新创业教育是一个不断发展、内涵丰富的概念，很难给出一个没有异议的定义。从目前零碎文献来看，创新创业教育的概念内涵发展大致分为四个阶段。第一个阶段是20世纪80年代至90年代初。研究者大多从字面上加以理解，一种观点认为创业教育是艰苦创业思想的教育[①]，另一种观点认为创业教育是培养会经商、能创立企业的教育[②]。“创业教育是培养企业家的教育”这一观点在2006年被相关学者指出是阻碍创业教育发展的最大障碍。2006年4月，南开大学商学院和美国百森商学院联合主办“创业研究与教育国际研讨会”，与会专家提出创业教育是一种素质教育，并认为把创业教育狭义理解为培养企业家或个体户的教育是中国创业教育面临的最大障碍。[③] 这一阶段，还有人从陶行知“人生志在创业”的思想出发，认为创业教育就是“人生志在创业”的教育，就是构建合理人生的教育，或者说是提高人生质量的教育。[④] 第二阶段是20世纪90年代中后期。“江苏省创业教育的理论与实验”课题组从“第三本教育护照”和创业教育目标出发，认为创业教育与学术教育和职业教育具有同等重要的地位，是培养具有开拓能力和创新精神的社会主义建设者的教育。[⑤] 4年之后，该课题组认为创业教育与学术教育和职业教育并非并列关系，而是递进关系，提出“创业教育是在普通文化教育和职业技术教育的基础上，提出新

---

① 郑晓芸:《加强对大学生艰苦创业思想的教育》,《贵州商专学报》1993年第3期，第49~51页。

② 谢志远:《大学生创业教育与创业精神的培育》,《船山学刊》2004年第3期，第193~195页。

③ 张玉利、聂伟、杨俊、薛红志:《中国创业研究与教育的新进展——创业研究与教育国际研讨会综述》,《南开管理评论》2006年第3期，第109~112页。

④ 胡晓风、姚文忠、金成林:《创业教育简论》,《四川师范大学学报》(社会科学版)1989年第4期，第1~8页。

⑤ 毛家瑞、彭钢、陈敬朴:《创业教育的目标、课程及评价》,《教育评论》1992年第1期，第26~30页。

的更高的教育要求，注入新的教育内容，寻求新的结合实践活动的途径，培养一代既能动脑又能动手，既有开创精神又有一定创业能力，既能从事一般生产劳动又能从事某种开拓性的创业活动的劳动者”[①]的教育。1998年联合国教科文组织在《21世纪的高等教育：展望和行动》中没有明确指出创业教育的含义，但可以大致认为，创业教育是指为了缩小教育与职业的鸿沟，助力大学生就业，培养创业技能、主动精神及创造工作岗位的教育。第三阶段是从1999年至2005年。随着《中共中央国务院关于深化教育改革全面推进素质教育的决定》的颁布，研究者开始从素质教育的角度来讨论创业教育，认为创业能力同素质教育所提倡的创新教育和创造教育是一体化的，创业能力、创新能力、创造能力有机结合为一体才是真正的素质教育。[②]2002年教育部首次以座谈会纪要的方式，指出创业教育是一种理念，这种理念要贯穿于高校的课堂教学及课外活动中，以不断提高学生的综合素质、增强学生的创新意识、创造精神和创业能力，高校可通过开设课程、资助资金、提供咨询等方式使学生具备自己开办企业的能力。[③]第四阶段是2006年以来。2006年是创业教育与创新教育走向融合的年份，学术界开始使用“创新创业教育”这个概念。中国高等教育学会于2006年9月与清华大学创业研究中心联合召开创新创业教育座谈会、11月在西南交通大学召开创新创业教育研讨会，两次会议与会者对创新创业教育的内涵进行了讨论，认为创新创业教育是一个内涵丰富的概念。其中，创业教育在狭义层面是指培养学生从事工商业活动的综合能力的教育，使学生从单纯的谋职者变成职业岗位的创造者，在广义层面则是要培养具有开创性精神的人，实质上是一种素质教育，而创新教育是“以培养创新意识、

① 毛家瑞、彭钢：《“创业教育的理论与实验”课题研究报告》，《教育研究》1996年第5期，第8~18、67页。

② 衣俊卿：《对高等学校开展创业教育的理性思考》，《中国高等教育》2002年第10期，第12~14页。

③ 柴径：《以点带面 推进创业教育——〈创业教育〉试点工作座谈会综述》，《中国高等教育》2002年第10期，第38~39页。

创新能力、创新精神、创新思维以及培养创新人才等为目的的教育”[①]。2010年，我国首篇研究创业教育的博士学位论文《基于隐性知识的大学创业教育研究》通过答辩，分别综述创业教育和创新教育的概念，并提出创新教育是创业教育的思想基础，创业教育是创新教育的实现方式，不会创新就无法创业。[②]最近10年，尽管政府先后出台《普通本科学校创业教育教学基本要求（试行）》《国务院办公厅关于深化高等学校创新创业教育改革的实施意见》等重要政策推进创新创业教育实施，学术界研究创新创业教育的文献也与日俱增，但对“什么是创新创业教育”并没有给予足够的关注。2021年，由教育部“长江学者”特聘教授、联合国教科文组织创业教育讲座教授徐小洲领衔的浙江大学教育学院创新创业教育研究团队的研究成果《论我国高校创业教育高质量发展的十大关系》依然没有讨论“什么是创新创业教育”，该成果指出高质量创新创业教育要培养有全球视野、善于把握全球创业机会和应对全球挑战的创新创业人才。[③]

（二）繁杂概念的背后[④]

我国素有鼓励大学生利用课余时间或假期进行有报酬活动的传统，特别是新中国成立以来通过党的政策或国家立法强调“教育必须与生产劳动相结合”。20世纪90年代，高校校园少数学生通过贩卖生活用品、学习用品的方式赚取一定的生活费，这种方式也在一定程度上加深了这些学生对社会的认识。与此同时，随着家庭经济条件的改善，高校、家长担心大

① 高晓杰、曹胜利:《创新创业教育——培养新时代事业的开拓者——中国高等教育学会创新创业教育研讨会综述》,《中国高教研究》2007年第7期，第91~93页。

② 柴旭东:《基于隐性知识的大学创业教育研究》，博士学位论文，华东师范大学，2010，第19页。

③ 徐小洲、梅伟惠、韩冠爽:《论我国高校创业教育高质量发展的十大关系》,《高等工程教育研究》2021年第1期，第161页。

④ 朱家德、王佑镁:《高校创业学院的发生学研究》,《高等工程教育研究》2017年第3期，第158~161页。

学生会养成大手大脚的消费习惯和养尊处优的生活心态，成为“变坏的一代”。高校如果不进行艰苦创业的教育，容易造成毕业生“眼高手低”“小事不愿做、大事做不了”的被动局面，因此要对大学生进行艰苦创业教育。[①]有人认为我国高校创业教育是源于毕业生就业压力[②]，这其实是一种误解。在政府政策层面，高校创业教育确实始于“以创业带动就业”，但在高校自主探索层面，创业教育的初衷是纠正改革开放后大学生在精神文明层面出现的不良苗头，进而提高高校毕业生的创业精神、创业能力。

1989年12月，联合国教科文组织亚太地区办事处在泰国曼谷召开“提高儿童青年创业能力的联合革新教育规划会议”，会议报告提出了创业能力的概念框架、提高创业能力的长期和短期规划。1991年1月，联合国教科文组织亚太地区办事处在日本东京召开“提高儿童青年创业能力革新教育小组讨论会”，进一步对创业能力的概念进行了界定，并提出在现行课程中渗透创业能力教育的课程模式和评价模式。两次会议有效推动了我国教育理论和实务界积极探索创业教育。江苏省教育科学研究所最早在国内开展较为系统的创业教育理论研究与创业教育实验，毛家瑞、彭钢、陈敬朴等人成为国内较早涉猎创业教育研究的学者，组建了“江苏省创业教育的理论与实验”课题组。1990年，“创业教育的理论与实验研究”被列为国家教委“八五”教育科学规划项目和江苏省哲学社会科学“八五”规划重点项目，最初创业教育实施集中在成人教育领域、职业教育领域和基础教育领域。[③]该课题组最终于1996年发表了《“创业教育的理论与实验”课题研究报告》，从理论和实验两方面对创业教育进行了深入的研究，初步构建了创业教育的理论模型、创业的基本素质模型、创业实践活动模

① 谢志远：《大学生创业教育与创业精神的培育》，《船山学刊》2004年第3期，第193~195页。

② 黄兆信、宋兆辉：《高校创业教育面临三大转向》，《教育发展研究》2011年第9期，第45~48页。

③ 毛家瑞：《从创业教育研究到创业教育工程》，《教育评论》1995年第2期，第7~8页。

型、创业教育的实施模式。[①] 1997 年后高等教育研究界陆续出现少量涉及大学生创业教育的研究成果，如袁应柏于 1997 年发表《浅谈对大学生进行艰苦创业教育》一文，从提高全民思想道德素质和加强精神文明建设角度探讨了对大学生进行艰苦创业教育的重要性、必要性及其教育形式。[②] 1998 年 10 月，联合国教科文组织在巴黎总部召开世界高等教育大会，此次会议主题为“21 世纪的高等教育：展望和行动”，时任教育部部长的陈至立率团参会，并在大会上作了《共同的使命与责任》的发言以及《深刻变革中的高等教育》的演讲。世界高等教育大会的三个具体目标之一是更紧密地使高等教育与职业界相联系，回应不论在发达国家还是在发展中国家日益增加的失业所带来的挑战。[③] 这次会议通过了《21 世纪的高等教育：展望和行动》和《高等教育改革与发展的优先行动框架》两个重要文件。其中《21 世纪的高等教育：展望和行动》第 7 条指出：为方便毕业生就业，高等教育应主要关心培养学生的创业技能与主动精神，毕业生不再仅仅是求职者，他们将首先成为工作岗位的创造者。此后，我国高等教育研究领域中有关创业教育的学术成果明显增多，这些成果大都把创业教育与解决大学生就业问题紧密联系起来，如《高等教育研究》刊发了《论创业教育》一文，认为在高校开展创业教育具有重要的现实意义，不仅是解决当前大学生就业难问题的有效方式，更是适应知识经济发展、知识产业化和构建国家创新体系的需要，是高等教育功能的扩展。[④] 1998 年 12 月，《面向 21 世纪教育振兴行动计划》提出为实施“高校高新技术产业化工程”，发展知识经济，要加强对教师和学生的创业教育，采取措施鼓励他们自主

① 毛家瑞、彭钢：《“创业教育的理论与实验”课题研究报告》，《教育研究》1996 年第 5 期，第 8~18、67 页。

② 袁应柏：《浅谈对大学生进行艰苦创业教育》，《绵阳师专学报》（哲学社会科学版）1997 年第 1 期，第 1~3 页。

③ 赵中建：《21 世纪世界高等教育的展望及其行动框架——’98 世界高等教育大会概述》，《上海高教研究》1998 年第 12 期，第 1~8 页。

④ 梁保国、乐禄祉：《论创业教育》，《高等教育研究》1999 年第 6 期，第 21~24 页。

创办高新技术企业。[①]1999 年《中共中央国务院关于深化教育改革全面推进素质教育的决定》指出：高等教育要重视培养大学生的创新能力、实践能力和创业精神。同年，江泽民同志在第三次全国教育工作会议上的讲话中也强调学校要重视培养学生的创业意识和创业能力，同时认为对不能接受高等教育的中学毕业生进行职业技能培训有利于拓宽他们的立业创业之路，也有利于维护农村和城市的发展与稳定。[②]2002 年，教育部召开创业教育座谈会，并确定清华大学、黑龙江大学等 9 所院校为创业教育试点院校。

2009 年又是创新创业教育发展史上的重要年份。2009 年初，国务院总理温家宝在第十一届全国人民代表大会第二次会议所作的《政府工作报告》中提出要把“促进高校毕业生就业放在突出位置”，并提出“大力支持自主创业、自谋职业，促进以创业带动就业”，以公共政策全面推进创业教育。2009 年 4 月，作为研究和推进创新创业教育的社会组织机构，中国高等教育学会创新创业教育分会正式成立，并得到教育部高校学生司、思想政治工作司和湖南省教育厅以及一批高校的鼎力支持。从 1997 年起我国高校开展字面上含有“创业”二字的创业教育以来，高校创业教育依然面临三大现实矛盾：就业压力日益严峻与大学生创业意识薄弱的矛盾，创业机会大量涌现与大学生创业能力不足的矛盾，受教育程度越高与创业积极性越低的矛盾。[③]2010 年 4 月，在“第四届中外大学校长论坛”上耶鲁大学校长理查德 · 莱文指出中国大学生最缺的东西是跨学科的知识广度和批判性思维。这次会议把创新创业教育与人才培养质量结合起来，与会中国校长还提出走有中国特色的创新型人才培养之路，也表达了对创新创

① 教育部：《面向 21 世纪教育振兴行动计划》，http://www.moe.gov.cn/jyb_sjzl/moe_177/tnull_2487.html。

② 《江泽民文选》（第二卷），人民出版社，2006，第 333 页。

③ 梅伟惠、徐小洲：《中国高校创业教育的发展难题与策略》，《教育研究》2009 年第 4 期，第 67~72 页。

业型人才培养与就业之间难以协调的困惑。[①] 为回应党的十七大报告提出的“提高自主创新能力，建设创新型国家”和“促进以创业带动就业”发展战略，2010 年 5 月教育部公布《关于大力推进高等学校创新创业教育和大学生自主创业工作的意见》(教办〔2010〕3 号)，强调创新创业教育是适应经济社会和国家发展战略需要而产生的一种教学理念与模式，高校创新创业教育要在专业教育基础上，以提升学生的社会责任感、创新精神、创业意识和创业能力为核心，不断提高人才培养质量。2012 年 8 月，教育部办公厅印发《普通本科学校创业教育教学基本要求（试行）》(教高厅〔2012〕4 号)提出要推动高校创业教育科学化、制度化、规范化建设，要求高校把创业教育融入人才培养体系，贯穿人才培养全过程，创造条件面向全体学生单独开设“创业基础”必修课。2015 年,《国务院办公厅关于深化高等学校创新创业教育改革的实施意见》(国办发〔2015〕36 号)指出深化高校创新创业教育改革是加快实施创新驱动发展战略的迫切需要，是推进高等教育综合改革的突破口，是推动高校毕业生更高质量创业就业的重要举措。2015 年起，高校创新创业教育改革进入全面深化发展阶段，由注重知识传授转向注重创新精神、创业意识和创新创业能力培养，由单纯面向有创新创业意愿的学生转为面向全体学生，创新创业教育贯穿人才培养全过程。2018 年 9 月国务院颁布《关于推动创新创业高质量发展打造“双创”升级版的意见》(国发〔2018〕32 号)，要求高校把创新创业教育和实践课程纳入必修课体系，允许大学生用创业成果申请学位论文答辩。

上述关于“什么是创新创业教育”“为什么开展创新创业教育”“怎样开展创新创业教育”的论述，表明我国政府、高校、社会等创新创业教育主体对创新创业教育的认识、理解是一个不断发展的过程，这个过程也就决定了创新创业教育这一定义的复杂性。创新创业教育被赋予太多的期盼，既要解决物质文明丰富起来后出现的精神文明方面的问题，又要承担

---

① 肖东:《我们怎样培养创新型人才——第四届中外大学校长论坛关注高校人才培养质量》,《江苏教育报》2010 年 5 月 10 日，第 4 版。

培养市场主体的任务；既要提高大学毕业生就业竞争力，又要培养工作岗位创造者；既要解决大学毕业生的就业压力问题，又要服务国家创新驱动发展战略；既要提高人才培养质量，又要承载高等教育综合改革突破口的重任，甚至一度被赋予维护社会稳定的责任。

（三）创新创业型人才的本质是跨学科人才

1985 年 5 月发布的《中共中央关于教育体制改革的决定》明确指出，“教育体制改革的根本目的是提高民族素质，多出人才、出好人才”。什么是“好人才”？“好”的内涵是什么？高校要培养什么样的“好人才”？《中共中央关于教育体制改革的决定》没有直接给出答案，实际上也没法给出答案，但该决定大致勾勒了“好人才”的画像，比如“都应该有理想、有道德、有文化、有纪律，热爱社会主义祖国和社会主义事业，具有为国家富强和人民富裕而艰苦奋斗的献身精神，都应该不断追求新知，具有实事求是、独立思考、勇于创造的科学精神”，都应该“适应社会主义现代化建设需要”，等等。培养“好人才”不仅需要改革高校招生就业制度，扩大高校办学自主权，加强产学研合作，还要改变专业过于狭窄的状况，精简和更新教学内容，增加实践环节，减少必修课，增加选修课，实行学分制和双学位制，等等。该决定指出的问题至今尚未全部解决，提出的教育体制改革目标、任务至今尚未完成，本书课题组认为后来提出并实施的创新创业教育是培养“好人才”的途径之一。为培养“好人才”，教育行政部门、学术界先后提出多种概念，比如 1983 年提出的“创造型人才”、1984 年提出的“创新人才”、1997 年提出的“创业人才”、2001 年提出的“创新创业人才”等，2004 年以来，除“创造型人才”这个概念使用得少外，其他三个概念的使用频率还很高。本书课题组认为，“创新人才”“创业人才”“创新创业人才”三者之间没有本质区别，在很大程度上只是研究者的语言使用习惯有所差异而已，都是在破解“什么是好人才”这个问题，“创新创业人才”与“创新创业型人才”也没有本质差异，具体论述见本书第二章相关内容。由此反推，创新创业教育就是能够培养出“好人才”的教育，即培养“创新人才”“创业人才”“创新创业人才”“创新创业型人才”的教育。

我国高校承担培养“专门人才”的法定任务，与此对应的是专业教育。如果说专业教育是主流教育的话，还存在一种或多种“非主流教育”。从人才培养组织创新经验和创新创业型人才培养经验的历史考证中，政府不希望“把所有的鸡蛋都放在一个篮子里”，即允许某种教育一枝独秀，但也允许与此有别的其他教育存在。比如在旧社会，高校强调普遍开展通才教育，但又允许少量的“专才”教育在夹缝中存在。新中国成立之后，经过 1952 年院系调整，专业教育成为我国高等教育的主流，至今如此。在专业教育“独步天下”的同时，政府允许、鼓励一些高校开展少量的“非主流教育”，比如中国科学技术大学的理工结合、宽口径教育，改革开放后部分师专开设政史、化生、数理专业以及指向一师多用的主辅修教育，本科院校开展主辅修双学位教育等，具体论述见本书第五章相关内容。这些“非主流教育”是跨学科教育。创新创业教育在早期面向少部分学生时，主要方式是主辅修双学位教育；当面向全体学生、贯穿人才培养全过程时，主要方式是在专业教育的课程体系中添加若干门创新创业教育类课程（包括选修课程和必修课程），除此之外，主辅修双学位教育、跨学科本科专业教育、第二学士学位教育、荣誉教育（在部分重点大学中开展）等多种形式并存。作为“非主流教育”的跨学科教育承担跨学科人才培养任务。跨学科人才可以理解为“跨学科的人才培养”或“跨学科人才的培养”，“跨学科的人才培养”即用“跨学科”的手段、方法和途径去培养具有一定跨学科素养的专业人才，“跨学科人才的培养”即培养与学科分化中的专业人才相对的跨学科人才，现实中跨学科人才主要是指“跨学科的人才培养”。

综上，本研究认为创新创业教育是一种有别于专业教育但又以专业教育为基础，采用跨学科的手段、方法和途径去培养具有一定跨学科素养，具备解决复杂科技问题和社会问题能力的人才教育活动。创新创业学院是承担创新创业教育，从事创新创业型人才的培养、教学、管理等工作的人才培养组织，具体包括创新创业学院、创业学院、荣誉学院、产业学院、创新创业教育中心、书院等。

三 研究思路与具体研究方法

本研究沿着“发现问题—分析问题—实证调查—归纳理论—检验理论—解决问题”的思路层层推进，即通过分析创新创业型人才培养质量危机和创新创业学院发展危机，从组织支持视角反思危机产生的深层原因；从“主流教育”与“非主流教育”长期共存的事实出发，建构起“什么是创新创业教育”的基本内涵；实证分析 4 类高校创新创业学院的组织特征及存在的主要问题、原因；在分析人才培养组织创新经验和跨学科人才培养经验的基础上，构建创新创业学院跨学科组织设计理论框架，进而提出组织设计的基本框架并重构运行机制。

（一）文献研究法

文献研究法（又称情报研究、资料研究或文献调查）是指通过对文献资料的检索、搜集、鉴别、整理、分析，获得新论据、找到新视角、发现新问题、提出新观点、形成新认识的方法。[①] 文献研究法不等于文献综述，文献研究法是基于证据的定量或定性实证研究，文献综述是围绕研究问题需要对现有相关文献进行叙述、中肯评价，以便预测该研究主题的研究趋势和需要研究的空间。与文献研究法接近的一个概念是“基于文献的研究法”，这种方法有一些争议，不好认定是思辨还是实证[②]，在很大程度

① 杜晓利:《富有生命力的文献研究法》,《上海教育科研》2013 年第 10 期，第 1 页。

② 肖军:《教育研究中的文献法：争论、属性及价值》,《当代教育理论与实践》2018 年第 4 期，第 152~156 页。

上是基于文献的描述。尽管可能存在因为文献作者的价值偏好而影响文献的准确性、客观性等缺陷，但文献研究法具有不可忽视的优点，比如快速、高效获得对研究问题的认识，研究者通过文献鉴别、佐证等方式做到“兼听则明”。在本研究中，文献研究法主要使用在三个方面：一是通过反思“什么是好人才”“怎样培养好人才”，对比分析“创造型人才”“创新人才”“创业人才”“创新创业人才”的文献，提出创新创业型人才是“好人才”，并提出创新创业教育的概念内涵；二是通过考察政府、高校为培养“好人才”进行的组织创新，归纳出人才培养组织创新的中国经验；三是在分析跨学科、跨学科教育内涵的基础上提出跨学科人才培养的概念内涵，进而分析跨学科人才培养的实践做法，归纳出跨学科人才培养的基本经验及发展路向。

（二）实证调查法

根据高校探索创新创业型人才培养的时间顺序，基于数据的公开性、权威性、可获得性，本研究选取 10 组院校数据（共 265 所在整体上代表改革开放以来我国本科高校创新创业教育发展水平的高校）：（1）13 所开办少年班的高校；（2）73 所入选国家理科基础科学研究和教学人才培养基地、国家文科基础学科人才培养和科学研究基地及国家工科基础课程教学基地的高校；（3）9 所 2002 年教育部创业教育试点高校；（4）71 所入选 2008 年度人才培养模式创新实验区建设项目的高校；（5）20 所“拔尖计划 1.0”高校；（6）20 所《高等学校创业教育经验汇编》中的典型实验区高校；（7）176 所 2016~2017 年教育部认定的深化创新创业教育改革示范高校中的本科高校；（8）168 所 2016~2019 年教育部评选出的全国创新创业典型经验高校中的本科高校；（9）60 所 2019~2020 年“拔尖计划 2.0”高校；（10）12 所入选首批未来技术学院的高校。代表全国创新创业教育整体水平的高校名单见附录一。结合网络调查及对相关人员进行访谈，本书课题组先后走访浙江省、江苏省、上海市、北京市、江西省、福建省、湖北省、湖南省、河南省、四川省、重庆市、陕西省、甘肃省、青海省、广东省、广西壮族自治区等地的部分高校，全面收集样本高校创新创业学院数据。依据建设主体、组织目标、治理架构与运行方式、组织文化等指标，分析昆仑牛型、拓荒牛型、孺（乳）子牛型和老黄牛型 4 类创新创业学院的类型特征及组织设计、运行机制存在的问题、原因。

（三）理想类型法

理想类型法的使用主要体现在两个方面：一是从影响创新创业学院发展的两个重要维度（组织环境适应能力和组织学习能力）出发构建高校创新创业学院分类框架，将高校创新创业学院分为昆仑牛型、拓荒牛型、孺（乳）子牛型和老黄牛型；二是从深层学习与创新创业型人才培养具有的内在一致性出发，依据课程内容（知识导向型和能力导向型）和学习方法（浅层学习和深层学习）相关理论，提出创新创业学院跨学科组织设计的三种方案。

·第二章·

"出好人才"文献研究

"出好人才"是我国高等教育发展改革过程中人才培养政策的一个重要议题，重视人才培养质量，集中体现为政策法规规定的人才培养目标的达成度。新中国成立以来高等教育人才培养目标先后经历了培养"建设人才""专门人才""普通劳动者""专门人才"四个时期，但不同时期"专门人才"的具体内涵有显著差异。改革开放以来，高等教育人才培养目标开始走向多元化，注重培养"1+X"人才，既以专业教育为主流教育培养专业人才，又以"非主流教育"探索培养与专门人才有所不同的其他类型的人才。创新创业型人才是人才培养目标多元化阶段的一种人才类型，"有别于仅接受专业教育的人才"，是"好人才"。随着知识经济的兴起和高校毕业生就业压力的增大，高校也越来越重视培养创新创业型人才。高校培养创新创业型人才的重要举措是开展创新创业教育，即进行跨学科教育。

与"出好人才"关系紧密的议题有"快出人才""早出人才""多出人才"。"快出人才""早出人才"强调人才培养速度，"多出人才"偏重人才培养规模和速度，"出好人才"着重人才培养质量。新中国成立以来，经济增长主旋律经历从"快"到"快"与"好"并列，再到"好"先于"快"的发展演变，反映到高等教育人才培养上，就是人才培养政策理念从强调人才培养规模和速度转移到强调人才培养质量，即从“快出人才”到“又快又好出人才”“又好又快出人才”再到“出好人才”的政策思想演变。本章着重考查“出好人才”主题文献，并在此基础上提出创新创业型人才是符合经济增长方针的“好人才”。

“出好人才”的本质是强调人才培养质量，源头可以追溯到20世纪50年代的“多快好省”建设方针。《人民日报》在社论中指出，“必须要好，要保证质量，反对不合规格的粗制滥造”[①]。2020年12月15日本书课题组在中国知网以“出好人才”为关键词进行主题模糊检索，检索出的首篇文献是《江西师院学报》1978年第4期发表的《我院首批研究生入学》，与以“快出人才”为关键词进行主题模糊检索出的发表在《人民教育》1978年第3期的首篇文献《〈中国自然辩证法研究会通信〉编辑部和本刊编辑部召开坐（座）谈会探讨少年儿童智力发展问题》几乎同时发表。篇名中首次出现“出好人才”的文献是《中国教育学会通讯》1980年第1期发表的《尊师敬道 快出人才 出好人才——在首都教师春节联欢晚会上的讲话》，作者为时任国务院副总理的方毅。但1980年仅仅检索到方毅的这一篇文献，1981~1983年也没有检索到相关文献，直至1984年出现2篇相关文献。1985年5月《中共中央关于教育体制改革的决定》开宗明义地指出，“教育体制改革的根本目的是提高民族素质，多出人才、出好人才”。

一　改革开放前“好人才”规格

什么样的人才是“好人才”？在法律层面，“好人才”的评价标准主要包括“红”和“专”两个维度。根据《高等教育法》，第一，“好人才”的前提是合格的人才，即思想品德合格和所修课程成绩合格或修满相应学分；

① 《为全面地提早完成和超额完成五年计划而奋斗》，《人民日报》1956年1月1日，第1版。

第二，具有社会责任感、创新精神和实践能力的高级专门人才；第三，德、智、体、美、劳等方面全面发展的社会主义建设者和接班人。在实践层面，“好人才”的评价标准体现在各个时期的人才培养目标中。整体来看，新中国成立以来高等教育人才培养目标先后经历了新中国成立初期的“高级建设人才”和“高级专门人才”、“文革”时期的“普通劳动者”及20世纪80年代中期以来的“高级专门人才”。新中国成立初期，批评“旧教育”造就“学非所用”“用非所学”的通才，继承和发扬革命根据地办学经验以及借鉴苏联办学经验，致力培养专才。在1950年6月第一次全国高等教育会议上，教育部部长马叙伦说，“我们要在统一的方针下，按照必要和可能，初步地调整全国公私立高等学校和某些系科，以便更好地配合国家建设的需要”①。具体来说，人才培养目标规格要把过去的“通才”改为“专才”，实现从“抽象”“广博”向“具体”“专门”转变，一切以经济建设为中心。1950年8月颁布的《高等学校暂行规程》和《专科学校暂行规程》规定，高校要贯彻理论与实际一致的教育方法，培养掌握现代科学和技术，全心全意为人民服务的，通晓基本理论并能实际运用的人才。② 其中，大学及专门学院培养高级建设人才，如工程师、教师、医师、农业技师、财政经济干部、语文和艺术工作者等专门人才，专科学校培养专门技术人才，如工业技师、教师、医师、药剂师、财政经济干部、文艺工作人员等。1951年《中央人民政府政务院关于改革学制的决定》指出，高等学校应在全面的普通文化知识教育的基础上给学生以高级的专门教育，为国家培养具有高级专门知识的建设人才。③ 随着社会主义改造的完成，我国进入社会主义建设时期，各行各业都需要大量的管理干部和技

---

① 李杨：《五十年代的院系调整与社会变迁——院系调整研究之一》，《开放时代》2004年第5期，第15~30页。

② 中央教育科学研究所编《中华人民共和国教育大事记（1949—1982）》，教育科学出版社，1984，第25~26页。

③ 中央人民政府政务院：《中央人民政府政务院关于改革学制的决定》，《人民教育》1951年第11期，第53~54页。

术干部。1956年5月高等教育部发布《中华人民共和国高等学校章程草案（试行）》，规定高校的基本任务是适应国家的社会主义建设需要，培养具有一定的马克思列宁主义水平、具有实际工作所必需的基本知识、掌握科学和技术的最新成就、具有理论联系实际的能力，并且身体健康、忠实于祖国、忠实于社会主义事业和准备随时保卫祖国的高级专门人才。[①]

1957年前高校的培养目标是建设人才，其兼有通才和专才的特征[②]，是红色专家。毛泽东1957年在《关于正确处理人民内部矛盾的问题》中指出，“在德育、智育、体育几方面都得到发展，成为有社会主义觉悟的有文化的劳动者”[③]。高等教育培养劳动者的目标一度引起争议，有人认为劳动者这一目标对文化素质的要求不高，当时提出这个目标为时过早，我国需要培养专门人才，也有人认为劳动者目标太低，易引发学生思想的不稳定，直到1961年4月时任中共中央宣传部副部长的周扬把劳动者阐述为“不同性质的劳动者”，把知识分子归入劳动者范畴，扩大劳动者内涵，才基本结束争议。[④]1958年9月中共中央、国务院《关于教育工作的指示》指出“教育的目的，是培养有社会主义觉悟的有文化的劳动者，这是全国统一的，违反这个统一性，就破坏社会主义教育的根本原则”，并提出“争取在十五年左右的时间内，基本上做到使全国青年和成年，凡是有条件的和自愿的，都可受到高等教育”。针对高等教育“大跃进”带来的弊端，1961年教育部要求贯彻“调整、巩固、充实、提高”方针并对全国重点高校实行“定规模、定任务、定方向、定专业”的“四定”，强调建立完善的教学秩序、提高教学质量。1961年9月中共中央批准的《教育部直属高等学校暂行工作条例（草案）》（简称“高教六十条”）重申，高等学校的基本任务是贯彻执行教育为无产

---

① 中央教育科学研究所编《中华人民共和国教育大事记（1949—1982）》，教育科学出版社，1984，第168页。

② 张兄武、陆丽、唐忠明：《中国大学本科人才培养目标的历史演进与发展趋势》，《现代教育管理》2011年第4期，第66~69页。

③ 《毛泽东文集》（第七卷），人民出版社，1999，第226页。

④ 周全华：《“文化大革命”中的“教育革命”》，广东教育出版社，1999，第466~467页。

阶级的政治服务、教育与生产劳动相结合的方针，培养社会主义建设所需要的各种专门人才。高校学生的培养目标是具有爱国主义和国际主义精神，具有共产主义道德品质，拥护共产党的领导，拥护社会主义，愿为社会主义事业服务、为人民服务；通过马克思列宁主义、毛泽东著作的学习和一定的生产劳动、实际工作的锻炼，逐步树立无产阶级的阶级观点、劳动观点、群众观点、辩证唯物主义观点；掌握本专业所需要的基础理论、专业知识和实际技能，尽可能了解本专业范围内科学的新发展；具有健全的体魄。①1961 年“高教六十条”规定的人才培养目标体现了“又红又专”这一要求，即政治与业务的有机统一，比较客观地反映了社会主义建设初期社会经济发展对人才培养规格的要求。“文革”期间，高校被要求办成政治大学、劳动大学，突出阶级斗争和生产劳动，削弱文化课，培养目标定位为“普通劳动者”，即“与工农划等号的大学生”，本质上说这过度强调了高等教育的政治功能，偏离了高等教育人才培养使命，不利于满足社会经济发展对人才的需要。

二 改革开放后“好人才”规格

1978 年《政府工作报告》重温了 1963 年毛泽东有关近代以来，除抗日战争外，历次战争均以失败、签订丧权辱国条约而告终的原因，即社会制度腐败和经济技术落后。毛泽东认为在社会主义制度已经建立的情况下，改变经济技术落后状况事关国家生死存亡。为此，该报告指出，国内外环境变化要求中国加速实现社会主义的四个现代化。② 面对各条战线专

① 中央教育科学研究所编《中华人民共和国教育大事记（1949—1982）》，教育科学出版社，1984，第 298 页。

② 华国锋：《1978 年政府工作报告 团结起来，为建设社会主义的现代化强国而奋斗——1978 年 2 月 26 日在第五届全国人民代表大会第一次会议上》，http://www.gov.cn/test/2006-02/16/content_200704.htm。

门人才青黄不接，报告重提造就一支宏大的工人阶级的知识分子队伍，必须正确执行教育为无产阶级政治服务、与生产劳动相结合的方针，端正方向，认真搞好教育革命，加速培养德智体全面发展的有社会主义觉悟有文化的劳动者。在反思和批判“文革”期间高等教育人才培养规格“只红不专”的基础上，邓小平在1978年4月全国教育工作会议上重申了毛泽东的人才培养规格，即“使受教育者在德育、智育、体育几方面都得到发展，成为有社会主义觉悟的有文化的劳动者”①，还深刻阐述了“红”与“专”的关系，指出“学生把坚定正确的政治方向放在第一位，这不仅不排斥学习科学文化，相反，政治觉悟越是高，为革命学习科学文化就应该越加自觉，越加刻苦”②。1978年12月，党的十一届三中全会决定把全党工作重点转移到社会主义现代化建设上来。如何改革高等教育人才培养目标，适应社会主义现代化建设需要，成为高等教育发展需要解决的关键问题。人才培养目标改革关键在于两个问题，一是怎样处理政治与业务的关系，落实“又红又专”这一要求，二是怎样实现一专多能。③邓小平在1980年中共中央召集的干部会议上曾指出，“专并不等于红，但是红一定要专。不管你搞哪一行，你不专，你不懂，你去瞎指挥，损害了人民的利益，耽误了生产建设的发展，就谈不上红。不解决这个问题，不可能实现四个现代化”④。四个现代化建设不仅需要解决人才数量不足的问题，更要“改变干部缺少专业知识、专业能力的状态”⑤。为此，教育部提出要培养为四个现代化建设服务的人才，突出强调知识、素质和技能等业务要素。1978年10月，教育部正式发布了《关于讨论和试行〈全国重点高等学校

① 《邓小平文选》（第二卷）（第2版），人民出版社，1994，第103页。

② 《邓小平文选》（第二卷）（第2版），人民出版社，1994，第104页。

③ 郄海霞：《改革开放三十年我国高校人才培养目标的变迁》，《中国高教研究》2009年第3期，第33~35页。

④ 中华人民共和国教育部、中共中央文献研究室编《毛泽东 邓小平 江泽民论教育》，中央文献出版社、人民教育出版社、北京师范大学出版社，2002，第153页。

⑤ 中华人民共和国教育部、中共中央文献研究室编《毛泽东 邓小平 江泽民论教育》，中央文献出版社、人民教育出版社、北京师范大学出版社，2002，第153页。

暂行工作条例〉(试行草案)的通知》(简称“新高教六十条”),重新肯定1961年“高教六十条”规定的培养“各种专门人才”的培养目标,并在“高教六十条”的基础上,新增“培养分析问题、解决问题的能力,比较熟练地运用一种外国语阅读专业书刊”① 的规格要求。高校培养专门人才,体现了中央提出的“把全党工作的重心转到实现四个现代化上来到根本指导方针”②,适应了“经济建设重新高速度地、稳定地向前发展”③ 的需要。为此,恢复高考,从生源保证“出好人才”,恢复研究生教育,出好高层次人才。1981年6月,党的十一届六中全会通过的《关于建国以来党的若干历史问题的决议》,明确指出“坚持德智体全面发展、又红又专、知识分子与工人农民相结合、脑力劳动与体力劳动相结合的教育方针”,标志着德智体全面发展、又红又专的人才培养规格重新得以确立。1983年和1988年第二、三次全国高等教育会议明确指出,“高等学校的培养目标是使受教育者在德育、智育、体育等方面得到全面的发展,成为符合社会主义建设实际需要的高级专门人才。高等学校培养出来的大学生是否达到这样的要求,是衡量高等学校办学方向是否端正、办学水平高低、对社会贡献大小的基本标志”④。1982年9月,邓小平在党的十二大上指出,我国在1980年代的三大任务是加紧社会主义现代化建设,争取实现包括台湾在内的祖国统一,反对霸权主义、维护世界和平,而经济建设是完成三大任务的核心,是解决国际国内问题的基础,到20世纪末,实现干部队伍的“四化”(革命化、年轻化、知识化、专业化)是我们要紧抓的工作之一。可见,培养专门人才,搞好经济建设事关世界和平和发展,关乎国家统一,因此党的十二大把教育列为实现四个现代化的战略重点之一。1983年国

---

① 范跃进编《新中国成立以来高等教育元政策(1949—2016)》,中国社会科学出版社,2017,第539页。

② 《邓小平文选》(第二卷)(第2版),人民出版社,1994,第140页。

③ 《中国共产党第十一届中央委员会第三次全体会议公报》,http://cpc.people.com.cn/GB/64162/64168/64563/65371/4441902.html。

④ 孙崇正、肖念、金保华:《改革开放以来我国高等教育人才培养质量观的演进与启示》,《清华大学教育研究》2009年第2期,第48~53页。

务院同意教育部、国家计委提交的《关于加速发展高等教育的报告》，指出为使这一重大战略决策得到落实，迫切要求加速发展高等教育，为“四化”建设培养和输送数量较多、质量较高的各类专门人才，要求各部门、各地要像抓经济建设重点项目那样抓好教育。1985 年《中共中央关于教育体制改革的决定》没有指明“出好人才”的具体含义，但在“多出人才”后，指出“所有这些人才，都应该有理想、有道德、有文化、有纪律，热爱社会主义祖国和社会主义事业，具有为国家富强和人民富裕而艰苦奋斗的献身精神，都应该不断追求新知，具有实事求是、独立思考、勇于创造的科学精神”，也就是说教育要培养“四有新人”，培养爱祖国、爱社会主义、有献身精神、持续学习、有科学精神的人才。

1987年5月《中共中央关于改进和加强高等学校思想政治工作的决定》指出，由于社会和历史多方面的原因，要把学生培养成为社会主义建设所需要的“四有”人才，还需做很大努力，并重申了 1985 年《中共中央关于教育体制改革的决定》中有关“好人才”的政治和业务规格要求，还增加了热心改革开放的要求。《中共中央关于改进和加强高等学校思想政治工作的决定》强调，高校培养出来的人是否具备这样的素质，是否德才兼备，是否能满足社会主义建设的实际需要，是衡量学校办学成效的基本标志，也是教育改革必须遵循的方向。1988 年 4 月，国家教委下发的《关于加强普通高等学校本科教育工作的意见》，首次提出高校的培养目标是使受教育者在德育、智育、体育等方面得到全面的发展，成为符合社会主义建设实际需要的高级专门人才。①《关于加强普通高等学校本科教育工作的意见》分别对文、理、工、农、医、师范等科类的培养目标提出具体质量标准，文科培养既有系统理论知识，又有实际工作能力的人才；理科培养理论研究人员和实际工作者；工、农、医科要克服重理论轻实际应用的现象，培养能到基层解决工农业生产和医疗卫生保健工作中实际问题的专门

① 张兄武、陆丽、唐忠明：《中国大学本科人才培养目标的历史演进与发展趋势》，《现代教育管理》2011 年第 4 期，第 66~69 页。

人才；师范教育培养合格的中学教师。[①]

1992年初邓小平南方谈话从理论上回答了长期困扰人们的重大问题，特别是解决了姓“资”还是姓“社”的问题，进一步解放了思想，为高等教育改革和发展扫清了思想、理念障碍。邓小平明确指出，判断姓“资”还是姓“社”的标准是“三个有利于”，即“应该主要看是否有利于发展社会主义社会的生产力、是否有利于增强社会主义国家的综合国力、是否有利于提高人民的生活水平”[②]。“三个有利于”被视为检验一切工作是非得失的标准，高等教育人才培养质量评估自然也应依照这个标准。20世纪90年代是我国社会主义建设的关键时期，抢抓机遇，加快改革开放步伐成为全国性的重要任务。国家教委在1992年的《全国教育事业十年规划和“八五”计划要点》中指出，当前教育事业发展存在的比较突出的问题之一是“思想政治教育薄弱的状况尚未根本扭转，教育思想、教学内容和教学方法脱离社会实际需要的现象不同程度地存在”，还不能很好地适应社会主义建设的需要，今后十年，高校要“全面贯彻教育必须为社会主义现代化服务，必须同生产劳动相结合，培养德、智、体全面发展的建设者和接班人的方针，把坚定正确的政治方向放在第一位，以此作为学校的共同任务和学校各项工作的依据和出发点”。1992年11月，第四次全国高等教育会议指出，高等教育必须为经济建设这个中心服务，在20世纪90年代发展的目标是：规模有较大发展，结构更加合理，质量上一个台阶，效益有明显提高，到20世纪末，使高等教育能够适应加快经济建设和社会发展的需要，并为下一世纪初的发展打下坚实的基础。[③] 因此，20世纪90年代高等教育需要培养服务经济建设主战场和能满足文化、教育、国防、

---

① 郝维谦、龙正中、张晋峰主编《中华人民共和国高等教育史》，新世界出版社，2011，第460~461页。

② 《邓小平文选》（第三卷），人民出版社，1993，第372页。

③ 朱开轩：《认真贯彻十四大精神，加快改革和积极发展普通高等教育——在全国普通高等教育工作会议上的讲话（1992年11月14日）》，《中国高等教育》1992年第12期，第6~14页。

政法、基础科学研究等需要各类人才。1992 年 12 月国家教委在《关于加快改革和积极发展普通高等教育的意见》中指出，20 世纪 90 年代的高等教育发展在质量、数量、结构和效益方面要达到一个新的水平，要坚持走内涵发展为主的道路，高等教育改革和发展的评价标准是“有利于为以经济建设为中心的社会主义事业服务，促进经济和社会的全面发展；有利于调动学校的广大师生员工和社会各界的积极性；有利于全面贯彻党的教育方针，提高教育质量和办学效益，培养德智体全面发展的社会主义事业建设者和接班人”。也就是说，社会主义市场经济条件下，高等教育人才培养需要以提高综合素质为主旨。为提高人才培养质量，《关于加快改革和积极发展普通高等教育的意见》提出，在招生方面，要进一步改革招生制度，不仅要坚持德智体全面考核、以文化考试为主、择优录取的原则，还要在高中毕业省级会考的基础上，减少高考统一考试科目，录取时参考会考成绩，并赋予高校更多的招生自主权；在培养过程方面，要继续拓宽专业面，着重培养学生的素质和能力。有研究认为《关于加快改革和积极发展普通高等教育的意见》提出的高等教育改革和发展的评价标准，即“三个有利于”首次将高等教育的政治目标（社会主义建设者和接班人）、经济目标（以经济建设为中心）和学术目标（德智体全面发展）统合，并将教育质量和办学效益置于同等地位，对人才培养目标产生了巨大影响。① 1993 年 2 月，中共中央、国务院发布建设有中国特色的社会主义教育体系的纲领性文件《中国教育改革和发展纲要》，总结了新中国成立以来建设有中国特色的社会主义教育体系的八条主要原则，其中在人才培养方面强调“培养德智体全面发展的建设者和接班人”。除此之外，该纲要还提出教育优先发展战略，教育为社会主义现代化建设服务，高校培养的专门人才要适应经济、科技和社会发展的需求，等等。《国务院关于〈中国教育改革和发展纲要〉的实施意见》（国发〔1994〕39 号）进一步细化了不同

① 张兄武、陆丽、唐忠明：《中国大学本科人才培养目标的历史演进与发展趋势》，《现代教育管理》2011 年第 4 期，第 66~69 页。

层次、不同类型高校人才培养目标，提倡高校形成办学特色，即高等教育人才培养目标走向多元化，专科学校要为广大农村、乡镇企业以及中小型企业生产第一线培养人才，本科院校要在培养基础学科人才的同时，重视培养社会急需的高层次应用型和复合型人才。1994 年 6 月，江泽民在全国教育工作会议上的讲话一方面重申教育是“关系社会主义现代化建设全局和社会主义历史命运的一个根本问题”，“‘三步走’的发展战略中第一位就是发展教育和科学技术”[①]，另一方面指出“社会主义市场经济体制的建立和现代化的实现，最终取决于国民素质的提高和人才的培养”，要“加快培养社会主义现代化建设人才”，“只有培养一代又一代有理想、有道德、有文化、有纪律的献身有中国特色社会主义事业的建设者和接班人，才能保证我国长治久安”。[②]1996 年 3 月 28 日，江泽民在接见上海交通大学、西安交通大学等 4 所交通大学的校领导时，指出为适应经济体制和经济增长方式的“两个根本转变”，教育工作必须解决两个重要问题，“一是教育要全面适应现代化建设对各类人才培养的需要，二是全面提高办学的质量和效益”[③]。“全面适应”既包括数量、结构，也包括质量，“全面提高”主要是指提高学生的综合素质。根据江泽民的讲话，高等教育界经过研讨认为高等教育要培养“基础扎实、知识面宽、能力强、高素质的专门人才”[④]，即培养知识、能力、素质有机融合的人才。集综合思想道德素质、文化素质、业务素质、身心素质于一体的人才观，是对德智体全面发展观的坚持和继承。

进入 20 世纪 90 年代中期，高校要培养什么样的人发生重大变化，其源头是江泽民不断丰富和发展的创新理论体系。1995 年 5 月，江泽民在全

① 《江泽民在全国教育工作会议上的讲话》，http://www.jyb.cn/zyk/jyzcfg/200602/t20060220_55339.html。

② 《江泽民文选》(第一卷)，人民出版社，2006，第 369~370 页。

③ 中共西安交通大学委员会：《谆谆嘱咐 殷殷期望——纪念江泽民接见四所交通大学领导讲话发表两周年》，《西安交通大学学报》(社会科学版) 1998 年第 2 期，第 1~2、6 页。

④ 周远清：《质量意识要升温 教学改革要突破——在全国普通高校第一次教学工作会议上的讲话》，《高等教育研究》1998 年第 3 期，第 1~11 页。

国科学技术大会上指出：要确保实现“三步走”战略目标，必须实施科教兴国战略，真正把科技进步作为加速经济社会发展的强大动力。江泽民还指出，“创新是一个民族进步的灵魂，是一个国家兴旺发达的不竭动力”，“一个没有创新能力的民族，难以屹立于世界先进民族之林”。[①]1999 年 6 月，江泽民在第三次全国教育工作会议上指出，“劳动力素质和科技创新能力不高，已经成为制约我国经济发展和国际竞争能力增强的一个主要因素”[②]。实施科教兴国战略，可以把经济建设转移到依靠科技进步和提高劳动者素质的轨道上来，进行教育创新是科教兴国战略的重要组成部分。“进行教育创新，根本目的是要推进素质教育，全面提高教育质量”[③]。教育创新的内容之一是培养创新创业人才。江泽民在第三次全国教育工作会议上分别提及创新人才、创业人才和创造性人才，指出教育是“培育创新精神和创新人才的重要摇篮”[④]，“教育在培育民族创新精神和培养创造性人才方面，肩负着特殊的使命”[⑤]，“要帮助受教育者培养创业意识和创业能力”[⑥]，高校要在培养大批各类专业人才的同时，下功夫培养一批“学术带头人和尖子人才”[⑦]，必须克服用一个模子来培养人才的倾向。综合前述有关人才培养的表述，我们认为江泽民创新理论体系指导下的教育创新，在高等教育人才培养方面的核心思想是构建多元化人才培养体系，在培养高级专门人才的同时，培养一批拔尖创新的创造性人才，积极努力培养创业人才，简而言之，就是除培养常规类的专门人才之外要培养创新创业人才。

培养创新创业型人才的基础是拓宽专业口径。1988 年《关于加强普通高等学校本科教育工作的意见》指出，高等教育人才培养需要根据社

① 《江泽民文选》(第一卷)，人民出版社，2006，第 432 页。
② 《江泽民文选》(第二卷)，人民出版社，2006，第 330 页。
③ 《江泽民文选》(第三卷)，人民出版社，2006，第 500 页。
④ 《江泽民文选》(第二卷)，人民出版社，2006，第 331 页。
⑤ 《江泽民文选》(第二卷)，人民出版社，2006，第 334 页。
⑥ 《江泽民文选》(第二卷)，人民出版社，2006，第 336 页。
⑦ 《江泽民文选》(第二卷)，人民出版社，2006，第 335 页。

会主义建设需要继续拓宽专业范围。1998 年 3 月，第一次全国普通高校教学工作会议后，教育部印发《关于深化教学改革培养适应 21 世纪需要的高质量人才的意见》，指出高校要培养和造就适应 21 世纪需要，富有时代特征和创新精神，有理想、有道德、有文化、有纪律的社会主义建设者和接班人。《关于深化教学改革培养适应 21 世纪需要的高质量人才的意见》还提出要按照培养基础扎实、知识面宽，能力强、素质高的高级专门人才的总体要求，逐步构建起注重素质教育，融传授知识、培养能力与提高素质于一体，富有时代特征的多样化的人才培养模式。除此之外，该意见还提出改革教学方法和手段，加强学生创新思维和实际创新能力的培养。1998 年 8 月第九届全国人民代表大会常务委员会第四次会议通过的《高等教育法》明确提出高等教育承担“培养具有创新精神和实践能力的高级专门人才”① 的任务。1999 年 6 月，《中共中央国务院关于深化教育改革全面推进素质教育的决定》指出，“实施素质教育，就是全面贯彻党的教育方针，以提高国民素质为根本宗旨，以培养学生的创新精神和实践能力为重点”，“高等教育要重视培养大学生的创新能力、实践能力和创业精神，普遍提高大学生的人文素养和科学素质”。整体来看，20 世纪 90 年代中期开始，高等教育开始探索培养多元化的人才，打破高度统一的人才培养规格。2000 年 2 月 1 日，江泽民在中共中央政治局常委会会议上强调“社会需要的人才是多方面的”，“经济建设和社会发展对人才的要求是多样化的”。② 无论培养什么类型的人才，政治素质是第一位的，对此，邓小平在 1989 年 3 月同中央负责同志的谈话中说到，“十年来我们的最大失误是在教育方面，对青年的政治思想教育抓得不够，教育发展不够”③，江泽民 1999 年也指出“要说素

① 2015 年修正后的《高等教育法》将此内容修改为“培养具有社会责任感、创新精神和实践能力的高级专门人才”。

② 《江泽民文选》(第二卷)，人民出版社，2006，第 589 页。

③ 《邓小平文选》(第三卷)，人民出版社，1993，第 287 页。

质，思想政治素质是最重要的素质”[①]。在高等教育大众化阶段，多样化是典型特征[②]，在确保基本质量的基础上人才培养的质量标准也是多元化的，也就是说高等教育大众化带来了人才培养的多元化。在人才培养多元化阶段，在培养社会主义建设者和接班人的前提下，根据社会经济发展需要培养各种人才，可以用“1+X”表示，“1”是政治素质，“X”表示专业技能、基础知识、基础研究能力、科学精神、创新思维习惯、科技创新能力、创新精神、创新能力、实践能力、创业意识、创业精神、创业能力、社会责任感等。2004 年 12 月，时任教育部部长的周济在第二次全国普通高校本科教学工作会议上指出，大众化阶段的高等教育质量标准不能简单套用精英阶段的质量标准，不同层次、类型的高校要构建有自己特色的人才培养模式、培养目标、培养方法和质量标准。[③]随后，教育部颁布《关于进一步加强高等学校本科教学工作的若干意见》，提出在高等教育人才培养目标多元化框架下，各层次各类高校根据自身办学特色、国家战略需求和区域经济社会发展需要，拟定具体人才培养目标。

2007 年 8 月胡锦涛在全国优秀教师代表座谈会上的讲话中指出，“人才资源越来越成为推动经济社会发展的战略性资源，教育的基础性、先导性、全局性地位和作用更加突出”，“要坚持育人为本、德育为先，把立德树人作为教育的根本任务”，并鼓励教师要踊跃投身教育创新实践，“注重培育学生的主动精神，鼓励学生的创造性思维”。[④]2010 年 7 月，胡锦涛在全国教育工作会议上强调“教育是民族振兴、社会进步的基石，是提高国民素质、促进人的全面发展的根本途径，寄托着亿万家庭对美好生活的

---

① 《江泽民文选》(第二卷)，人民出版社，2006，第 332 页。

② 张应强:《高等教育质量观与高等教育大众化进程》,《江苏高教》2001 年第 5 期，第 8~13 页。

③ 周济:《大力加强教学工作 切实提高教学质量——在第二次全国普通高等学校本科教学工作会议上的讲话》,《中国高教研究》2005 年第 1 期，第 1~6 页。

④ 《胡锦涛在全国优秀教师代表座谈会上的讲话（全文）》，http://www.gov.cn/ldhd/2007-08/31/content_733340.htm。

期盼”[①]，不仅把教育视为提高国民素质的根本途径，还提出教育对家庭实现美好生活有重要意义。胡锦涛提出要“努力培养造就数以亿计的高素质劳动者、数以千万计的专门人才和一大批拔尖创新人才”，指出存在“学生适应社会和就业创业能力不强，创新型、实用型、复合型人才紧缺”等主要问题。[②]全面实施素质教育要“着力提高学生服务国家服务人民的社会责任感、勇于探索的创新精神、善于解决问题的实践能力”，“着力培养我国现代化建设需要的各方面人才，特别是要高度重视培养拔尖创新人才”。[③]从这里可以看出，胡锦涛不仅把高素质劳动者、专门人才和拔尖创新人才并列起来，突出人才培养目标的多元化，还特别强调培养创新创业人才的迫切性。《国家中长期教育改革和发展规划纲要（2010—2020年）》在第七章中提出提高人才培养质量要“牢固确立人才培养在高校工作中的中心地位，着力培养信念执著、品德优良、知识丰富、本领过硬的高素质专门人才和拔尖创新人才”[④]。2011年2月胡锦涛在中共中央政治局第二十六次集体学习时强调，提高人才培养水平要强化能力培养，创新人才培养模式，注重培育学生的主动精神和创造性思维。2011年4月胡锦涛在清华大学建校100周年大会上再次强调高等教育人才培养要“着力增强学生服务国家服务人民的社会责任感、勇于探索的创新精神、善于解决问题的实践能力，努力培养德智体美全面发展的社会主义建设者和接班人”[⑤]。胡锦涛在党的十八大报告中再次强调，教育要“培养学生社会责任感、创新精神、实践能力”[⑥]。

---

① 胡锦涛:《在全国教育工作会议上的讲话》，http://www.moe.gov.cn/jyb_xwfb/gzdt_gzdt/gaoceng/201009/t20100909_97450.html。

② 胡锦涛:《在全国教育工作会议上的讲话》，http://www.moe.gov.cn/jyb_xwfb/gzdt_gzdt/gaoceng/201009/t20100909_97450.html。

③ 《胡锦涛文选》(第三卷)，人民出版社，2016，第420~421页。

④ 《国家中长期教育改革和发展规划纲要（2010—2020年）》，http://www.moe.gov.cn/jyb_xwfb/s6052/moe_838/201008/t20100802_93704.html。

⑤ 《胡锦涛在庆祝清华大学建校100周年大会上的讲话》，http://www.gov.cn/ldhd/2011-04/24/content_1851436.htm。

⑥ 《胡锦涛文选》(第三卷)，人民出版社，2016，第641页。

三 新时代“好人才”规格

习近平高度关心教育事业，多次强调“培养什么人”是教育的首要问题，强调立德树人是教育的根本任务。2015 年 3 月，习近平在参加十二届全国人大三次会议上海代表团审议时的讲话中提出“创新是引领发展的第一动力”重要论断，强调“人才是创新的根基，创新驱动实质上是人才驱动，谁拥有一流的创新人才，谁就拥有了科技创新的优势和主导权”[①]。2013 年 5 月，习近平在同各界优秀青年代表座谈时的讲话中指出：“广大青年一定要勇于创新创造。创新是民族进步的灵魂，是一个国家兴旺发达的不竭源泉，也是中华民族最深沉的民族禀赋，正所谓‘苟日新，日日新，又日新’。”[②] 2015 年 10 月，党的十八届五中全会通过的《中共中央关于制定国民经济和社会发展第十三个五年规划的建议》再次提出“创新是引领发展的第一动力”重要论断，强调“必须把创新摆在国家发展全局的核心位置，不断推进理论创新、制度创新、科技创新、文化创新等各方面创新，让创新贯穿党和国家一切工作，让创新在全社会蔚然成风”。“创新是引领发展的第一动力”中的“创新”是指以科技创新为核心的全面创新，而科技创新的基础是高校要持续培养创新创业型人才。创新是实现中华民族伟大复兴的必经之路，培养创新创业型人才是实现中华民族伟大复兴的客观需要。2017 年 9 月，中共中央、国务院发布的《关于深化教育体制机制改革的意见》提出：“不同类型的高等学校要探索适应自身特点的培养模式，着重培养适应社会需要的创新型、复合型、应用型人才。”

2017 年 10 月，习近平在党的十九大报告中指出，“要全面贯彻党的教

① 《习近平参加十二届全国人大三次会议上海代表团审议》，http://www.rmzxb.com.cn/c/2015-03-05/2283630.shtml。

② 习近平：《在同各界优秀青年代表座谈时的讲话》，http://cpc.people.com.cn/n/2013/0505/c64094-21367227.html。

育方针，落实立德树人根本任务，发展素质教育，推进教育公平，培养德智体美全面发展的社会主义建设者和接班人”①。2018 年 5 月，习近平在北京大学师生座谈会上强调，培养社会主义建设者和接班人是我国各级各类学校的共同使命。习近平认为，古今中外所有教育思想理论流派有一个共识，即教育必须“培养社会发展所需要的人，说具体了，就是培养社会发展、知识积累、文化传承、国家存续、制度运行所要求的人”②。2018 年 9 月，习近平在全国教育大会上强调，要坚持把立德树人作为根本任务。习近平指出，“我国是中国共产党领导的社会主义国家，这就决定了我们的教育必须把培养社会主义建设者和接班人作为根本任务，培养一代又一代拥护中国共产党领导和我国社会主义制度、立志为中国特色社会主义奋斗终身的有用人才。这是教育工作的根本任务，也是教育现代化的方向目标”③。习近平要求各级各类教育培养社会主义建设者和接班人要在六个方面下功夫：一是在坚定理想信念上，二是在厚植爱国主义情怀上，三是在加强品德修养上，四是在增长知识见识上，五是在培养奋斗精神上，六是在增强综合素质上。④ 从党的十九大报告到全国宣传思想工作会议上的重要讲话，习近平反复强调“培养担当民族复兴大任的时代新人”。什么是“时代新人”？综观习近平关于教育的重要论述，时代新人至少具有七个方面的特质：第一是努力奋斗，第二是有理想信念，第三是有干事创业解决问题的能力，第四是有崇德向善的道德，第五是主动担当民族复兴的历史责任，第六是坚持实践第一、知行合一的实干精神，第七是勇于开拓、敢于创新。创新创业型人才高度契合时代新人的基本特质，是时代新人的重

① 习近平:《决胜全面建成小康社会 夺取新时代中国特色社会主义伟大胜利——在中国共产党第十九次全国代表大会上的报告》，http://www.gov.cn/zhuanti/2017-10/27/content_5234876.htm。

② 习近平:《在北京大学师生座谈会上的讲话》，人民出版社，2018，第 5 页。

③《习近平在全国教育大会上强调坚持中国特色社会主义教育发展道路 培养德智体美劳全面发展的社会主义建设者和接班人》，http://edu.people.com.cn/n1/2018/0911/c1053-30286253.html。

④《习近平总书记教育重要论述讲义》，高等教育出版社，2020，第 60~64 页。

要组成部分。习近平关于教育的重要论述对高校培养创新创业型人才具有重要的指导意义，“不仅确定了培养拔尖创新人才的方向和内容，而且指明了培养拔尖创新人才的实践路径”[①]。

四 相关讨论

涂又光提出中国高等教育的总规律，就是《大学》所言的“大学之道，在明明德，在新民，在止于至善”。“明明德”“新民”“止于至善”是高等教育的“三纲领”，实现这“三纲领”需要践行“八条目”，即“格物、致知、诚意、正心、修身、齐家、治国、平天下”[②]。“明明德”是高等教育的内部规律，指修养人格整体，是大学的本体；“新民”是高等教育的外部规律，指大学与社会的良性互动，是大学的功能；“止于至善”是高等教育内外合一的规律，是大学的目的。本体体现为功能，功能指向目的。[③]对个人而言，通过接受高等教育，达致天人合一；对大学而言，通过培养一流人才，产出一流科研成果等服务于国家和社会经济发展。“大学新民，则大学与社会俱兴；大学不新民，则大学与社会俱衰。”[④]各类人才实现自我价值的最高目标是“治国平天下”，高等教育的外在价值取向是通过人才培养、科学研究服务国家和社会经济发展。

（一）创新创业型人才是“好人才”

2020 年 12 月 15 日本书课题组在中国知网以“人才培养质量”为关键

---

① 李祖超、陈欣：《以习近平总书记系列重要讲话精神引领高校拔尖创新人才培养》，《高等教育评论》2017 年第 2 期，第 91~99 页。

② 涂又光：《中国高等教育史论》（第三版），华中科技大学出版社，2018，第 266 页。

③ 杨叔子：《先生留卓见 我辈应深知——〈中国高等教育史论〉序》，载涂又光《中国高等教育史论》（第三版），华中科技大学出版社，2018。

④ 涂又光：《中国高等教育史论》（第三版），华中科技大学出版社，2018，第 267 页。

词进行主题模糊检索，共检索出 13035 篇中文文献，其中首篇文献是发表在《西安理工大学学报》1980 年第 2 期的《必须重视用电科学的研究和人才的培养》。用同样的方法，以“人才培养质量”为关键词进行篇名模糊检索，可以检索出 3344 篇中文文献，首篇文献是发表在《高等农业教育》1984 年第 1 期的《改革教学制度，提高人才培养质量》。1980~1997 年，探讨“人才培养质量”的文献很少，以“人才培养质量”为关键词进行主题模糊检索，显示 1991 年突破 10 篇，1997 年有 59 篇，1998 年突破 100 篇（见图 2–1）；以“人才培养质量”为关键词进行篇名模糊检索，显示 1996 年突破 10 篇，2002 年突破 40 篇，2007 年突破 100 篇，2012 年突破 200 篇（见图 2–2）。检索结果说明，学术界长期对人才培养质量的关注度不够，人才培养规模和速度是长期以来人才培养研究的关键主题。

从社会主义改造基本完成后确立“多快好省”建设社会主义的方针，直到 20 世纪 90 年代末，经济增长的主旋律是“快”。世纪交替之际，质量才重点被纳入经济增长方针，2005 年 10 月通过的《中共中央关于制定国民经济和社会发展第十一个五年规划的建议》才正式提出“实现又快又好发展”，在 2006 年 12 月中央经济工作会议上胡锦涛正式提出又好又快发展是全面落实科学发展观的本质要求。经济增长主旋律从“快”到“快”与“好”并列，再到“好”先于“快”，反映在高等教育人才培养

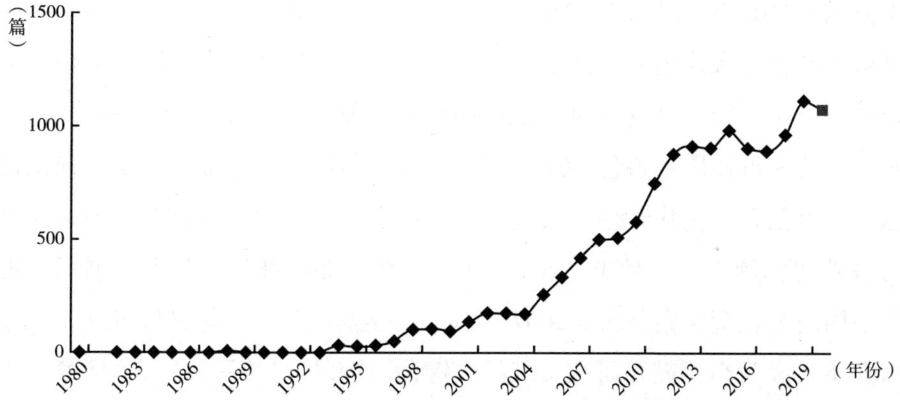

图 2–1 “人才培养质量”主题文献的年度分布

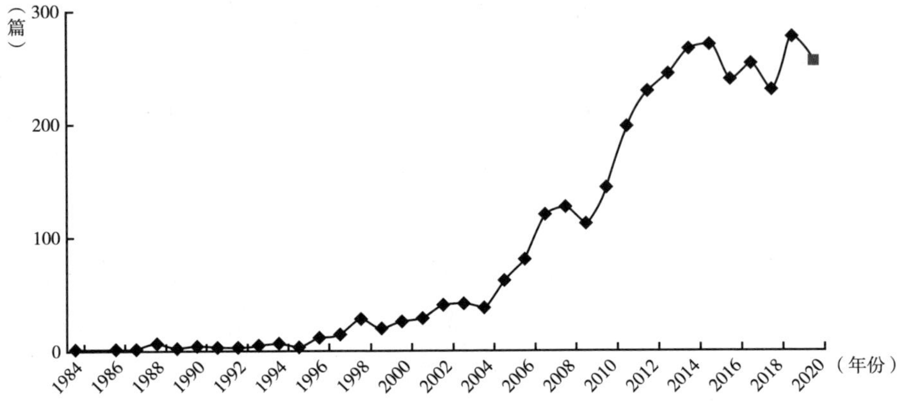

图 2–2 “人才培养质量”篇名文献的年度分布

上，就是人才培养重点从强调人才培养规模和速度转为强调人才培养质量，即“出好人才”。1985 年《中共中央关于教育体制改革的决定》提出的“出好人才”，真正落实是在 20 年后，但要说明的是，并不是 2005 年之前不重视人才培养质量，不重视学科专业及课程建设、教学质量评估制度等。实际上，新中国成立以来，人才培养质量也是教育和高等教育的重要主题，只是人才培养规模、速度被置于人才培养质量之前，质量被规模和速度掩盖，这也是 2005 年之前探讨人才培养质量的文献不多的重要原因。2020 年 12 月 15 日本书课题组在中国知网以“又好又快”+“人才培养”为关键词进行主题模糊检索，共检索出 110 篇文献。首篇文献是《印刷杂志》2007 年第 1 期发表的《迎“又好又快”新篇》，指出印刷行业要以科技创新与人才培养为抓手，未涉及高校人才培养。第二篇文献是《国防科技工业》2007 年第 3 期发表的时任北京航空航天大学党委书记的杜玉波撰写的《重视质量特色 又好又快发展》，指出高校要提高质量、强化特色、突出创新、优化管理，实现又好又快发展，尽力成为创新型国家建设的基础和引领力量。杜玉波于 2010 年任教育部副部长、党组副书记，现为中国高等教育学会会长。2007 年起，科学发展观、又好又快发展、人才培养质量成为高等教育研究文献的关键词。“又好又快”+“人才培养”主题文献主要集中在 2008~2009 年，共有 59 篇，占所检索到文献的 53.6%，

2013 年以来相关文献数量极少，说明这个研究主题在学术界得到的关注较少，仅为一个小热点（见图 2–3）。“又好又快” + “人才培养”主题没有得到学术界较长时间关注，并不意味着高等教育“出好人才”不重要，在很大程度上是因为“又好又快培养人才”这个提法的学术话语性不强，容易被其他学术性话语替代。

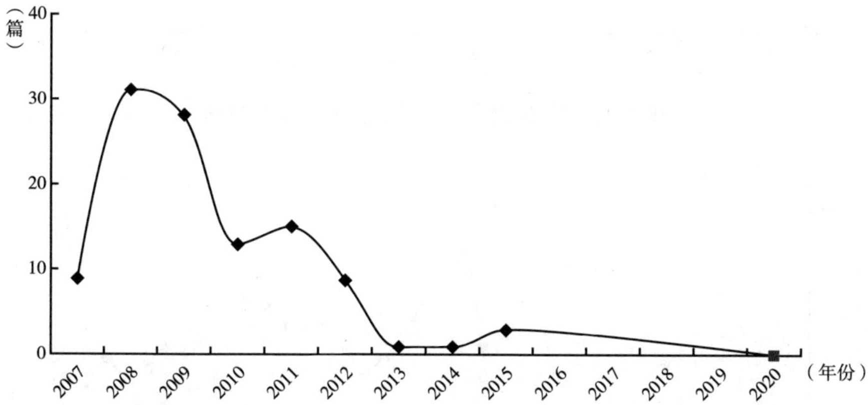

图 2–3 “又好又快” + “人才培养”主题文献的年度分布

2020 年 12 月 23 日，本书课题组在中国知网以“创造型人才”为关键词进行篇名模糊检索，共检索出 39 篇中文文献，大致有两个研究小高潮，分别是 1987~1988 年和 1998~2003 年（见图 2–4）。首篇文献是《人才研究》1986 年第 1 期发表的《创造型人才的七个层次》。以“创造型人才”为关键词进行主题模糊检索，共检索出 10801 篇中文文献（见图 2–5）。首篇文献是《黑龙江高教研究》1983 年第 3 期发表的《课外科研小组是培养创造型人才的好方法》，该篇文献主要介绍某所高校城建系水力学教研室培养出高水平有能力的建设人才的经验。①

① 刘鹤年:《课外科研小组是培养创造型人才的好方法》,《黑龙江高教研究》1983 年第 3 期，第 115~116、144 页。

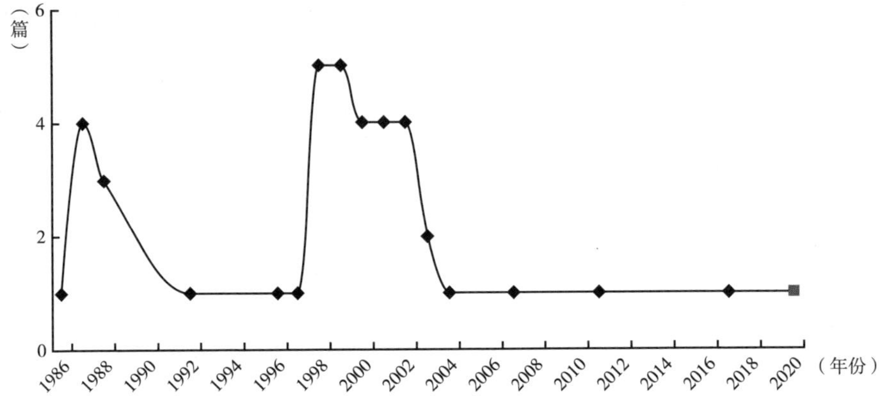

图 2-4 “创造型人才”篇名文献的年度分布

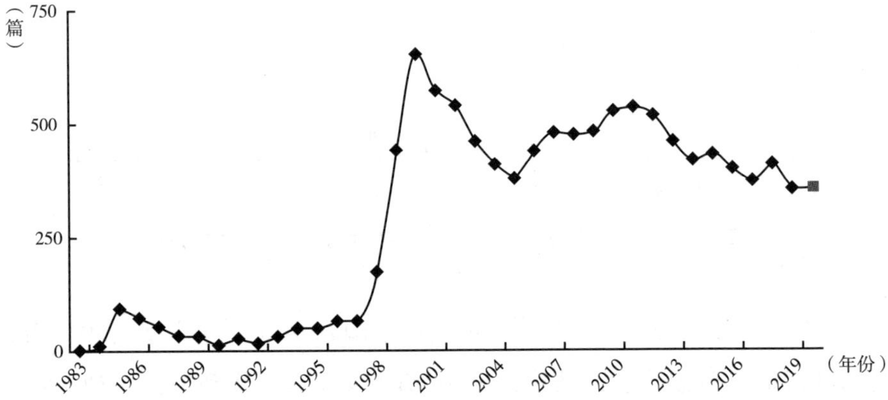

图 2-5 “创造型人才”主题文献的年度分布

以“创新人才”为关键词进行篇名模糊检索，共检索出 14336 篇中文文献，首篇文献是《读书》1984 年第 9 期发表的《资源·创新·人才》，第二篇是《煤炭高等教育》1984 年第 2 期发表的《改革高教现状 培养创新人才》，1985~1988 年、1990~1993 年、1995 年没有检索出文献，1989 年和 1994 年也分别只有 1 篇文献，1998 年起文献数量呈爆发式增长，1998 年有 21 篇，1999 年有 173 篇，2000 年有 437 篇（见图 2-6）。

以“创业人才”为关键词进行篇名模糊检索，共检索出 2694 篇中文文献，首篇文献是《中等林业教育》1997 年第 3 期发表的《健全实践教学

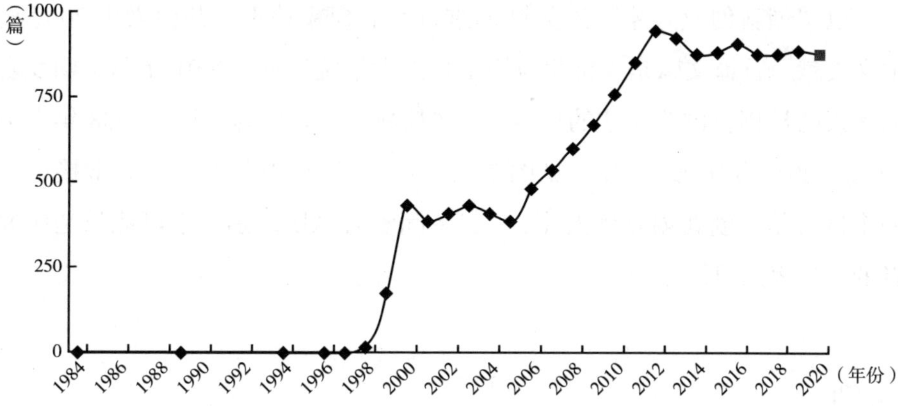

图 2–6 “创新人才”篇名文献的年度分布

体系 培养创业人才》，1997~2000 年共有 7 篇文献，都是探讨基础教育、职业教育领域的创业人才培养。《绵阳经济技术高等专科学校学报》2001 年第 1 期发表的《农村创业人才专业素质结构与培养模式研究》是首篇探讨高等教育领域创业人才培养的文献，此文结合素质教育理念和高等农业专科生的素质要求，探讨复合型农村创业人才培养。① 篇名中含“创业人才”的文献数量整体增长速度不快（见图 2–7）。

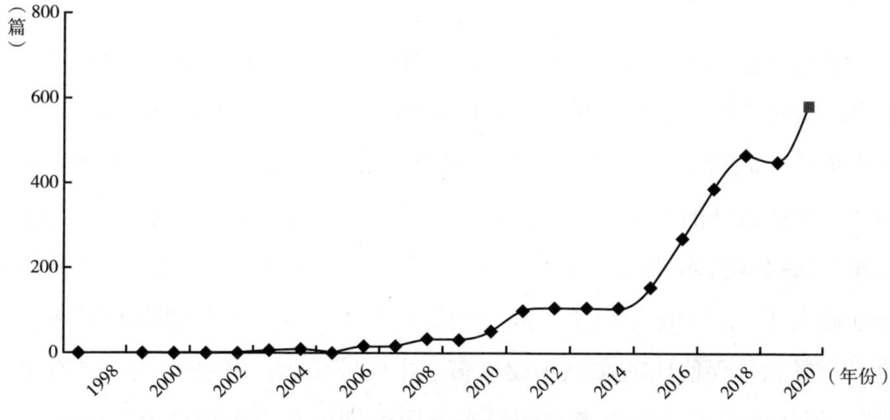

图 2–7 “创业人才”篇名文献的年度分布

① 段宁、苏培安、刘仁道、张玲、李远双:《农村创业人才专业素质结构与培养模式研究》，《绵阳经济技术高等专科学校学报》2001 年第 1 期，第 68~73 页。

以“创新创业人才”为关键词进行篇名模糊检索，共检索出 2067 篇中文文献。首篇文献是《杭州应用工程技术学院学报》2001 年第 1 期发表的《谈高校创新创业人才的培养》，文献数量增长较为缓慢，2008 年突破 10 篇，2010 年突破 20 篇（见图 2–8）。与“创新创业人才”非常接近的一个概念是“创新创业型人才”，二者间没有本质区别，很可能只是研究者的语言表达习惯差异。

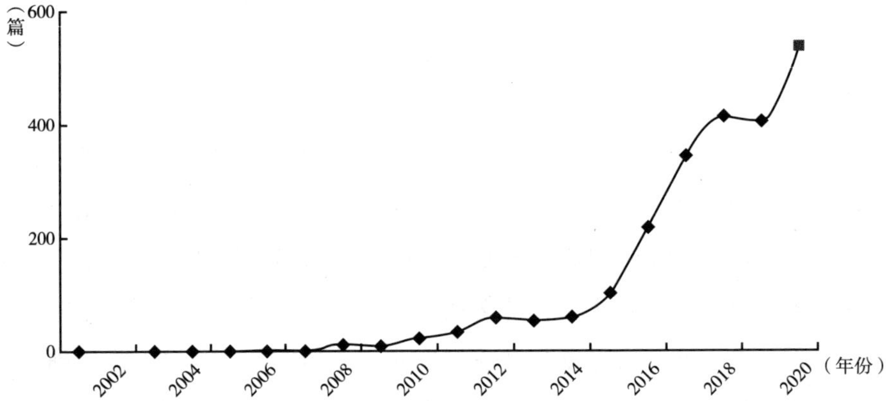

图 2–8 “创新创业人才”篇名文献的年度分布

通过“创造型人才”“创新人才”“创业人才”“创新创业人才”的文献出现时间比较，本研究认为四个概念都是在积极探索和回应 1985 年《中共中央关于教育体制改革的决定》提出的教育体制改革的根本目的之一，即“出好什么样的人才”这一问题。从时间顺序看，1983 年提出“创造型人才”,1984 年提出“创新人才”,1997 年提出“创业人才”,2001 年提出“创新创业人才”，2004 年以来，除“创造型人才”这个概念使用的少外，其他三个概念并存使用的文献仍比较多。本研究认为，“创新人才”“创业人才”“创新创业人才”三者之间没有本质区别，在很大程度上只是研究者的语言使用习惯差异而已，都是在探讨培养什么样的人才来满足以经济建设为中心的社会主义初级阶段的现代化建设需要。结合高等教育人才培养实践，1985年《中共中央关于教育体制改革的决定》提出的“出好人才”中的“人才”先后经历“创造型人才”“创新人才”“创业人才”，最近几年归集为“创新创业人才”或“创新创业型人才”并成为官方话语。

（二）树立培养创新创业型人才观

在我国，政权掌握者或影响公共政策的核心人物的人才观通常是某个时间段的主流人才观，决定政府的人才观，其中人才标准影响高校人才培养质量。也就是说，政府（国家）人才观（人才标准）是高校人才培养质量规格的基础和依据。通常认为，人才观是指关于人才的本质及其发展成长规律的基本观点，是世界观在人才问题上的运用和反映，具体反映在对人才重要性的认识、人才标准与评价体系、选才与用才方式上等，与高校人才培养紧密相关的人才观内容是人才标准。人才观是个动态的概念，其内涵随着生产力的变革发展而不断丰富演进。自古以来，不少社会贤达、帝王将相基于自身认识、利益考量等因素，提出相应的人才思想，甚至形成系统的人才观。我国传统人才观的发展大致可以分为四个阶段：一是从原始社会晚期至春秋战国时期的“萌芽与发展”阶段，呈现“百家争鸣、各为其用”的繁荣局面，荀子、管仲是代表性人物；二是从秦朝至唐朝时期的“丰富与深入”阶段，呈现“治国理民、用人如器”的价值取向，曹操、李世民是代表性人物；三是从宋朝至晚清时期的“转变与固化”阶段，呈现“儒学正统、识用一体”的固化局面，司马光、秦观是代表性人物；四是鸦片战争后的“觉醒与变革”阶段，洋务派、维新派、资产阶级各自提出本集团的人才观，形成了“经世致用、救亡图存”的大人才观，梁启超、龚自珍、孙中山、蔡元培是代表性人物。①

中国共产党非常重视人才，正如毛泽东所言，“政治路线确定之后，

① 胡雪梅:《科学人才观的理论内涵与实践应用研究》，博士学位论文，江西师范大学，2010，第33~34页。

干部就是决定的因素”[①]。中国共产党的人才观继承和发扬了马克思主义人才观，无论是在革命年代还是在社会主义建设时期，中国共产党的人才观主要体现为党的主要领导人的人才观。整体来说，毛泽东时代的人才观是实践人才观，邓小平时代的人才观是创新人才观，江泽民时代的人才观是全面发展的人才观，胡锦涛时代的人才观是为科学发展服务的人才观。[②]实践人才观认为人才要在“经风雨”“见世面”的实践过程中培养，“许多东西单从书本上学是不成的，要向生产者学习，向工人学习，向贫下中农学习”[③]；人才规格是德才兼备，又红又专。习近平高度重视人才工作，形成了“聚天下英才而用之”的人才观。

（三）正确处理教育口号与教育政策的关系

口号是指为达到一定目的、实现某项任务而提出的，有鼓动作用的、简练明确的语句。口号作为时代的音符，是各种组织的政治主张、奋斗目标最直接、最热烈的语言表达方式。口号言简意赅、朗朗上口、表达直接，具有很强的动员效果。口号的动员功能表现为动员导向功能、政治动员功能和动员激励功能，动员导向功能分为政治动员导向、政策动员导向和社会动员导向，政治动员功能分为实现政治决策动员和实现政治目标动员，动员激励功能分为目标式激励动员和激情迸发式动员。[④]有的口号侧重于某一项动员功能，也有的口号兼具两项或三项动员功能。口号有积极口号和消极口号之分，也有理性口号和非理性口号之分。积极的、理性的口号具有正向动员导向和正向激励作用，可以推动工作开展，促进社会经

① 《毛泽东选集》（第二卷）（第2版），人民出版社，1991，第526页。

② 吴丹、李颖：《中国共产党人才观的历史演进》，《四川理工学院学报》（社会科学版）2007年第1期，第20~23页。

③ 《毛泽东文集》（第七卷），人民出版社，1999，第271页。

④ 韩承鹏：《标语与口号：一种动员模式的考察》，博士学位论文，复旦大学，2007，第70~98页。

济发展，而消极的、非理性的口号则反之。无产阶级政党非常重视利用口号进行动员、宣传中心工作，早在1847年6月马克思、恩格斯领导下的共产主义者同盟就提出“全世界无产者，联合起来！”这样一个政治主题鲜明的口号，有力推动了世界无产阶级革命的进程。苏联在社会主义建设时期分别提出“技术决定一切”和“干部决定一切”两大口号，反映苏联对技术、人才和干部作用的重视，推动了苏联工业化建设进程。①

教育口号作为口号的一个类别，是指“为实现一定教育目的、完成一定教育任务而提出的，反映一定教育思想、内容与方法，具有纲领性和宣传鼓动作用的简短语句”②。教育口号主要来自国家法律法规的相关规定、教育权威组织或个人的研究成果或相关言论，如“学会做人，学会做事，学会共同生活，学会生存”是联合国教科文组织的研究成果，还有的教育口号来自党和国家领导人的讲话、指示等。教育口号具有宣传鼓动和干预教育发展的作用，也有一定的局限性，比如有的难以发挥动员导向功能，有的最终偏离口号初衷或预期目标。教育口号本质上既是教育价值观的表达③，在某种意义上也是浓缩的教育政策。政策是指国家、政党为完成特定的任务而规定的行动准则。政策具有明确的目的、目标或方向，不是自发或盲目性的行为，政策具有理性的特质，一般不存在非理性政策，但政策也有积极政策和消极政策之分。教育政策作为政策的下位概念，是公共政策的组成部分，是国家、政党通过行使公共权力、完成教育任务、实现教育发展目标制定的行动准则。教育口号与教育政策可以相互转化，教育口号需要通过有效的教育政策才能发挥动员功能，若没有转化为有效的教育政策，教育口号就只能停留在口号层面，难以落实到教育行动中来。教育政策也需要教育口号来动员宣传，进而推进其顺利实施。从群体心理上来说，教育口号容易把复杂的教育问题转化为简单观念。勒庞认为，“群体

① 张炳文:《党的政治口号：传统、变革与启示》,《理论探索》2007年第5期，第76~78页。

② 程斯辉、李中伟:《教育口号的理性审视》,《中国德育》2012年第14期，第6~10页。

③ 谢翌、潘安童:《新中国教育口号的价值嬗变与理性审思》,《教育理论与实践》2017年第4期，第15~18页。

中的个人不但在行动上和他本人有着本质的差别，甚至在完全失去独立性之前，他的思想和感情就已经发生了变化，这种变化是如此深刻，它可以让一个守财奴变得挥霍无度，把怀疑者改造成信徒，把老实人变成罪犯，把懦夫变成豪杰”，“群体在智力上总是低于孤立的个人，但是从感情及其激发的行动这个角度看，群体可以比个人表现得更好或更差，这全看环境如何”。①

中国共产党在新民主主义革命、社会主义革命和建设的各个时期针对特定教育工作提出很多口号，发挥了重要的动员宣传、凝聚人心、整合力量的作用。比如，“加紧识字读报，提高工农的文化水平”“教育要与生产劳动相结合”“知识分子要和人民群众相结合”“技术必须与群众结合”“学制要缩短，教育要革命”“早出人才，快出人才，多出人才，出好人才”“尊师重教”“学好数理化，走遍天下都不怕”“再苦不能苦孩子，再穷不能穷教育”“百年大计，教育第一”“一切为了学生、为了一切学生、为了学生的一切”等。如此多的教育口号，有的教育口号最后落到了实处，比如“知识分子要和人民群众相结合”“学制要缩短，教育要革命”“早出人才，快出人才，多出人才，出好人才”，也有不少教育口号因为脱离实际、没有法律法规支撑等原因，仅仅停留在口号层面，未能转化为教育政策，甚至还引发教育思想混乱、扭曲教育实践行为。

就本研究而言，“快出人才”“出好人才”是教育口号，来自党和国家领导人的教育思想，也转化为了教育政策。作为教育口号，“快出人才”是干部教育实践的提炼、升华；作为教育政策，“快出人才”是人才培养的指导性纲领在教育实践中的体现；作为教育实践，“快出人才”落实在了新民主主义革命时期的干部教育和训练中。1978 年以前，“快出人才”没有成为一个教育口号，也没有转化为有效的教育政策，但存在事实层面的“快出人才”教育实践。1978 年后，特别是自 1980 年开始，“快出人才”

① 〔法〕古斯塔夫·勒庞:《乌合之众——大众心理研究》，冯克利译，中央编译出版社，2005，第 10~11 页。

不仅成为一个教育口号，还转化为比较有效的教育政策，指导人才培养实践。“出好人才”继承和超越了“多快好省培养干部”，强调人才培养质量要满足经济社会发展需求。“好”集中体现在多元教育政策、基本教育政策和具体教育政策规定的人才培养目标，“出好人才”强调人才培养目标的达成度较高。改革开放前，“好人才”指向高等教育培养“建设人才”、“专门人才”和“普通劳动者”；改革开放以来，“好人才”指向高等教育培养“专门人才”、创新创业型人才等。

· 第三章 ·

创新创业学院分类及组织特征调查

创新创业学院是学科制度的物质形态，一方面其发展促进了人才培养的制度化，另一方面其固有的局限性也成为人才培养模式存在问题的深层根源。[①] 创新创业学院既是对基于学科分化逻辑设立的院系组织的反思与超越，也是对专业教育人才培养模式的反思与批判。现有研究主要集中在创新创业学院的运行模式[②]、发展逻辑[③]、与教学改革的关系[④]、组织合法化过程[⑤]、发生机制[⑥]、组织特征[⑦]等方面，缺乏针对不同类型创新创业学院的

① 骆四铭:《学科制度与创新型人才培养》,《教育研究》2009 年第 9 期，第 46~51 页。

② 陈金江:《中国大学本科精英学院运行模式研究——基于多案例的分析》，博士学位论文，华中科技大学，2010。

③ 刘献君、张晓冬:《“少年班”与“精英学院”：绩效诉求抑或制度合法化——基于组织理论的新制度主义分析》,《现代大学教育》2011 年第 5 期，第 8~15 页。

④ 周光礼、黄容霞:《教学改革如何制度化——“以学生为中心”的教育改革与创新人才培养特区在中国的兴起》,《高等工程教育研究》2013 年第 5 期，第 47~56 页。

⑤ 莫甲凤:《创新人才培养特区在中国大学的“合法化”进程——基于组织理论的新制度主义分析》,《高教探索》2014 年第 5 期，第 12~16 页。

⑥ 朱家德、王佑镁:《高校创业学院的发生学研究》,《高等工程教育研究》2017 年第 3 期，第 158~161 页。

⑦ 王骥、陈金江:《中国大学本科拔尖人才培养的组织变迁及其特性——基于组织社会学的角度》,《江苏高教》2016 年第 2 期，第 116~119 页。朱家德:《高校创业学院的组织特征分析——基于首批深化创新创业教育改革示范高校的实证数据》,《中国高教研究》2017 年第 11 期，第 49~53 页。

组织特征进行的系统性研究。实际上，不同类型的创新创业学院的运行模式、与教学改革的关系、发生机制等存在较大差异，创新创业学院的类型研究有利于进一步细化对创新创业学院运行模式、治理架构、组织特征等的研究。尽管已经有学者意识到创新创业学院的类型研究具有重要意义，比如有学者从创新创业学院的内涵发展维度，把浙江省高校创新创业学院分为面向文化发展、面向行业特色、面向网络服务、面向国际合作四种类型，并初步探讨每种类型创新创业学院的基本特质。[①] 整体来说，学界对创新创业学院类型的系统性、实证研究还很不够。本研究拟对改革开放以来国家层面 10 项创新创业人才计划或项目涉及本科高校设立的创新创业学院，从组织学习能力和环境适应能力 2 个维度进行分类，并在实证调查的基础上，探讨 4 类创新创业学院的组织特征。

一 研究设计

（一）样本高校选择

截至 2020 年底，我国共有普通本科院校 1270 所（含本科层次职业学校 21 所）[②]，大部分高校积极探索创新创业型人才培养模式并成立相应的组织。根据高校探索创新创业型人才培养模式的时间顺序，基于数据的公开性、权威性、可获得性原则，本研究选取的高校有：（1）13 所开办少年班的高校（下称“少年班高校”）[③]；（2）73 所入选国家理科基础科

---

① 方晔、李增芳：《基于需求导向的浙江省高校创业学院分类发展研究》，《黑龙江高教研究》2018 年第 3 期，第 113~116 页。

② 教育部：《2020 年全国教育事业发展统计公报》，http://www.moe.gov.cn/jyb_sjzl/sjzl_fztjgb/202108/t20210827_555004.html。

③ 《中国科技大学少年班一九七八年招生简章》，转引自何昊华、张志辉《中国科学技术大学少年班创办始末》，《科学文化评论》2018 年第 3 期，第 5~30 页。《同意北京大学等 12 所院校举办少年班》，转引自叶俊飞《从“少年班”“基地班”到“拔尖计划”的实施——35 年来我国基础学科拔尖人才培养的回溯与前瞻》，《中国高教研究》2014 年第 4 期，第 13~19 页。

学研究和教学人才培养基地、国家文科基础学科人才培养和科学研究基地及国家工科基础课程教学基地的高校（下称“基地班高校”）①；（3）9所2002年教育部创业教育试点高校（下称“试点高校”）②；（4）71所入选2008年度人才培养模式创新实验区建设项目的高校（下称“实验区高校”）③；（5）20所“拔尖计划1.0”高校④；（6）20所《高等学校创业教育经验汇编》中的典型实验区高校（下称“典型实验区高校”）⑤；（7）176所2016~2017年教育部认定的深化创新创业教育改革示范高校中的本科高校（下称“示范高校”）⑥；（8）168所2016~2019年教育部评选出的全国创新创业典型经验高校中的本科高校（下称“典型高校”）⑦；（9）60所

---

① 郝维谦、龙正中、张晋峰主编《中华人民共和国高等教育史》，新世界出版社，2011，第557~561页。《教育部办公厅关于批准第五批“国家理科基础科学研究和教学人才培养基地”的通知》，http://www.moe.gov.cn/srcsite/A08/s7056/200803/t20080312_109638.html。教育部：《国家文科基础学科人才培养和科学研究基地（共51个基地点）》，http://www.moe.gov.cn/s78/A08/gjs_left/moe_1035/tnull_11143.html。教育部：《国家工科基础课程教学基地（57个）》，http://www.moe.gov.cn/s78/A08/gjs_left/moe_1035/201001/t20100129_11115.html。

② 王占仁：《中国创新创业教育史》，社会科学文献出版社，2016，第89页。

③ 《教育部 财政部关于批准2008年度人才培养模式创新实验区建设项目的通知》，http://www.moe.gov.cn/srcsite/A08/s7056/200901/t20090120_109574.html。

④ 教育部：《关于政协十三届全国委员会第一次会议第0351号（教育类037号）提案答复的函》，http://www.moe.gov.cn/jyb_xxgk/xxgk_jyta/jyta_gaojiaosi/201901/t20190124_368033.html。

⑤ 教育部高等教育司组编《高等学校创业教育经验汇编》，高等教育出版社，2011。

⑥ 《教育部办公厅关于公布首批深化创新创业教育改革示范高校名单的通知》，http://www.moe.gov.cn/srcsite/A08/s5672/201702/t20170216_296445.html。《教育部办公厅关于公布第二批深化创新创业教育改革示范高校名单的通知》，http://www.moe.gov.cn/srcsite/A08/s5672/201708/t20170802_310550.html。

⑦ 雷朝滋主编《2016年度全国创新创业50所典型经验高校经验汇编》，北京航空航天大学出版社，2017。石鹏建主编《2017年度全国创新创业50所典型经验高校经验汇编》，北京航空航天大学出版社，2018。石鹏建主编《2018年度全国创新创业50所典型经验高校经验汇编》，北京航空航天大学出版社，2018。石鹏建主编《2019年度全国创新创业50所典型经验高校经验汇编》，北京航空航天大学出版社，2019。

2019~2020 年“拔尖计划 2.0”高校[①]；（10）12 所入选首批未来技术学院的高校（下称“未来技术高校”）[②]。10 组数据共 622 频次高校，实际共有 265 所高校，需要说明的有以下两点。第一，60 所“拔尖计划 2.0”高校全部覆盖了 20 所“拔尖计划 1.0”高校以及除东南大学之外的 12 所“少年班高校”，71 所“实验区高校”全部覆盖了 20 所“典型实验区高校”以及除中国人民大学之外的 8 所“试点高校”。东南大学（原南京工学院）1985 年成立少年班，至今仍然是开办少年班的 3 所高校之一，但该校是 13 所“少年班高校”中唯一一所没有入选“拔尖计划 1.0”和“拔尖计划 2.0”的高校。北京师范大学开办过少年班，也入选了“拔尖计划 1.0”、“拔尖计划 2.0”和“实验区高校”，但未入选“示范高校”及“典型高校”；中国科学院大学创办于 2012 年，入选“拔尖计划 1.0”“拔尖计划 2.0”，但未入选“示范高校”及“典型高校”；南京财经大学入选“试点高校”、“实验区高校”和“典型实验区高校”，但未入选“示范高校”及“典型高校”。第二，本研究所选取样本高校在地域上，覆盖除港澳台地区之外的所有省级行政区；在高校类型上，包括公办高校、民办高校及公助民办高校；在办学层次上，涵盖“双一流”建设高校、非“双一流”建设高校。本研究认为，这 265 所高校在整体上代表了改革开放以来我国本科高校创新创业教育的发展水平，也代表了创新创业学院的发展现状。

（二）数据获取

在确定 265 所样本高校的基础上，本书课题组以以下两种方式获取相关数据：一是网络调查；二是实地走访部分高校并对相关人员进行访谈。

① 《教育部公布首批基础学科拔尖学生培养计划 2.0 基地名单》，http://www.moe.gov.cn/jyb_xwfb/gzdt_gzdt/s5987/202009/t20200917_488442.html。《教育部公布第二批基础学科拔尖学生培养计划 2.0 基地名单》，http://www.moe.gov.cn/jyb_xwfb/gzdt_gzdt/s5987/202102/t20210205_512645.html。

② 《教育部办公厅关于公布首批未来技术学院名单的通知》，http://www.moe.gov.cn/srcsite/A08/moe_742/s3860/202105/t20210526_533701.html。

在网络调查方面，第一步，以“高校名称＋创新创业学院”“高校名称＋创业学院”“高校名称＋创新创业教育”“高校名称＋创业教育”在“百度”中检索各高校创新创业学院相关数据；第二步，进入各高校官方网站，在“机构设置”“学院部门”等栏目中了解创新创业学院设置情况，如果有此类机构则再进一步点击相关链接查找具体数据；第三步，对在“百度”和高校官方网站均未检索到创新创业学院相关数据的高校，通过熟人、电话查询等方式进行核实。在实地调查方面，2017~2021 年，本书课题组先后走访了浙江省、江苏省、上海市、北京市、江西省、福建省、湖北省、湖南省、河南省、四川省、重庆市、陕西省、甘肃省、青海省、广东省、广西壮族自治区等地的部分高校。2020~2021 年由于疫情，原计划的问卷调查难以有效开展，本书课题组在研究方法上做了一定的调整，整体来看，对研究数据采集和表达有一定的影响，但对研究结论没有产生实质性影响。

（三）理论框架

数据检索发现，“示范高校”或“典型高校”的创业学院的组织目标基本是培养基础学科拔尖创新人才、服务国家战略需求的创新创业型精英人才或服务地方经济社会发展的创新创业型高级人才。在我国高等教育领导体制下，高校创新创业学院共存在同一个组织场域内，具有较高程度的制度同构性。组织的制度同构大致有三个方面的原因：一是来自环境的强制性力量，二是组织间的相互模仿或相互示范，三是来自规范性的压力。[①] 组织要恰当应对来自环境的强制性力量和规范性的压力，实质上就是组织需要具有环境适应能力；组织间的相互模仿或相互示范要求组织具备一定的学习能力。组织发展与变革就是组织以组织学习的方式适应组织

① 罗珉:《组织设计：战略选择、组织结构和制度》,《当代经济管理》2008 年第 5 期，第 1~8 页。

内外部发展环境变化的过程。开放系统理论认为环境对组织发展具有重要意义，组织所需的一切资源都来自环境，一方面，组织受制于环境，只有了解并理解环境才能采取正确的行动；另一方面，组织也可以积极回应环境，主动地管理环境、塑造环境。一个组织能否在不断变化的环境中生存并发展，不仅取决于其是否拥有具有比较优势的各种资源，更取决于其是否拥有卓越的学习能力。组织学习是组织为了适应环境的变化或获得竞争优势，在组织层面对现有知识进行开发和利用，同时不断追求新知识的过程，以更好地推进组织变革。[①] 通过组织学习，组织能够有效吸收利用内外部知识，改善组织成员的认知和行为，增强适应内外环境变化的能力，进而提升组织竞争力。也就是说，组织学习是组织持续努力改变或重新设计自身以适应不断变化的环境的过程，也是组织创新的过程。

可以说，创新创业学院是创新创业型人才市场需求、国家战略或区域经济社会发展需要与高校自身学科专业建设需求共同塑造的结果。高校内外部环境的发展变化是引起创新创业型人才培养组织的成立、发展的重要因素。高校是以学科专业发展去适应内外部环境的，所有的高校组织学习活动都是围绕学科专业建设展开，离开学科专业建设的高校组织学习活动不是真正意义上的高校组织学习活动，也没有抓住高校组织学习活动的本质。现有高校创新创业学院发展差异较大，其中“示范高校”及“典型高校”是绩效相对突出的，这些院校之所以绩效突出，一个重要的原因是其创新创业学院的学习能力较强。只有组织学习能力强的创新创业学院才能有效适应高校内外部环境变化，因此，从组织的制度同构角度看，高校创新创业学院的分类维度可以设定为组织环境适应能力和组织学习能力。利用理想类型法，本研究构建创新创业学院分类框架，把创新创业学院分为昆仑牛型、拓荒牛型、孺（乳）子牛型和老黄牛型（见图 3–1）。昆仑牛精神通常指“特别能吃苦、特别能忍耐、特别能战斗、特别能团结、特别

---

① 陈丽:《组织记忆视角下组织学习对战略变革的影响研究》，东北财经大学出版社，2014，第 23~24 页。

能奉献”的青藏高原精神。昆仑牛型创新创业学院是指能对政策环境、人才需求等外界环境变革做出积极回应，自身学科、专业、师资、课程等人才培养要素综合实力强大，积极探索创新创业型人才培养模式并取得卓越业绩的高校成立的创新创业学院、荣誉学院等创新创业型人才培养组织。昆仑牛型创新创业学院代表我国创新创业教育的最高水平，对其他高校创新创业学院建设具有示范、引领作用，其建设经验具有推广价值。入选昆仑牛型创新创业学院的条件是其所在高校在 10 组院校数据中的出现频次在 6 次及以上，共 21 所。拓荒牛精神是指坚持摸着石头过河，逢山开路、遇水架桥，敢为人先，将未开发的“荒地”开垦成“良田”的开拓进取精神。拓荒牛型创新创业学院是指自身学科、专业、师资、课程等人才培养要素综合实力较强，但应对政策环境、人才需求等外界环境变革的能力相对较弱的高校成立的创新创业学院、荣誉学院等创新创业人才培养组织。尽管如此，这些高校敢为人先，开拓进取，仍然积极探索创新创业型人才培养模式并取得丰硕成果。入选拓荒牛型创新创业学院的条件是其所在高校在 10 组院校数据中的出现频次在 4~5 次，共 33 所。孺子牛精神是指始终把人民利益放在最高位置，自觉同人民想在一起、干在一起，解决人民群众最关心、最直接、最现实的利益问题，不断实现人民对美好生活的向往的精神。“乳”子牛意为牛犊，孺（乳）子牛型创新创业学院是指自身学科、专业、师资、课程等人才培养要素综合实力有限，但能发扬“初生牛犊不怕虎”的精神，积极回应外界政策环境、人才需求等环境变革，坚持探索创新创业型人才培养模式并取得不俗业绩的高校成立的创新创业学院、荣誉学院等创新创业型人才培养组织。入选孺（乳）子牛型创新创业学院的条件是其所在高校在 10 组院校数据中的出现频次在 2~3 次，共 91 所。老黄牛精神是指勤勤恳恳、埋头苦干、忠于职守、任劳任怨，脚踏实地一步一个脚印往前走，以钉钉子精神做实做细做好各项工作的精神。老黄牛型创新创业学院是指自身学科、专业、师资、课程等人才培养要素综合实力有限，应对外界政策环境、人才需求等环境变革的能力也有限，但任劳任怨、脚踏实地、埋头苦干探索创新创业型人才培养模式，也取得一定成绩的高校成立的创新创业学院等创新创业型人才培养组织。入选老黄牛型创新创业学院的条件是其所在高校在 10 组院校数据中的出现频次为 1 次，共 120 所。由于创新创业学院往往是高校举全校之力创办的产物，是创新创业型人才培养载体，创新创业学院可能是整个高校，也可能是高校内部的某一个或多个组织，从这个意义上来说，对于高校创新创业学院的分类也是对于高校本身分类。4 类创新创业学院高校名单如表 3–1、表 3–2、表 3–3、表 3–4 所示。需要注意的是，鉴于地方高校与部属高校在“实验区高校”“示范高校”等申报程序上的不同（地方高校向省级教育主管部门申报，教育部下达限额；部属高校直接向教育部申报）以及评审时的区域（一般以省级行政区为单位）平衡等因素，北京、上海、江苏、西安、武汉等优质高等教育资源相对集中的区域内有创新创业型人才培养做得比较好的高校也未能入选“实验区高校”“示范高校”等，因此本研究中的高校归类只是相对的，在一定程度上影响同一类型中省级行政区之间高校的比较。另外，在高等教育体系中，相对那些没有入选 10 组院校数据的高校来说，本研究所选取的 265 所高校在创新创业教育方面是做得比较“牛”的，无论是昆仑牛型、拓荒牛型、孺（乳）子牛型还是老黄牛型，都只是在 265 所高校范围内的相对分类。

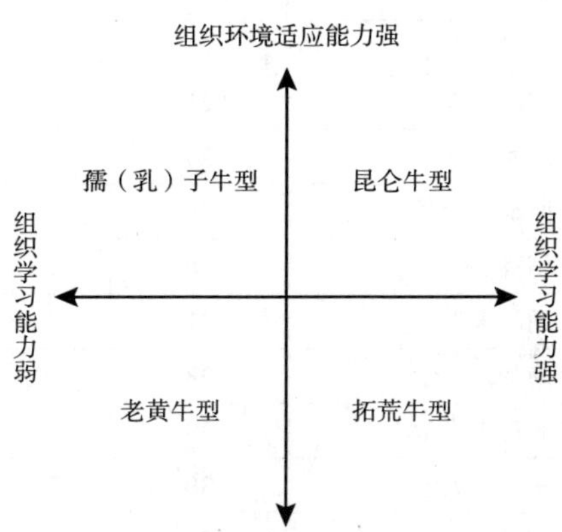

图 3–1　创新创业学院分类

表 3–1 昆仑牛型创新创业学院高校名单

序号	高校	序号	高校
1	北京大学	12	清华大学
2	北京航空航天大学	13	山东大学
3	大连理工大学	14	上海交通大学
4	东南大学	15	四川大学
5	复旦大学	16	武汉大学
6	哈尔滨工业大学	17	西安交通大学
7	华中科技大学	18	浙江大学
8	吉林大学	19	中国科学技术大学
9	南京大学	20	中南大学
10	南京航空航天大学	21	中山大学
11	南开大学		

注：根据高校首字母拼音排序，同一类型高校排名不分先后，后同。

表 3–2 拓荒牛型创新创业学院高校名单

序号	高校	序号	高校
1	北京交通大学	18	江南大学
2	北京理工大学	19	江西财经大学
3	北京师范大学	20	兰州大学
4	重庆大学	21	内蒙古大学
5	电子科技大学	22	宁波大学
6	东北大学	23	山西大学
7	广西大学	24	上海财经大学
8	广西师范大学	25	天津大学
9	黑龙江大学	26	同济大学
10	湖南大学	27	温州大学
11	湖南师范大学	28	西安电子科技大学
12	华东理工大学	29	西北大学
13	华东师范大学	30	西北工业大学
14	华南理工大学	31	厦门大学
15	华南师范大学	32	云南大学
16	华中农业大学	33	中国人民大学
17	华中师范大学		

表 3-3 孺（乳）子牛型创新创业学院高校名单

序号	高校	序号	高校
1	安徽工业大学	31	湖北工业大学
2	安徽理工大学	32	湖南商学院
3	北京服装学院	33	华东交通大学
4	北京工业大学	34	华南农业大学
5	北京化工大学	35	黄河科技学院
6	北京科技大学	36	黄淮学院
7	北京邮电大学	37	吉林动画学院
8	北京中医药大学	38	吉林建筑大学
9	长沙理工大学	39	吉林农业大学
10	成都理工大学	40	暨南大学
11	重庆科技学院	41	江西师范大学
12	重庆邮电大学	42	江西中医药大学
13	滁州学院	43	景德镇陶瓷大学
14	大连东软信息学院	44	昆明理工大学
15	东北财经大学	45	辽宁大学
16	东北农业大学	46	辽宁工程技术大学
17	东北师范大学	47	南昌大学
18	福建师范大学	48	南京财经大学
19	福州大学	49	南京理工大学
20	广东工业大学	50	南京师范大学
21	广州中医药大学	51	南京信息工程大学
22	哈尔滨工程大学	52	宁夏大学
23	杭州师范大学	53	青岛理工大学
24	合肥工业大学	54	青海大学
25	合肥学院	55	曲阜师范大学
26	河北大学	56	山东协和学院
27	河北科技大学	57	陕西师范大学
28	河南大学	58	汕头大学
29	河南农业大学	59	上海对外经贸大学
30	湖北大学	60	上海理工大学

续表

序号	高校	序号	高校
61	沈阳工业大学	77	云南财经大学
62	首都师范大学	78	云南大学滇池学院
63	四川美术学院	79	云南农业大学
64	苏州大学	80	浙江工商大学
65	太原理工大学	81	浙江工业大学
66	武汉工商学院	82	浙江万里学院
67	武汉理工大学	83	郑州大学
68	武汉生物工程学院	84	中国地质大学（北京）
69	西北农林科技大学	85	中国地质大学（武汉）
70	西南财经大学	86	中国海洋大学
71	西南交通大学	87	中国科学院大学
72	西南石油大学	88	中国农业大学
73	湘潭大学	89	中国石油大学（华东）
74	新疆大学	90	中国药科大学
75	燕山大学	91	中央民族大学
76	扬州大学		

表 3-4　老黄牛型创新创业学院高校名单

序号	高校	序号	高校
1	安徽大学	11	常州大学
2	安徽科技学院	12	重庆交通大学
3	安徽师范大学	13	重庆文理学院
4	北方民族大学	14	大连海事大学
5	北京林业大学	15	大连艺术学院
6	北京联合大学	16	东北林业大学
7	长春大学	17	东华大学
8	长春理工大学	18	对外经济贸易大学
9	长春中医药大学	19	佛山科学技术学院
10	长江大学	20	福建农林大学

续表

序号	高校	序号	高校
21	福州外语外贸学院	51	辽宁工业大学
22	广西财经学院	52	鲁东大学
23	广西医科大学	53	南方医科大学
24	贵州财经大学	54	南华大学
25	贵州大学	55	南京工业大学
26	贵州工程应用技术学院	56	南京林业大学
27	贵州理工学院	57	南京农业大学
28	贵州师范大学	58	南阳理工学院
29	桂林电子科技大学	59	内蒙古财经大学
30	桂林理工大学	60	青岛大学
31	国防科技大学	61	青岛科技大学
32	河海大学	62	青海师范大学
33	海口经济学院	63	三明学院
34	海南大学	64	三亚学院
35	海南师范大学	65	山东科技大学
36	河北工业大学	66	山东农业大学
37	河北农业大学	67	山东师范大学
38	河北师范大学	68	山东英才学院
39	河南科技大学	69	山东中医药大学
40	湖北理工学院	70	山西农业大学
41	湖南科技大学	71	上海大学
42	湖南农业大学	72	上海师范大学
43	华东政法大学	73	上海中医药大学
44	华侨大学	74	深圳大学
45	济南大学	75	沈阳工程学院
46	江苏大学	76	沈阳化工大学
47	江西理工大学	77	沈阳师范大学
48	兰州财经大学	78	沈阳药科大学
49	兰州交通大学	79	石河子大学
50	兰州理工大学	80	首都医科大学

续表

序号	高校	序号	高校
81	四川农业大学	101	西南政法大学
82	四川师范大学	102	新疆财经大学
83	塔里木大学	103	信阳师范大学
84	太原科技大学	104	许昌学院
85	天津工业大学	105	宜春学院
86	天津商业大学	106	厦门大学
87	天津中医药大学	107	云南师范大学
88	武汉科技大学	108	肇庆学院
89	武夷学院	109	浙江理工大学
90	西安翻译学院	110	中北大学
91	西安建筑科技大学	111	中国计量大学
92	西安理工大学	112	中国矿业大学
93	西安培华学院	113	中国美术学院
94	西安外事学院	114	中国人民公安大学
95	西安邮电大学	115	中国政法大学
96	西藏大学	116	中南财经政法大学
97	西藏民族大学	117	中南民族大学
98	西京学院	118	中央财经大学
99	西南大学	119	中原工学院
100	西南民族大学	120	周口师范学院

整体来看，昆仑牛型创新创业学院所在高校为 20 所“985 工程”大学和 1 所“211 工程”大学，这些大学是综合性大学或理工见长的大学。拓荒牛型创新创业学院所在高校大多是国家“双一流”建设高校或地方重点大学，这些大学主要为综合大学、师范大学及理工见长的大学。孺（乳）子牛型创新创业学院所在高校大部分为地方理工类、农林类、师范类、综合性高校，少部分为国家“双一流”建设高校。老黄牛型创新创业学院所在高校主要为地方政法类、医药类、农林类、师范类、理工类、民族类、财经类院校。本书课题组从建设主体、组织目标、治理架构与运行方式、

组织文化等指标出发，分析昆仑牛型、拓荒牛型、孺（乳）子牛型和老黄牛型4类创新创业学院的组织特征。

二　昆仑牛型创新创业学院的组织特征

昆仑牛型创新创业学院高校一共21所，均为国家“双一流”建设高校。昆仑牛型创新创业学院高校一共建有近40个创新创业学院，主要包括荣誉学院、书院、直接以“创新创业学院”“创业学院”命名的创新创业型人才培养组织等。

（一）建设主体

昆仑牛型创新创业学院的建设以高校独立建设为主，高校与企业或境外大学共建为辅。26个荣誉学院除华中科技大学启明学院由学校与企业共建外，其余25个荣誉学院均由高校单独建设。南京大学与美国纽约大学理工分校于2008年成立南京大学－纽约大学理工分校创新创业学院，2012年10月英国华威大学加盟该学院，学院随即改名为南京大学国际创新创业学院。清华大学全球创新学院是由清华大学与美国华盛顿大学在微软公司支持下于2015年在大西雅图地区共同创办的创新教育平台。

（二）组织目标

教育部、财政部、国家发改委发布的《统筹推进世界一流大学和一流学科建设实施办法（暂行）》指出，入选国家“双一流”建设的高校在人才培养方面需要具备的条件之一是“在拔尖创新人才培养模式、协同育人机制、创新创业教育方面成果显著”。教育部、财政部、国家发改委印发的《关于高等学校加快“双一流”建设的指导意见》要求，国家

“双一流”建设高校要“率先确立建成一流本科教育目标，强化本科教育基础地位，把一流本科教育建设作为‘双一流’建设的基础任务”，培养拔尖创新人才。昆仑牛型创新创业学院中荣誉学院的组织目标如表 3–5 所示，中南大学未成立荣誉学院。从表 3–5 可以得出，昆仑牛型创新创业学院的组织目标非常强调四个方面：一是家国情怀，北京大学元培学院、北京航空航天大学沈元荣誉学院等都有相应的表述；二是国际视野，北京大学元培学院、北京航空航天大学沈元荣誉学院、东南大学吴健雄学院、华中科技大学启明学院等都规定了培养具有国际视野的人才；三是面向未来的领军人才，复旦大学复旦学院、清华大学致理书院、浙江大学竺可桢学院、中国科学技术大学少年班学院等都强调这一点；四是跨学科人才，几乎所有的荣誉学院都与解答“钱学森之问”有关，都指向培养跨学科人才。

表 3–5　昆仑牛型创新创业学院中荣誉学院的组织目标

序号	高校	创新创业学院	组织目标
1	北京大学	元培学院	培养具有爱国情怀、国际视野、创新精神和实践能力的各行各业新时期高素质领军人才
2	北京航空航天大学	沈元荣誉学院	培育具有远大理想、高尚情怀、国际化视野和一流竞争力的创造型人才和学术领军人才
3	大连理工大学	张大煜学院	培养具有宽厚、扎实的数学、物理基础和化学理论基础，以及较强的实验技能，能在化学或相关科学和技术领域从事研究、教学和科技开发的高素质科学技术人才（未来化学家）
4	东南大学	吴健雄学院	培养发展志向远大、国际视野宽阔的未来战略科学家、工程科技领军人才和业界高端引领人才
5	复旦大学	复旦学院	培养担当民族复兴大任、掌握未来的领袖人才，培养行业栋梁及社会英才
6	哈尔滨工业大学	英才学院	培养造就未来的学术带头人、工程领军人、政企领导人等杰出人才
7	华中科技大学	启明学院	培养具有创新能力、创业精神和国际视野的未来杰出人才
8	吉林大学	唐敖庆班	培养基础学科领域后备人才

续表

序号	高校	创新创业学院	组织目标
9	南京大学	匡亚明学院	培养具有良好的科学素养、人文素养和较宽厚的业务基础，有较强的创造能力、适应能力和发展潜力的学生
10	南京航空航天大学	长空学院	培养具有责任意识、创新精神、国际视野、人文情怀的社会栋梁和工程英才
11	南开大学	伯苓班	造就基础好、创新能力强、综合素质高的理学基础学科学生
12	清华大学	新雅书院	以数理基础和人文社科基础为核心的小班通识教育
		致理书院	培养数学与应用数学、物理学、化学、生物科学、信息与计算科学等学科的专业人才，培养具有家国情怀、社会责任感和全球视野的学术和行业领军人才
		行健书院	培养理论与应用力学（含工程衔接方向）专业的人才，培养有志于服务国家战略需求的“宽口径、厚基础、广交叉、重创新”领军人才
		日新书院	培养在历史学、哲学、汉语言文学和古文字学方向具有精深的人文专业知识和广阔的跨学科视野，能够运用多种语言从事学术研究、知识和思想创造的人才
		未央书院	培养数理基础扎实、发展潜力深厚、创新能力突出的理工结合的复合型人才
		探微书院	打造化学生物学及与其相衔接领域的教育、科技和产业领军人才
		求真书院	培养数学科学领军人才
13	山东大学	泰山学堂	培养基础扎实、学风朴实，有德性、富有创新精神和创新能力的未来拔尖创新人才
14	上海交通大学	致远学院	培养具有批判性思维能力、知识整合能力、沟通协作能力、多元文化理解能力和全球化视野的创新型领袖人才
15	四川大学	吴玉章学院	为党和国家事业发展培养学术精英、创业先锋和行业领军人物，培养具有领导力和社会责任意识的拔尖创新人才
16	武汉大学	弘毅学堂	致力使学生逐步成长为人文和科学素养深厚、学术思想活跃、求是与开拓精神兼备、国际视野开阔，在中国乃至全世界相关领域起引领作用的学者、科学家、思想家及创新工程师

续表

序号	高校	创新创业学院	组织目标
17	西安交通大学	钱学森学院	培养具有全球视野和科学家素养的行业领军人才
18	浙江大学	竺可桢学院	培养基础宽厚，知识、能力、素质、精神俱佳，在相关领域具有全球竞争力的高素质拔尖创新人才和未来各界领军人物
19	中国科学技术大学	少年班学院	培养学术界、产业界德才兼备的领军人物
20	中山大学	逸仙学院	面向基础学科着重培养具备交叉学科知识结构、有较强的创新精神与创新潜能，有望成为相关领域领军人物的研究型人才；面向应用学科侧重培养具有鲜明专业特色与国内国际竞争优势，富有领袖气质的行业精英人才

荣誉学院之外的昆仑牛型创新创业学院也非常重视培养具有国际视野的创新创业型人才。南京大学国际创新创业学院希望联合美国纽约大学理工分校和英国华威大学，共同孕育一个有利于大学生及教师们创新创业的生态环境。南京大学国际创新创业学院“充分整合和发挥中美英三所著名大学的优质教育资源，充分整合国内外各类资源，通过全新的教育理念和教育方式，对中美英三方，特别是对中国政府、企业界人士及大学生进行创新创业教育，包括开展国际教育交流，对各界人士进行培训，推动科技创新成果孵化和产业化等”。[①] 2015 年 6 月，清华大学与华盛顿大学共建的全球创新学院的愿景是“打造吸引全球顶尖师资的智慧互联科技创新平台，探索解决智能硬件、医疗健康、先进制造、清洁能源等挑战问题，培养具有全球视野和创新能力的领军人才”。[②] 复旦大学创新创业学院成立于 2015 年 12 月，其目标是经过 5~10 年的努力，建设成为创业人才的孵

① 南京大学国际创新创业学院:《学院简介》，https://innovation-entrepreneurship.nju.edu.cn/10038。

② 清华大学全球创新学院:《GIX 概况》，http://gix.tsinghua.edu.cn/gyGIX1/GIXgk.htm#posi_1。

化库、创业金点子的种子库和创新创业的专业智库，成为上海市建设“具有全球影响力的科技创新中心”的重要组成部分。①

（三）治理架构与运行方式

创新创业学院的治理架构与运行方式跟其建设主体、组织目标定位紧密相关。第一，高校与企业共建的创新创业学院一般采用理事会领导下的院长负责制。华中科技大学启明学院由华中科技大学与丝宝集团共建，双方于 2008 年成立华中科技大学 – 丝宝教育与科技创新促进中心暨启明学院，丝宝集团董事长梁亮胜受聘为启明学院永久名誉院长和促进中心主席，华中科技大学校长担任理事会理事长，常务副校长担任院长，教务处常务副处长担任常务副院长，并设副院长 1 名。根据《华中科技大学启明学院办学纲要》，启明学院的管理体制为理事会领导下的院长负责制，并实行启明学院与其他学院协同办学的机制，具体为：建立以学生为主体、教师为主导的委员会，让学生参与教与学的设计、评价和管理，实施人才培养与学术自治；教师、教学、学生及事务管理工作以原院（系）管理为主；学生和教师取得的各类项目、经费、成果、荣誉等可计入所在院（系）。②第二，高校与国外机构共建的创新创业学院由共建方联合成立相关机构进行管理或主要由一方负责日常事务管理。南京大学国际创新创业学院由合作三方共同设立的联合管理委员会负责监督管理，同时特别设立由企业管理人员、政府官员、专家学者组成的咨询委员会为学院发展提供咨询与建议。清华大学全球创新学院是中国大学在美国设立的第一个实体校区和综合性教育科研平台，也是一个中美合作办学项目，致力于培养具有全球视野的新一代创新领军人才，毕业生可同时获得华盛顿大学和清华

① 复旦大学：《复旦大学创新创业学院揭牌成立》，http://xxgk.fudan.edu.cn/85/e4/c5197a99812/page.htm。

② 华中科技大学：《华中科技大学启明学院办学纲要》，http://qiming.hust.edu.cn/info/1402/2388.htm。

大学的学位证书，由清华大学负责管理日常事务。第三，由高校单独建设的创新创业学院，无论是作为荣誉学院、教学院系、教辅机构还是管理机构，都是高校内部的二级单位或二级单位的下设机构，这种治理架构与运行方式大致有以下五种情况。一是挂靠本科生院。武汉大学弘毅学堂和创业学院均挂靠本科生院，本科生院内设的教师教学发展中心常务副主任兼任弘毅学堂院长、物理科学与技术学院党委副书记负责弘毅学堂的党群及学生工作。弘毅学堂人才培养模式具有多样化特征，人文科学试验班、理科试验班和工科试验班实行“1+3”模式，即一年级不分专业，二年级起学生可各自选择专业学习；政治学、经济学与哲学试验班，哲学、法学与经济学试验班，数理经济与数理金融试验班，数字经济试验班，地球物理学试验班实行四年一贯制；临床医学（八年制）实行“3+5，本博融通”模式，即前 3 年在弘毅学堂接受博雅教育，后 5 年在医学部接受专业教育。[①] 武汉大学本科生院院长兼任创业学院院长，在创业学院院务委员会的指导下全面负责创业学院工作。中南大学是中国高等教育学会创新创业教育分会理事单位，其创新与创业教育办公室是本科生院的下设机构，办公室主任全面主持创新创业教育办公室工作，负责本科生创新创业教育、研究生创业教育的规划、组织与实施。[②] 复旦大学复旦学院（本科生院、教务处）负责全校本科教学发展和管理工作，还下设志德书院、腾飞书院、克卿书院、任重书院和希德书院 5 个书院。复旦大学所有本科一年级学生进入复旦学院不按专业组建的班级学习一年，二年级学生进入专业院系学习。山东大学创新创业学院由分管教学的副校长担任院长，本科生院院长担任常务副院长。二是校领导兼任创新创业学院院长。上海交通大学致远学院于 2010 年 1 月成立，时任上海交通大学校长的张杰兼任致远学院院长，设常务副院长 1 人，物理系原副主任叶曦担任教学副院长，教

① 武汉大学弘毅学堂:《2021 级培养方案（试行）》，http://hyxt.whu.edu.cn/info/ 1018/4015.htm。

② 中南大学本科生院:《领导岗位设置》，http://bksy.csu.edu.cn/jgsz.htm。

务处副处长兼任副院长。[①] 目前，致远学院院长由副校长兼任，设常务副院长 1 人、副院长 2 人，张杰任名誉院长。上海交通大学创业学院院长由校党委副书记兼任，另设常务副院长 1 人。浙江大学竺可桢学院院长由浙江大学校长兼任，设常务副院长 1 人、副院长 3 人、专聘副院长 2 人，控制科学与工程学院院长兼任 1 个副院长岗位，学校成立竺可桢学院教学委员会指导竺可桢学院运行。浙江大学创新创业学院挂靠学工部，校党委副书记兼任院长，学工部部长任常务副院长。三是独立建制。北京航空航天大学是教育部确定的第一批创业教育试点院校之一。北京大学元培学院、东南大学吴健雄学院、中国科学技术大学少年班学院、南京大学匡亚明学院、北京航空航天大学沈元荣誉学院、西安交通大学钱学森学院等均为独立建制。北京航空航天大学沈元荣誉学院承担本科四年一贯制教育和博士生教育，院长由学校副校长兼任，设常务副院长、院党委书记、副院长等岗位。清华大学新雅书院设院务会、学术指导委员会、教学指导委员会，院务会由院长、3 个副院长、副书记组成。北京航空航天大学于 2002 年成立创业管理培训学院，与继续教育学院合署办公。四是挂靠或依托二级学院（系）。清华大学致理书院依托数学科学系开办数学与应用数学、信息与计算科学 2 个专业，依托物理系开办物理学专业，依托化学系开办化学专业，依托生命科学学院开办生物科学专业。[②] 吉林大学创新创业教育学院于 2013 年成立，2018 年转为正处级实体机构，是东北地区第一所高校创新创业教育学院，挂靠管理学院。中山大学创业学院依托管理学院，致力于培养具有创新能力、创业精神、坚强的创业心理品质以及复合型的经济管理将才。五是虚体与虚拟创业学院。上海交通大学创业学院于 2010 年成立，该学院实行“无形学院，有形运作”，下设教务办、实践办、对外交流办、科研办、行政办 5 个实体办公室。

---

① 上海交通大学致远学院:《学院大事》，https://zhiyuan.sjtu.edu.cn/html/zhiyuan/page.php?id=629&bg=xygk。

② 清华大学致理书院:《书院介绍》，https://www.zlc.tsinghua.edu.cn/syzl/syjs.htm#。

（四）组织文化

部分昆仑牛型创新创业学院形成了较为成熟的组织文化，并能够体现学校传统、特色学科优势等。北京大学是新文化运动的中心和五四运动的策源地，在中国最早传播马克思主义和民主、科学思想，具有“循思想自由原则，取兼容并包主义”学术精神传承，致力于“培养以天下为己任，具有健康体魄与健全人格、独立思考与创新精神、实践能力与全球视野的卓越人才”[①]。北京大学元培学院“不仅是一个自主学习、自由探索的教育场所，也是锻造健全人格的生活共同体”[②]，学生根据自身能力和志趣在全校范围内自主选择专业和课程，同时元培学院的人才培养目标也包含“爱国情怀”这一要素，很好地体现了北京大学的学术精神和责任担当。东南大学吴健雄学院院徽整体图案呈圆形，由两个同心圆组成。外环线条用外粗内细体现传统文化的“文武线”装饰，中间主体部分为一个“鼎”字造型的“吴”字，该造型有多层寓意，“一则‘吴’字，简洁明了为吴健雄先生之本姓，也是吴健雄学院的简称。二则‘吴’字看似中心轴左右对称，而实非之。源自 1957 年吴健雄先生以钴核子衰变实验推翻了所谓‘宇称守恒定律’的概括示意图，以此纪念吴健雄划时代的重大科学贡献。三则‘吴’字造型采取国之重器——‘鼎’字型，期望健雄学子勇担大任，问鼎科学高峰，产出扛鼎之作，鼎立社会各界，做钟鸣鼎食之精神贵族。四则‘吴’字，同时回溯东南大学办学历史源于东吴太学。也回应汪东作词、程懋筠作曲的《国立中央大学校歌》中‘广博易良兮吴之风，以此为教兮四方来同’一语。以此激励健雄学子，铭记东南大学郁郁乎文的深厚文化底蕴，切实增强文化自豪感与自信心，增强文化强国的责任感使命感。‘吴’字正下方为蔡元培先生手书‘积健为雄’四字，为东南大学吴健雄学院院训‘修己安人，学博明辨，体

① 北京大学：《北京大学章程》，http://pkunews.pku.edu.cn/xwzh/129-288462.htm。

② 李猛：《院长寄语》，https://yuanpei.pku.edu.cn/xygk/yzjy/index.htm。

大慎微，积健为雄'的简版"[①]。西安交通大学钱学森学院院徽表达了继承和发扬钱学森精神，破解"钱学森之问"的办院初衷。院徽的形象是红色"尚""学""问"三字的结合，红色代表把个人的理想与祖国的命运，把个人的志向与民族的振兴联系在一起的"两弹一星"精神，"尚"代表崇尚科学，"学"代表追求真理，"问"代表勇于创新。[②]院徽既蕴含了"爱国、奉献、求真、创新"的钱学森精神，也体现了钱学森对学子的谆谆嘱托。

三　拓荒牛型创新创业学院的组织特征

33所拓荒牛型创新创业学院高校中有29所建有创新创业学院，占比87.9%，共建有36个创新创业学院。这些创新创业学院大体上可以分为两种：一种是国家"双一流"建设高校创办的荣誉学院，另一种是国家"双一流"建设高校、地方重点高校创办的创新创业教育中心以及直接以创新创业学院、创业学院命名的创新创业学院。

（一）建设主体

拓荒牛型创新创业学院以高校单独建设为主，以高校与企业共建，高校与政府、企业共建为辅。第一，高校与企业共建的创新创业学院。厦门大学中科创业学院、天津大学中科创业学院（宣怀学院）分别由厦门大学、天津大学与中科招商投资管理集团股份有限公司旗下的北京中科创大创业教育投资管理有限公司共同设立，双方发挥各自在人才、教学、资本、科技、产业等方面的资源优势，共同培养具有时代特征的创新创业人

---

① 东南大学吴健雄学院:《修己安身 学博明辨 体大慎微 积健为雄》，https://wjx.seu.edu.cn/21238/list.htm。

② 西安交通大学钱学森学院:《钱学森学院院徽设计理念》，http://bjb.xjtu.edu.cn/xygk/yhyx.htm。

才，建立科研项目孵化和成果转化基地。内蒙古大学创业学院是内蒙古大学与企业共建的一所独立学院，着力培养德智体美劳全面发展，专业基础宽厚、实践能力较强，具有创新精神和创业意识的高素质应用型人才。[①] 第二，高校与政府、企业共建的创新创业学院。华中师范大学中科创业学院由华中师范大学、中科招商投资管理集团股份有限公司、武汉市科技局、洪山区人民政府联合共建，充分发挥各方在政策、人才、教学、资本、科技、产业等方面的资源优势，促进教育、科技、经济、社会的紧密结合，培养具有时代特征的创新创业型人才，由武汉华中师大创业管理有限公司负责运营。第三，高校单独建设的创新创业学院。拓荒牛型创新创业学院中的荣誉学院均由高校单独建设，除以上高校与企业，高校与政府、企业共建的创新创业学院之外，其他拓荒牛型创新创业学院也都由高校单独建设。

（二）组织目标

33 所拓荒牛型创新创业学院高校中的 12 所高校共开办 13 个荣誉学院。其组织目标与昆仑牛型创新创业学院中荣誉学院的组织目标高度一致，即培养具有家国情怀、国际视野的领军人才（见表 3-6）。荣誉学院之外的拓荒牛型创新创业学院也强调培养具有国际视野的创新创业型人才。比如，广西师范大学成立中国 – 东盟创新创业学院，“积极服务国家创新驱动发展战略、‘一带一路’倡议，着力培养国家经济转型升级所需的创新创业人才”，[②] 西安电子科技大学创新创业学院致力于“培养具有创新意识、国际视野、团队精神以及新时代使命感的未来创业家和行业引领者”。[③] 黑龙江大学作为 2002 年教育部创业教育试点高校之一，在全国率先成立创新创业学院，其组织目标为“培养具有创新精神、创业意识、实践能力

① 内蒙古大学创业学院：《学院简介》，https://www.imuchuangye.cn/Xxjj/xyjj/typeid/30.html。

② 广西师范大学创新创业学院：《学院简介》，http://cxcy.gxnu.edu.cn/2165/list.htm。

③ 西安电子科技大学创新创业学院：《学院简介》，https://ie.xidian.edu.cn/info/1002/1077.htm。

和社会责任感的创新创业人才”①。华南师范大学创业学院是广东省高校成立的第一所创新创业学院，致力于“培养国家经济转型升级所需的创新型人才”②。温州大学也在全国较早成立创新创业学院，曾经提出培养专业基础扎实且具备创业管理与实务能力的复合型人才，现在致力于培养“‘重实践、强创新、能创业、善管理、敢担当’的高素质创新型人才”③。

表 3-6 拓荒牛型创新创业学院中荣誉学院的组织目标

序号	高校	创新创业学院	组织目标
1	北京交通大学	詹天佑学院（智慧交通未来技术学院）	培养具有世界胸怀、家国情怀，服务交通强国战略、引领智慧交通发展的未来科技领军人才
2	北京理工大学	徐特立学院	培养能担当民族复兴大任，具有扎实的数理化科学基础、优良的人文素养、宽广的国际视野、敏锐的学术前沿意识、卓越的研究能力的领军领导人才
3	北京师范大学	励耘学院	培养兴趣浓厚、志向远大、基础扎实、能力突出、德才兼备、勇于创新的拔尖学生，为他们成为相关基础学科领军人物、知名学者奠定坚实基础
4	重庆大学	弘深学院	培养具有历史使命感和社会责任心、富有创新精神和实践能力、能够引领未来的学术精英人才，为未来成长为科学家、工程科学家奠定坚实基础
5	电子科技大学	英才实验学院	培养具有强烈社会责任感、热爱科学、基础扎实、勇于创新、具有国际竞争力的电子信息、人工智能、数理和其他相关领域的未来一流科学家
6	江南大学	至善学院	培养“宽基础、高视野、大格局、会思考、有情怀”的学术大师、兴业英才、治国栋梁
7	兰州大学	萃英学院	培养具有西部情结、家国情怀、世界胸怀，能够勇攀世界科学高峰、引领人类文明进步的自然科学家和社会科学家
8	山西大学	初民学院	培养学科背景宽、理论基础厚、学术视野广、创新能力强的高素质创新型拔尖人才

① 黑龙江大学创业教育学院：《黑龙江大学创业教育课程》，http://cyjy.hlju.edu.cn/info/1240/1343.htm。

② 华南师范大学创业学院：《学院简介》，http:// es.scnu.edu.cn/xygk/。

③ 温州大学创新创业学院：《学院简介》，http://cyxy.wzu.edu.cn/xygk/xyjj.htm。

续表

序号	高校	创新创业学院	组织目标
9	天津大学	求是学部	培养终身具有可持续国际竞争力、创造力、实践力和领导力的卓越工程创新人才，培养社会发展和经济建设需要的未来领军人才
10	同济大学	新生院	培养学生具有“通识基础、专业素质、创新思维、实践能力、全球视野、社会责任”综合特质，使其成为引领未来的社会栋梁与专业精英
11	西北工业大学	教育实验学院	为学生成长为立志高远、追求卓越、基础扎实、专业能力强、有社会责任感和国际视野、德智体美劳全面发展的高素质拔尖创新人才提供平台，为学生成长为国防和国民经济相关领域的国际一流学者或领军人才打下坚实的基础
12	中国人民大学	明德书院	面向大类培养、素质教育与拔尖创新人才培养
		明理书院	培养理想高远、学识一流、胸怀寰宇、致真唯实的国民表率、社会栋梁

（三）治理架构与运行方式

第一，高校与企业、政府共建的创新创业学院。通常情况下，高校与企业、政府共建的创新创业学院实行理事会领导下的院长负责制。拓荒牛型创新创业学院中有 3 个由高校、中科招商投资管理集团股份有限公司、地方政府共建的创新创业学院，它们的治理架构、运行方式各不相同。华中师范大学中科创业学院采用一种独特的运行模式，即由武汉华中师大创业管理有限公司负责运营。厦门大学中科创业学院挂靠管理学院，与其他高校挂靠学科学院的创新创业学院不同的是，厦门大学中科创业学院在机构建制上是管理学院内设的系、室、所、中心层面的机构，管理学院企业管理系 1 个副教授任中科创业学院副院长。天津大学中科创业学院（宣怀学院）挂靠管理与经济学部，但实行理事会领导下的院长负责制。该学院按照国际商学院认证体系的标准制定包括经济管理类基础知识、创业类基础知识、软技能、创业实践、知识整合 5 个模块的培养计划，面向全校大二学生招收工商管理（创新创业方向）双学位学生。[①] 内蒙古大学创业学院也是实行董事会领导下的院长负责制，同时设党委，党委书记由内蒙古自治区教育厅人事处（教育工委组织部）一级调研员、内蒙古自治区督学兼任。

第二，高校单独建设的创新创业学院。高校单独建设的拓荒牛型创新创业学院与昆仑牛型创新创业学院类似，组织定位有荣誉学院、二级学院、行政机构、教辅机构等，一般采取挂靠本科生院、挂靠二级学院、校领导兼任院长、独立建制等治理架构。北京交通大学詹天佑学院（智慧交通未来技术学院）等 13 个荣誉学院均为高校独立建制的二级学院。北京交通大学詹天佑学院（智慧交通未来技术学院）实行建设领导小组下的院长负责制，学校成立建设领导小组，校长任组长，副校长和副书记任副组长，本科生院、研究生院、人事处、计财处、学生部等任组员单位，学院下设包括学院领导和教务中心、学务中心、行政中心 3 个工作中心的管理层，以及数理光电学部等 9 个学部的学术层，同时学院建立学部联席会，并成立学术委员会、人才培养委员会等机构。[②] 北京理工大学徐特立学院与特立书院合署办公，独立运行，实行书院式学生教育管理。西北工业大学教育实验学院源自 1985 年成立的教育教学改革试点班，2001 年改制成立教育实验学院，2014 年起独立运行。2014 年以来，教育实验学院选取全校优势工科、理科专业，并将这些专业分成航空航天、机电、材料科学、信息及计算机、数理五个大类，对学生实行“大类 + 专业”培养，2019 年至今以项目制为依托，探索交叉学科，逐渐弱化甚至打破学科专业界限，采用“自主招生、提前批次和校内二次选拔”多维度招生选拔方式，实施“自主选择、自由转出、审核转入”的荣誉学籍动态管理模式，培养具有学科交叉特征的复合创新型人才。温州大学于 2009 年成立创业人才培

① 雷朝滋主编《2016 年度全国创新创业 50 所典型经验高校经验汇编》，北京航空航天大学出版社，2017，第 27 页。

② 北京交通大学詹天佑未来技术学院：《组织架构》，http://zhantianyou.bjtu.edu.cn/xyjj/zzjg/index.htm。

养学院，设专职院长 1 人，教务处、招生就业处等部门各有 1 位副处级干部兼任副院长。2019 年，创业人才培养学院改名为创新创业学院，设专职院长、副院长各 1 人，其他职能部门主要负责人不再兼任副院长。华东理工大学创新创业教育中心是一个正处级建制的行政管理机构。可见，拓荒牛型创新创业学院的组织定位和治理架构大多能够根据高校实际情况来确定，呈现多样化趋势。

（四）组织文化

大多数拓荒牛型创新创业学院能够根据高校办学传统、优势学科专业、所在区域文化等，培育自己的组织文化。第一，体现学校办学传统和优势学科的组织文化。北京理工大学 1940 年诞生于延安，是中国共产党创办的第一所理工科大学，也是新中国第一所国防工业院校，享有“红色国防工程师的摇篮”之美誉。北京理工大学徐特立学院的院徽以徐特立的肖像作为学院主要识别元素，体现学院以徐特立精神为内核的办学文化；以蓝红背景色块衬托人物，蓝色指代创新科技型精英人才培养，红色指代红色基因薪火传承；以展翅雄鹰寓意学院致力于培养以“科学家、教育家、政治家、军事家、企业家、金融家”为标志的精英型领军领导人才；以盾型徽章表现高等教育和国防院校背景，寓意学生在学院中传承徐特立爱国精神，厚植基础、腾飞发展，成长为建设祖国的时代英才。[①] 西北工业大学是一所以航空、航天、航海（“三航”）等领域人才培养和科学研究为特色的国家“双一流”建设大学，校训为“公诚勇毅”，校风为“三实一新”（基础扎实、工作踏实、作风朴实、开拓创新）。西北工业大学教育实验学院以“启”文化为核心，秉承“协同育人、交叉创新、中西融汇、追求卓越”的人才培养理念，强化“厚基础、宽口径、重实践、求创新”的培养特色。西安电子科技大学前身是 1931 年诞生于江西瑞金的中央军

① 北京理工大学徐特立学院：《徐特立学院院徽》，https://xuteli.bit.edu.cn/xtlxy/whjsx/yhx/090cb8f4b71f45ca8b33dc86a9eb0312.htm。

委无线电学校，优势和特色学科是电子与信息，有“西军电”（中国人民解放军军事电信工程学院）传统。西安电子科技大学创新创业学院持续传承红色基因，将思想政治教育作为创新创业教育的首要任务，扎根中国走红色“双创”育人之路，形成“扎根西安、面向国际、学科交叉、创新创业”的人才培养特色，旨在培养具有创新意识、国际视野、团队精神以及新时代使命感的未来创业家和行业引领者。

第二，体现区域文化传统的组织文化。温州大学、宁波大学位于“七山二水一分田”的浙江。温州的区域文化体现为山地文化——吃苦耐劳，海洋文化——敢于冒险，移民文化——团结互助，重商文化——善于经商。温州大学创新创业学院充分体现了温州区域文化，注重提升学生创新创业能力，培养学生的市场意识及创业精神。“宁波帮”的人文精神主要体现为见利思义、诚信为本的经商之道，自强不息、团结互助的创业精神，爱国爱乡的人文情怀。“宁波帮”在创业初始时有“咸骆驼”之称，一块咸豆腐作为下饭菜能吃上三天。① 宁波大学创新创业学院也充分体现了“宁波帮”的人文精神，使学生敢于创新并善于感恩，很多校友创业成功后不忘母校，感恩并回馈母校。江西财经大学是一所以经济、管理类学科为主的省部共建高校，地处“打响中国革命第一枪”英雄城市，校训为“信敏廉毅”，学校精神为“敬业乐群、臻于至善”。江西财经大学创业教育学院是江西省第一所创新创业学院，致力于培养具有“信敏廉毅”素质的创新创业型人才。

四　孺（乳）子牛型创新创业学院的组织特征

91 所孺（乳）子牛型创新创业学院高校中有 72 所建有创新创业学院，占比 79.12%，共建有 86 个创新创业学院，其中荣誉学院 14 个、产业学院

① 李九伟、黄映芳：《简论“宁波帮”人文精神的德育功效——以宁波大学为例》，《宁波职业技术学院学报》2009 年第 3 期，第 48~50 页。

4个，其他是以“创新创业学院”“创业学院”“创客学院”“创新创业教育中心”“创新创业中心”等命名的创新创业型人才培养组织。孺（乳）子牛型创新创业学院具有“初生牛犊不怕虎”的精神，即虽然自身的组织学习能力有限，但环境适应能力很好。

（一）建设主体

孺（乳）子牛型创新创业学院的建设主体跟拓荒牛型创新创业学院的建设主体类似，以高校单独建设为主，以高校与企业共建，高校与企业、政府共建，高校与科研院校共建为辅。第一，高校与企业共建，高校与企业、政府共建的创新创业学院。福州大学紫金矿业学院[①]由福州大学与紫金矿业集团股份有限公司合作创办，重点培养高层次地矿人才，2018年入选福建省示范性产业学院。杭州师范大学阿里巴巴商学院成立于2008年10月，是杭州师范大学与阿里巴巴集团共建的校企合作学院。上海理工大学创业学院（2019年更名为创新创业学院）由学校与中科招商投资管理集团股份有限公司子公司北京中科创大创业教育投资管理有限公司共建，探索“产学研用创”贯通的人才培养模式。湖南商学院创业就业学院于2018年7月成立，由湖南湘江新区与湖南商学院共同创办，向校内外人员提供创业就业培训。青海大学万联创业教育学院由青海大学、青海省团委、江苏万联能源集团有限公司共建，面向全省有志创业的在校大学生和创业青年，培养他们的创业观念、创业意识和创业能力。第二，高校与科研院校共建的创新创业学院。中国地质大学（武汉）李四光学院是一个荣誉学院，由中国地质大学（武汉）与中国科学院大学、中国科学院地质与地球物理研究所、中国科学院精密测量科学与技术创新研究院、中国科学院地球化学研究所、中国科学院广州地球化学研究

① 2021年5月，紫金矿业学院合并环境与安全工程学院的地质工程学科，更名为紫金地质与矿业学院。

所、中国科学院古脊椎动物与古人类研究所、中国科学院南京地质古生物研究所、中国科学院地球环境研究所、中国科学院空天信息创新研究院等单位合作共建，通过整合校内外相关优质教学科研资源，培养独立思考、自主表达、崇尚学术、勇于探索的拔尖创新人才。① 第三，高校单独建设的创新创业学院。在 86 个孺（乳）子牛型创新创业学院中，除上述 6 个创新创业学院由高校与企业共建，高校与企业、政府共建，高校与科研院所共建外，其余 80 个均为高校单独作为建设主体的创新创业型人才培养组织。

（二）组织目标

第一，荣誉学院的组织目标。91 所孺（乳）子牛型创新创业学院高校中有 14 所高校开办荣誉学院，其中国家"双一流"建设高校开办的荣誉学院有 11 所，地方"双一流"建设高校开办的荣誉学院有 3 所（分别为湖北大学楚才学院、浙江工商大学章乃器学院和浙江工业大学健行学院）。跟昆仑牛型、拓荒牛型创新创业学院中荣誉学院的组织目标相似，大部分孺（乳）子牛型创新创业学院中荣誉学院的组织目标比较具体，致力于培养具有家国情怀、国际视野的领军人才，比如北京邮电大学叶培大学院、南京信息工程大学长望学院、西南交通大学茅以升学院（唐臣书院）、浙江工业大学健行学院等。除此之外，北京工业大学樊恭烋荣誉学院的组织目标为"培养国际、国内工程领域具有创新精神的领军人才"，北京科技大学高等工程师学院的组织目标为"培养德智体美劳全面发展的工程科技拔尖人才和行业领军人才"，辽宁大学蒲河学堂的组织目标为"培养社会精英和拔尖创新人才"，浙江工商大学章乃器学院的组织目标为"培养创新型、复合型人才"，等等（见表 3-7）。

① 中国地质大学（武汉）李四光学院:《学院简介》，https://lsgxy.cug.edu.cn/xygk/xyjj.htm。

表 3-7 孺（乳）子牛型创新创业学院中荣誉学院的组织目标

序号	高校	创新创业学院	组织目标
1	北京工业大学	樊恭烋荣誉学院	培养国际、国内工程领域具有创新精神的领军人才
2	北京化工大学	侯德榜工程师学院	培养适应大化工领域科技发展需求的高端工程型人才
3	北京科技大学	高等工程师学院	培养德智体美劳全面发展的工程科技拔尖人才和行业领军人才
4	北京邮电大学	叶培大学院	其内设的通信基础科学实验班旨在培养牢固掌握物理学科的基本理论和实验技能，具有扎实的数理基础、浓厚的研究兴趣和较强的研究能力，勇于创新，能够在物理学和信息与通信领域从事科学研究和技术开发的人才
5	湖北大学	楚才学院	培养宽口径、厚基础、高素质、强能力的一流本科生
6	辽宁大学	蒲河学堂	培养社会精英和拔尖创新人才
7	南京理工大学	钱学森学院	培养拔尖创新人才
8	南京信息工程大学	长望学院	培养具有扎实的理论基础、宽广的专业知识、高远的国际视野、丰富的人文情怀、追求科学梦想、献身科学事业、立志报效国家、德智体美劳全面发展的精英人才
9	西南交通大学	茅以升学院（唐臣书院）	培养人格健全、基础宽厚、知识丰富、能力突出、视野宽广、善于创造、通专结合的具有学术大师、管理精英、产业翘楚潜质的工科类拔尖创新型和跨学科交叉复合型人才
10	浙江工商大学	章乃器学院	培养创新型、复合型人才
11	浙江工业大学	健行学院	培养德智体美劳全面发展，富有家国情怀、国际视野、创新精神和实践能力的行业精英和领军人才
12	中国地质大学（武汉）	李四光学院	培养独立思考、自主表达、崇尚学术、勇于探索的拔尖创新人才
13	中国海洋大学	崇本学院	培养海洋科学创新拔尖人才
14	中国石油大学（华东）	荟萃学院	培养基础宽厚、发展潜力大、综合素质高、创新能力强的优秀创新人才

第二，产业学院的组织目标。与孺（乳）子牛型创新创业学院中的荣誉学院相比较，孺（乳）子牛型创新创业学院中的 4 个产业学院的组织目标定位更为精准（见表 3-8）。产业学院是高校服务特定产业链的二级办

学机构，有高校单独建设的产业学院，也有高校与企业共建的产业学院。产业学院最突出的特征是以贯通某一个产业链的上、中、下游的形式来设置学科专业链。福州大学紫金矿业学院是福州大学与紫金矿业集团股份有限公司合作创办的一所重点培养高层次地矿人才的新型学院。紫金矿业学院根据矿产资源勘探、开发、加工产业链设置专业链，共设有地质工程、资源勘查工程、采矿工程和矿物加工工程 4 个本科专业，[①] 依托矿产资源产业链构建人才培养链。紫金矿业学院打通工科专业壁垒，举办地采联合辅修创新班，毕业后可授予工学学士学位和资源勘查工程与采矿工程主辅修 2 个专业的毕业证书，形成了创新创业型人才培养的“一院两区”“3+1”的校企联合人才培养的“紫金模式”。西北农林科技大学葡萄酒学院于 1994 年成立，构建了以葡萄学为基础，以葡萄酒学为核心，以葡萄酒工程学为手段，以葡萄酒市场学为导向，以产学研紧密结合为特色的涵盖从土地到餐桌完整产业链需求的葡萄与葡萄酒学科理论及中国葡萄酒产业技术体系，培养葡萄与葡萄酒生产、营销、管理及科研推广高级专业人才，被誉为葡萄酒“人才的摇篮、技术的源泉、产业的支点、文化的平台”。[②] 中国地质大学（武汉）珠宝学院是中国珠宝教育的摇篮，具有产学研紧密结合、服务珠宝行业和地方经济发展的鲜明办学特色。珠宝学院不仅为行业培训和输送职业技术能手，还建有国内最权威的珠宝检测机构，为珠宝首饰企业提供专业检测服务，同时主导湖北竹山绿松石资源保护和有序开发项目，支持建成湖北宜昌国际珠宝产业园，参与策划推进“鲁磨路珠宝文化街”和“武汉·中国宝谷”项目。[③] 与西北农林科技大学葡萄酒学院相比，宁夏大学葡萄酒学院 [④] 是一个发展相对滞后的产业学院，仅设食品科学与工程、葡萄与葡萄酒工程 2 个本科专业，食品科学与工程（生物工程）、葡萄与葡萄酒工程（葡萄酒营销）、葡萄与葡萄酒工程（葡萄酒文

① 福州大学紫金地质与矿业学院:《学院简介》，http://zjxy.fzu.edu.cn/xygk/xyjs.html。

② 西北农林科技大学葡萄酒学院:《学院简介》，https://wine.nwsuaf.edu.cn/xygk/xyjj/index.htm。

③ 中国地质大学（武汉）珠宝学院:《学院简介》，http://zbxy.cug.edu.cn/xygk/dan-20009.html。

④ 2020 年，葡萄酒学院与农学院食品学科合并组建了食品与葡萄酒学院。

化旅游）3 个专业方向，还没有构建起从土地到餐桌完整产业链的人才培养机制。

表 3–8 孺（乳）子牛型创新创业学院中产业学院的组织目标

序号	高校	创新创业学院	组织目标
1	福州大学	紫金矿业学院	培养高层次地矿人才
2	宁夏大学	葡萄酒学院	培养葡萄酒产业高素质的科技创新与推广人才
3	西北农林科技大学	葡萄酒学院	培养葡萄与葡萄酒生产、营销、管理及科研推广高级专业人才
4	中国地质大学（武汉）	珠宝学院	培养各类高层次珠宝首饰专门人才

第三，新建本科院校创新创业学院的组织目标。开办孺（乳）子牛型创新创业学院的高校中有 11 所新建本科院校，共建有 11 个创新创业学院。除中国科学院大学外的 10 所新建本科院校的办学定位为应用型高校，组织目标为培养应用型人才（见表 3–9）。与非新建本科院校中的荣誉学院、产业学院等创新创业学院相比，新建本科院校的创新创业学院大多没有明确的组织目标，在各种文献资料中也难觅关于其组织目标的表述，但其所在学校的组织目标在某种意义上可以反映创新创业学院的组织目标。孺（乳）子牛型创新创业学院高校中的 11 所新建本科院校，除合肥学院、云南大学滇池学院的组织目标未能获取外，其余 9 所高校的组织目标均通过学校章程、官方网站等方式获取到。整体来看，除中国科学院大学外，新建本科院校强调培养应用型人才，重庆科技学院的人才培养目标直接表述为“高层次技术技能人才”。各新建本科院校的应用型人才培养目标有所差异，滁州学院的应用型人才需要具备社会责任感和创新创业精神；大连东软信息学院的应用型人才强调社会责任感、创新精神、国际视野和实践能力；黄河科技学院的应用型人才强调“敢闯会创”；等等。

在这 11 所新建本科院校中，中国科学院大学较为特殊。其前身为中国科学院研究生院，2012 年 6 月中国科学院研究生院更名为中国科学院大学，2014 年开始招收本科生。本书主要研究本科院校创新创业学院组织设计，从开展本科教育的时间来看，本书课题组把中国科学院大学归入新建本科院校。中国科学院大学是中国科学院“率先建成国家创新人才高地”任务的重要承担者，是完成“出成果、出人才、出思想”战略使命的重要依托，致力于培养德才兼备的科技创新创业人才。① 中国科学院大学创新创业学院按照“面向应用、独立运营、多元创意、共同发展”的原则，整合中国科学院内外的智力、科技成果、创新创业项目、教育培训及金融投资等优质资源，探索以市场需求为主导的“政产学研”联合的新型创新创业教育机制，培养具备创新精神和创业能力的优秀人才。②

表 3-9 孺（乳）子牛型创新创业学院中新建本科院校创新创业学院组织目标

序号	高校	创新创业学院	组织目标
1	重庆科技学院	大学生创新创业教育办公室	培养德优品正、业精致用、拓新笃行的高层次技术技能人才
2	滁州学院	创新创业学院	培养基础实、能力强、素质高，富有社会责任感和创新创业精神，适应经济社会发展需要的高素质应用型人才
3	大连东软信息学院	创新创业学院	培养具有社会责任感、创新精神、国际视野和较强实践能力的高素质应用型高级专门人才
4	合肥学院	大学生创新创业教育中心	—
5	黄河科技学院	创新创业学院	培养“敢闯会创”的高素质应用型人才
6	黄淮学院	创新创业学院	培养就业能称职、创业有能力、深造有基础、发展有后劲的高素质应用型技术技能人才
7	吉林动画学院	创新创业中心	培养专业素养高、实践能力强、文化底蕴深、艺术修养高的应用型人才
8	武汉工商学院	创新创业教育学院	培养德智体美劳全面发展，就业有实力、“双创”有能力、发展有潜力的应用型高级专门人才
9	武汉生物工程学院	创业学院	培养高素质应用型人才

① 中国科学院大学:《学校简介》，https://www.ucas.ac.cn/site/11。

② 中国科学院大学创新创业学院:《学校介绍》，https://sie.ucas.ac.cn/page/index/id/3。

续表

序号	高校	创新创业学院	组织目标
10	云南大学滇池学院	创新创业学院	—
11	中国科学院大学	创新创业学院	造就德才兼备的科技创新创业人才

注：本表内创新创业学院组织目标为其所在高校的组织目标；合肥学院、云南大学滇池学院组织目标未能获取。

新建本科院校学科综合实力偏弱，但有一股“初生牛犊不怕虎”的闯劲。比如，黄河科技学院是全国第一所实施专科学历教育的民办高校、全国第一所建立党委的民办高校、全国第一所实施本科学历教育的民办高校，也是河南省首批示范性应用技术类型本科高校，被教育部本科教育审核评估专家组誉为“情怀大、格局大、手笔大、作为大”的高校，被联合国教科文组织官员称为“世界教育史上的奇迹”，截至 2020 年，其为国家和社会输送了 20 余万名高素质应用型人才。[①]2021 年，云南大学滇池学院在中国高等教育学会发布的《全国普通高校大学生竞赛排行榜》中，已连续 3 年入围全国同类院校 20 强；在教育部等国家十三部委联合举办的 7 届中国国际“互联网 +”大学生创新创业大赛中，共获得 3 金 1 银 13 铜，金奖数与复旦大学并列，为全国第 30 名，居全国同类高校第一位；学院创业项目获得 2018 大学生创业世界杯中国赛区金奖，并与清华大学一道代表中国赴丹麦参加全球总决赛。[②] 重庆科技学院于 2004 年由重庆工业高等专科学校和重庆石油高等专科学校合并组建而成，2017 年成为硕士学位授予单位，2021 年成为博士学位授予立项建设单位，其发展愿景是要把学校办成一所特色鲜明、国内知名、走向国际的高水平特色科技大学。[③] 这样的发展目标充分显示了组织“初生牛犊不怕虎”的特性。

① 黄河科技学院:《学校简介》，https://www.hhstu.edu.cn/xxgh/xxjj.html。

② 《云南大学滇池学院简介》，https://www.ynudcc.cn/news/article/202210/1666661435582/。

③ 重庆科技学院:《学校简介》，http://www.cqust.edu.cn/index/xxgk2/xxjj.htm。

（三）治理架构与运行方式

第一，高校与企业或高校与企业、政府共建的创新创业学院。通常情况下，高校与企业或高校与企业、政府共建的孺（乳）子牛型创新创业学院实行理事会领导下的院长负责制。福州大学紫金矿业学院理事会理事长由紫金矿业集团股份有限公司董事长担任、副理事长由福州大学副校长担任，设紫金矿业学院党委书记、院长、副院长等。杭州师范大学阿里巴巴商学院理事会理事长由阿里巴巴集团秘书长担任、副理事长由杭州师范大学党委副书记担任，院长由阿里巴巴集团学术委员会原主席担任，另设执行院长、党委书记、副院长等。中国地质大学（武汉）李四光学院由中国地质大学（武汉）与中国科学院大学、中国科学院地质与地球物理研究所等科研院所共建，但没有成立理事会。李四光学院挂靠教务处，教务处处长兼任院长，同时设 3 个副院长，由地球科学学院、地球物理与空间信息学院、地理与信息工程学院的相关人员兼任。中国地质大学（武汉）成立“地球科学菁英班人才培养指导委员会”，由校长担任组长，副校长、副书记、中国科学院大学副校长、相关科研院所副所长担任副组长，参与“科教结合，协同育人”工作的相关学院、部门和科研院所负责人担任组员。[①]

第二，高校单独建设的创新创业学院。高校单独建设的孺（乳）子牛型创新创业学院，与昆仑牛型、拓荒牛型创新创业学院类似，组织定位有荣誉学院、二级学院、行政机构、教辅机构等，一般采取挂靠本科生院、挂靠二级学院、校领导兼任院长、独立建制等治理架构。北京工业大学樊恭烋荣誉学院是独立建制的教学机构，学院院长为学校教务处副处长，可见樊恭烋荣誉学院的运行方式跟其他二级学院还是有不同之处。中国石油大学（华东）荟萃学院挂靠教务处，教务处处长兼任院长，设专职副院长 1 人。其他孺（乳）子牛型创新创业学院大多在学校创新创业教育领导小组的领导下独立运行。

---

① 中国地质大学（武汉）李四光学院:《学院简介》，https://lsgxy.cug.edu.cn/xygk/xyjj.htm。

（四）组织文化

大多数孺（乳）子牛型创新创业学院还没有形成比较成熟的组织文化，少数能够根据高校办学传统、优势学科专业、所在区域文化等，培育自己的组织文化。第一，体现学校办学传统和优势学科的组织文化。李四光是中国地质力学的创立者、中国著名的地质学家、中国科学技术协会第一任主席、中国现代地球科学和地质工作的主要领导人和奠基人之一。中国地质大学（武汉）是以地球科学为主导，多学科相互支撑、协调发展的国家“双一流”建设大学，地质学、地质资源与地质工程 2 个一级学科入选“双一流”建设学科。中国地质大学（武汉）李四光学院以李四光先生的名字命名。李四光学院院徽为 L、S、G 的变形合体，采用由深到浅的蓝色渐变，象征蓝色的地球、海洋和天空，寓意地球科学“上天、入地、下海、登极”的广袤研究领域；院徽整体设计为菱形，可向四面八方无限扩展，寓意“自主思考、自由表达”；菱形中间为地质工作者的标志性工具——地质锤，彰显地质工作者的典型特征。①

第二，结合区域文化培育组织文化。阿里巴巴集团形成了“九条价值观”“六大核心理念”的“阿里文化”，即团队精神、教学相长、质量、简易、激情、开放、创新、专注、服务与尊重九条价值观，客户第一、团队合作、拥抱变化、诚信、激情、敬业六大核心理念。杭州师范大学阿里巴巴商学院打造了融入“阿里文化”、企业全程参与、创新创业教育全线贯通、与产业发展紧密结合的人才培养“阿里巴巴模式”，走出了一条数字商务创新型应用人才培养新路子。②

---

① 中国地质大学（武汉）李四光学院：《学院文化》，https://lsgxy.cug.edu.cn/xygk/xywh.htm。

② 杭州师范大学阿里巴巴商学院：《学院简介》，http://abs.hznu.edu.cn/c/2020-03-11/2326 608.shtml。

五 老黄牛型创新创业学院的组织特征

120 所老黄牛型创新创业学院高校中有 89 所建有创新创业学院，占比 74.17%，共建有 98 个创新创业学院，其中荣誉学院 7 个、产业学院 8 个，其他是以“创新创业学院”“创业学院”“创新创业教育中心”“创新创业中心”等命名的创新创业型人才培养组织。老黄牛型创新创业学院具有“勤奋、勤恳、忠心耿耿、埋头苦干”等特性，即虽然自身的组织学习能力有限，环境适应能力也有限，但依然在创新创业型人才培养上积极作为。

（一）建设主体

老黄牛型创新创业学院的建设主体跟其他 3 类创新创业学院的建设主体类似，以高校单独建设为主，以高校与政府共建、高校与企业共建、高校与社会组织共建为辅。第一，高校与政府共建的创新创业学院。安徽大学互联网学院于 2017 年 2 月成立，由安徽大学与合肥市人民政府共建，旨在推进创新人才培养和“新工科”建设。济南大学创业学院由济南市市中区政府与济南大学共建，市中区政府投资 1835 万元，负责创业学院装饰装修及办公室设备的购置，并且每年提供 150 万元的运营经费，济南大学则提供办公场所和师资，与市中区就业办共同负责学院的日常运营。福建农林大学安溪茶学院由福建农林大学与安溪县政府共建。西安邮电大学现代邮政学院由陕西省人民政府和国家邮政局合作共建，旨在进一步加强邮政业人才培养。第二，高校与企业共建的创新创业学院。常州大学机器人产业学院（中以科创学院）由香港科技大学教授、大疆无人机董事长李泽湘发起，于 2018 年 9 月由常州市政府、常州大学与李泽湘教授企业集团共同创建智能制造产业学院，2020 年 11 月学院更名为机器人产业学院，2021 年 5 月中以科创学院成立，学院利用中以创新园区、固立创新中心的科创平台及实验教学设施，共同探索校、政、企协同培养人才的新机制。[①]贵州理工学院大数据学院由贵州理工学院与阿里巴巴集团共建，许昌学院瑞贝卡学院由许昌学院与河南瑞贝卡发制品股份有限公司共建，武夷学院圣农食品学院由武夷学院与圣农集团共建，西安培华学院盘古创新创业学院由西安培华学院和盘古智库共建。

（二）组织目标

第一，荣誉学院的组织目标。老黄牛型创新创业学院中的 7 个荣誉学院中有 6 个由地方重点大学开办，只有中国矿业大学孙越崎学院由部属院校开办。中国矿业大学孙越崎学院的组织目标与昆仑牛型、拓荒牛型创新创业学院中的荣誉学院的组织目标基本一致，其余 6 个荣誉学院的组织目标与昆仑牛型、拓荒牛型创新创业学院中的荣誉学院的组织目标也有很多类似之处，大多定位为培养“具有国际视野、基础扎实、创新能力强”的拔尖创新人才或高素质人才（见表 3–10）。

表 3–10　老黄牛型创新创业学院中荣誉学院的组织目标

序号	高校	创新创业学院	组织目标
1	安徽大学	文典学院	努力造就具有深厚人文底蕴、扎实专业知识、强烈创新欲望、宽广国际视野的基础学科拔尖创新人才后备力量
2	常州大学	华罗庚学院	培养社会责任感强，科学基础、实践能力和人文素养融合发展，具有较宽的国际化视野，良好的表达与沟通能力，较强的实践能力、创新精神、创业意识、创新创业能力和领导潜质的创新型卓越工程科技人才
3	上海大学	钱伟长学院	培养全面发展，愿为天下兴亡、祖国强盛而自强不息的人

① 常州大学机器人产业学院 中以科创学院:《学院简介》，http://jqrcyxy.cczu.edu.cn/xyjj/list.htm。

续表

序号	高校	创新创业学院	组织目标
4	山东农业大学	齐鲁学堂	培养具有家国情怀、国际视野、全球竞争力的农林领军人才
5	浙江理工大学	启新学院	培养基础扎实、知识面宽、综合素质高、创新创业能力强的拔尖人才
6	中国计量大学	量新学院	培养在计量或相关领域具有持久竞争力、视野开阔、基础扎实、富有创新精神和实践能力的高素质人才
7	中国矿业大学	孙越崎学院	培养基础宽厚、视野开阔、潜质突出、具有国际竞争力的学术精英和工程科技创新人才

第二，产业学院的组织目标。7 所老黄牛型创新创业学院所在高校单独建设或与企业共建的 8 个产业学院，大多致力于服务高校所在区域经济社会发展或某一个具体产业链，少数产业学院致力于服务国家战略（见表 3–11）。福建农林大学安溪茶学院以茶产业链为主线，本科专业设茶学、财务管理、管理科学、商务经济学 4 个专业，培养集产、学、研技能于一体的茶产业适用人才。许昌学院瑞贝卡学院设有发制品设计、发制品市场营销、发制品人力资源管理、发制品企业财务管理 4 个专业，为全国发制品企业，特别是为许昌发制品企业培养合格的、直接可以应用的、懂生产技术和发制品企业管理的人才。武夷学院圣农食品学院是武夷学院主动服务南平千亿食品产业发展战略，配合圣农集团打造“中国肉鸡第一品牌”和实施“全球配置资源的宏大战略计划”的关键举措，致力于建设集人才培养、食品安全检测、食品深加工研究、技术孵化于一体的省内一流、国内有一定影响力的产业学院。[①] 华侨大学厦航学院开设航空酒店管理、机务维修、音乐表演、舞蹈表演（礼仪与航空服务方向）、播音与主持艺术（航空播音方向）本科专业，培养适应民航事业发展的“高起点、高水平、

① 武夷学院：《武夷学院圣农食品学院开工建设》，http://www.mnw.cn/edu/xiaoyuan/ 1125914.html。

高素质、国际化、有特色”应用型人才。[①] 西安邮电大学现代邮政学院设有邮政管理、邮政工程、工业工程、物流管理 4 个专业，培养面向邮政业的人才。江西理工大学稀土学院则面向国家战略，是为服务国家稀土产业高质量发展战略而成立的人才培养机构。

表 3–11　老黄牛型创新创业学院中产业学院的组织目标

序号	高校	创新创业学院	组织目标
1	福建农林大学	安溪茶学院	培养集产、学、研技能于一体的茶产业适用人才
2	贵州理工学院	大数据学院	培养“掌握基础理论、精通技术方法、创新产业应用”的高素质应用型人才
3	江西理工大学	稀土学院	为国家稀土战略资源领域培养志存高远、责任为先、能力突出、开拓创新的精英人才
4	华侨大学	泛华学院	为在海外的中资、侨资企业培养特色高级专门人才
		厦航学院	培养适应民航事业发展的“高起点、高水平、高素质、国际化、有特色”应用型人才
5	武夷学院	圣农食品学院	通过校企合作建设集人才培养、食品安全检测、食品深加工研究、技术孵化于一体的省内一流、国内有一定影响力的产业学院
6	许昌学院	瑞贝卡学院	培养高层次应用技术人才和发制品行业技能人才
7	西安邮电大学	现代邮政学院	培养邮政、物流人才

第三，政法、农林、师范院校创新创业学院的组织目标。老黄牛型创新创业学院所在高校中，政法、农林、师范院校分别有 5 所、10 所和 13 所，共 28 所（见表 3–12）。中国人民公安大学是公安行业综合性大学，是唯一入选国家“双一流”建设高校的公安院校，被誉为“共和国警官的摇篮”，本书课题组把这所高校归入政法院校。西南大学由西南师范大学、西南农业大学合并组建而成，其生物学入选国家“双一流”建设学科，在教育部第四轮学科评估中，其教育学、心理学的评估等级为 A，本书课题组把这所高校归入师范院校。政法、农林、师范院校的创新创业学院没有

① 华侨大学厦航学院：《学院简介》，https://xma.hqu.edu.cn/xygk/xyjj.htm。

查到明确的组织目标，但其所在学校的人才培养目标在一定程度上能够反映创新创业学院的组织目标。整体来看，28 所老黄牛型创新创业学院高校中，25 所高校的章程或学校概况规定了本校的人才培养目标，其中 17 所高校的人才培养目标较为具体，北京林业大学、贵州师范大学、湖南农业大学、南京林业大学、四川农业大学、西南政法大学、中南财经政法大学、周口师范学院 8 所高校的人才培养目标相对笼统。首先，强调社会责任感。福建农林大学、华东政法大学、南京农业大学、四川师范大学、云南师范大学、西南大学都在本校的人才培养目标中明确表述了培养学生的“社会责任感”或“责任担当”。其次，强调创新精神。福建农林大学、华东政法大学、南京农业大学、四川师范大学、信阳师范大学、云南师范大学、西南大学等高校的人才培养目标均明确表述了培养学生的“创新精神”，山东农业大学的人才培养目标也有培养“创新型”人才的表述。最后，强调实践能力。福建农林大学、河北农业大学、南京农业大学、四川师范大学、云南师范大学、西南大学的人才培养目标均提及“实践能力”。

表 3-12　老黄牛型创新创业学院所在政法、农林、师范院校的人才培养目标

序号	高校	创新创业学院	高校人才培养目标
1	安徽师范大学	创新创业学院	培养德智体美全面发展、服务国家经济社会发展的高素质人才以及引领教育发展的教师教育英才
2	北京林业大学		培养品学兼优、综合素质高的人才
3	东北林业大学	创新创业中心	为林业行业培养拔尖创新人才，培养适应社会发展需要，品德、知识、能力和素质协调发展的高水平创新型人才
4	福建农林大学	海峡创业育成中心	培养具有社会责任感、创新精神和实践能力的高素质人才
5	贵州师范大学	创新创业学院（知行学院）	着力培养社会主义事业的合格建设者和可靠接班人，根据国家和地方经济社会发展需要，确定人才培养目标，发挥在贵州教师教育中的龙头作用
6	海南师范大学		

续表

序号	高校	创新创业学院	高校人才培养目标
7	河北农业大学	大学生就业创业教育与服务中心	培养具有创新创业精神和较强实践能力的复合应用型高级专业人才
8	河北师范大学		
9	湖南农业大学	大学生创新创业教育中心	培养德、智、体、美全面发展的社会主义事业建设者和接班人
10	华东政法大学		培养政治坚定、有责任担当、人格健全，践行社会主义法治，具有深厚人文素养、多元知识结构、扎实专业功底、宽广国际视野、开拓创新精神、崇高职业道德的专业精英、社会中坚
11	南京林业大学	创新创业学院	培养社会主义建设者和接班人
12	南京农业大学	创新创业办公室（教务处实践教学科）	培养基础宽厚、实践能力强、具有创新精神和社会责任感的高素质人才
13	青海师范大学	创新创业学院	培养基础教育师资以及推动国家、民族与人类文明进步的合格公民和创新型应用人才
14	山东农业大学	创新创业指导中心	培养德智体美全面发展的拔尖型、创新型、复合型、专业型的高层次、高素质人才
15	山东师范大学		培养国家和社会需要的应用基础型优秀人才和引领教育发展的专门人才
16	山西农业大学	创新创业学院	培养引领现代农业和推动经济社会发展的拔尖创新型、复合应用型、实用技能型人才
17	上海师范大学		培养德行高尚、学识扎实、身心健康，具备现代精神以及人文素养的卓越教师和一流专业人才
18	沈阳师范大学		
19	四川农业大学		培养堪当民族复兴大任的时代新人
20	四川师范大学		培养具有健康体魄、健全人格、实践能力、创新精神和社会责任感的优秀人才
21	西南政法大学	创新创业学院	培养德智体美全面发展的社会主义建设者和接班人，突出“务实教育、论辩文化”的人才培养特色
22	信阳师范大学		培养具有批判性思维、创新精神和家国情怀的卓越教师和高素质专门人才
23	云南师范大学	创新创业学院	培养具有国际视野、师表风范和健全人格，富有社会责任感、创新精神和实践能力，德智体美全面和谐发展的高级专门人才

续表

序号	高校	创新创业学院	高校人才培养目标
24	中国人民公安大学		培养“忠诚可靠、专业精通、文武兼备、作风顽强”的公安专业人才
25	中国政法大学	创业学院	培养全面发展的人才，根据经济社会发展需要和人才培养规律确定人才培养的目标和规格
26	中南财经政法大学	创业学院（湖北青年创业学院）	培养融通、创新、开放式特色人才
27	周口师范学院	创新创业学院	依据国家发展和社会需要确定人才培养目标
28	西南大学	创新创业学院	培养具有强烈社会责任感、深厚人文底蕴、扎实专业知识、宽广国际视野，富有创新精神和实践能力的高素质人才

（三）治理架构与运行方式

老黄牛型创新创业学院的内部治理架构因建设主体不同，各校之间存在一定的差异。第一，高校与政府、企业共建的创新创业学院。福建农林大学安溪茶学院采取“政府、高校、民资”三位一体、优势互补、协作办学的模式，[①] 成立初期，安溪茶学院发展比较快。2015 年，福建农林大学校长认为需要尽快建立起校地合作、依法办学的长效治理机制。[②] 第二，高校单独建设的创新创业学院。无论是作为教学院系、教辅机构还是管理机构，高校单独建设的老黄牛型创新创业学院都是高校内部的二级单位或二级单位的下设机构。安徽大学文典学院的治理架构是“全校办院”，学校成立文典学院领导小组，成员单位包括校办、组织部、宣传部、发展规划处、教务处等职能部门以及数学科学学院等 10 个理工类和人文社科类

① 福建农林大学安溪茶学院:《福建农林大学安溪茶学院概况》，https://axcxy.fafu.edu.cn/8c/2b/c1231a35883/page.htm。

② 兰思仁:《校地合作举办应用技术大学的理论与实践——基于福建农林大学安溪茶学院的探索》,《教育评论》2015 年第 9 期，第 3~7 页。

学院；学院设直属党支部书记和院长各 1 人，并设立院教学指导专家组、班主任、项目导师。[①] 文典学院建立联动机制，实施校内外协同育人计划。学院实施“班主任 + 项目导师”的新型导师制，一年级班级配备班主任，项目指导教师量身定制适合学生全面发展和凸显个性的培养方案及研究训练计划；实施第二校园计划，为优秀学生提供赴国内外著名大学和科研院所进行访学和研修的机会；实行三学期制；对试验班学生实施动态管理，不适应文典学院学习模式的学生转出到对应基础学科，其他优秀学生可以通过相应程序转入文典学院试验班学习。[②] 常州大学华罗庚学院成立家长委员会，制定家长委员会章程，在我国高校创新创业学院治理结构体系中标新立异。根据《华罗庚学院家长委员章程》，家长委员会由学院学生家长自愿参加，共同参与有关学院发展和管理的咨询、协调和监督工作。中国矿业大学孙越崎学院成立 3 个委员会，其中顾问委员会负责宏观指导孙越崎学院的发展；指导委员会负责指导学院发展规划、培养方案的拟定、组织和实施，负责协调学院与其他单位的工作关系等；院务委员会负责学院各项工作的实施。[③]

（四）组织文化

少数老黄牛型创新创业学院已经形成比较成熟的组织文化，比如常州大学华罗庚学院、中国计量大学量新学院等，大部分老黄牛型创新创业学院还没有培育出成熟的组织文化。常州大学华罗庚学院拥有独立的院训、院徽，其中院训为“精勤不倦，自强不息，立志事业，献身祖国”。华罗庚被誉为“人民的数学家”，白春礼认为“华罗庚精神”是一种一心报国、

① 安徽大学文典学院:《安徽大学“文典学院”领导小组和内设机构人员名单》，http://wendian.ahu.edu.cn/14577/list.htm。

② 安徽大学文典学院:《学院简介》，http://wendian.ahu.edu.cn/14575/list.htm。

③ 中国矿业大学孙越崎学院:《机构设置》，http://syq.cumt.edu.cn/8616/list.htm。

矢志不渝的爱国精神，是一种逆境拼搏、奋斗不息的自强精神，是一种慧眼识珠、甘当人梯的人梯精神，是一种生命不息、战斗不止的奉献精神。①华罗庚学院的院训文化很好地诠释了华罗庚精神。中国计量大学量新学院倡导“思源文化”，其主旨是“感恩、成才、奉献”②。量新学院“思源文化”建设采取“五个一”活动：一大讲坛，即“大学之道”讲坛，目的是开阔视野、启迪心智、提升素质；一个沙龙，即书友沙龙，目的是以书会友、启智明志；一项行动，即志愿者服务，目的是培养学生的感恩奉献、勇于担当精神；一份探究，即科技创新活动，目的是促进专业学习，提升创新实践能力；一种意识，即学生管理意识，目的是提高管理能力。量新学院还拥有独立的院标，围绕“启迪心智，思源成才”的主题，由一泓蓝色源泉和三叶绿色新芽两部分组成。蓝色源泉，代表着量新知识和文化传承之源，同时也是量新学子在其熏陶下的自我发展，激流勇进。源泉的初始点是蓬勃生长的绿色新芽，意味着一种“思源文化”。新芽是学子们在学院的培养下富有朝气的成长，但成长建立在授予其能量的源泉之上，不忘本，也体现学子心向学院，团结一致。整个院标组成一个欢悦而起的人，代表着一种积极向上的姿态，一种蓬勃的精神状态。③华侨大学厦航学院院徽包括了华侨大学校徽和厦门航空有限公司的主体元素，以蓝色为主色，采用渐变色突出层次感，并结合二者具有代表性的拱形门与白鹭造型设计而成。“两只白鹭”象征着华侨大学与厦门航空有限公司在开展人才培养、技术研发与协同创新等方面的相互支持与配合；“白鹭齐飞”象征着双方在服务地方经济建设、推动航空业发展与培养创新型人才等理念上的一致性与和谐度。④

---

① 白春礼：《新时期更需继承发扬“华罗庚精神”》，《中国科技奖励》2010 年第 12 期，第 6~7 页。

② 中国计量大学量新学院：《“思源文化”介绍》，https://lxxy.cjlu.edu.cn/info/1041/1197.htm。

③ 中国计量大学量新学院：《学院院标》，https://lxxy.cjlu.edu.cn/info/1045/3771.htm。

④ 华侨大学厦航学院：《学院院徽》，https://xma.hqu.edu.cn/xygk/xyyh.htm。

六　进一步讨论

（一）昆仑牛型创新创业学院重视科技成果转化

创新创业型人才随着计划经济体制坚冰的打破和改革开放的逐步深入而越来越显得紧缺，工业化、市场化和第三产业发展是创新创业教育得以强化的社会条件。[①] 昆仑牛型创新创业学院所在高校大多位于市场经济相对发达的地区，具有不可替代的区位优势，这些地区往往是我国社会主义市场经济的策源地或发祥地，这些地区的高校具有较为敏锐的市场意识。东南大学在改革开放初期就重视创新创业型人才培养，1985 年开办少年班，至今仍是三所开办少年班的高校之一。其创新成果在 20 世纪 80 年代得到时任团中央书记的胡锦涛同志的高度肯定，成立江苏省首家大学生创新创业中心。[②] 清华大学作为我国高校创新创业教育的领头羊，不仅开启创新创业教育之先河，还于 1998 年成立我国第一个高校创业研究中心，2015 年牵头成立中国高校创新创业教育联盟。一项针对 1981~2002 年就读于清华大学的 10 位创业成功校友的研究显示，大学教育塑造了学生的价值观，为创业行为提供了内在使命驱动；培养的“坚持”这种面对困难顽强拼搏的意志品质成为创业成功的关键；课外活动显著提升了学生的综合素质，促进了学生社会经验的积累，提高了创业成功的可能性；朋辈互动、相互信任及共同的思维方式降低了创业团队的沟通成本。[③] 大连理工大学在 1984 年就成立了创新性研究小组，1985 年成立大学生创造发明协会并于 1993 年更名为大学生科技开发服务中心，1997 年成立创新教育实践中

---

① 张男星、王纾：《创新创业教育：在探索中前行——访中南大学党委书记高文兵》，《大学》（学术版）2013 年第 2 期，第 4~17 页。

② 祝虹、潘勇涛：《大学生创业教育初探——以东南大学创业教育实践为例》，《东南大学学报》（哲学社会科学版）2008 年第 6 期，第 131~133 页。

③ 张超、钟周、李纪珍：《大学印记：校友创业者的教育反思——以清华大学为例》，《高等工程教育研究》2018 年第 4 期，第 168~174 页。

心及新希望产品开发研究所，2003 年成立大学生创新院并于 2007 年更名为创新实验学院。[①]1992 年邓小平南方谈话后不久，复旦大学以敏锐的市场嗅觉进行大学战略调整，成立了股份制企业和上市公司，1996 年成立产业化办公室负责科技成果转化并支援教师创业，2005 年成立创业基金会支持师生创业。[②]华中科技大学长期坚持“以服务求支持，在贡献中发展”的办学思路，产学研相结合，大力促进科技成果转化落地，形成“敢于竞争，善于转化”的办学特色。华中科技大学于 2004 年底面向全校本科生和研究生开设“科技创业”公共选修课，该课程由学校产业集团和科技企业孵化器共同负责。[③]浙江大学积极推进学生创新创业与教师科技成果转化的紧密融合，实现教师科技成果转化与学生创业的无缝对接。[④]

（二）昆仑牛型创新创业学院开设跨学科课程组合

昆仑牛型创新创业学院大都基于其优势学科探索创新创业型人才培养模式，部分高校还开办少年班、入选“拔尖计划 1.0”。“文革”结束后，随着科技和教育战线开始全面地拨乱反正，“快出人才、早出人才、多出人才”成为社会各界的愿望。在党和国家领导人的关心支持和李政道教授的推动下，中国科学技术大学于 1978 年 3 月创办了第一个少年班，“培养在科学技术等领域出类拔萃的优秀人才”；经过 30 年发展，系级建制的少年班管委会发展为少年班学院，培养学术界、产业界德才兼

---

① 阚婧:《我国高校创新创业教育的实践探索——以大连理工大学创新创业教育基地为例》，硕士学位论文，大连理工大学，2011，第 22~23 页。

② 曹祎遐:《源于大学校园的创业研究——以复旦大学为例》，博士学位论文，复旦大学，2012，第 69~70 页。

③ 宫敏:《大学生创业教育的理论与实践——以华中科技大学科技创业教育为例》，硕士学位论文，华中科技大学，2005，第 25 页。

④ 林伟连、吴伟:《以“IBE”为特色的全链条式创新创业教育体系构建——浙江大学创新创业教育与人才培养实践》，《高等工程教育研究》2017 年第 5 期，第 154~157 页。

备的领军人物。[①] 中国科学技术大学少年班具有很好的创新示范效应，截至 2017 年，少年班共培养 3446 人，85% 以上的毕业生考取国内外研究生，约 7% 的毕业生成为国内外知名大学或科研机构的教授，约 70% 的毕业生活跃在企业界、金融界。2005 年“钱学森之问”——“为什么我们的学校总是培养不出杰出人才？”提出后，教育部联合中组部、财政部于 2009 年启动“基础学科拔尖学生培养试验计划”（又称“拔尖计划 1.0”）支持数学、物理、化学、生物、计算机 5 个学科的拔尖创新人才培养，中国科学技术大学等 20 所大学先后入选并成立精英学院，积极探索培养拔尖创新人才的新途径。截至 2018 年 9 月，“拔尖计划 1.0”已支持本科生 8700 名，前五届 4500 名毕业生中，97% 的学生继续攻读研究生，普遍表现优异，初步实现了成才率高、成大才率高的阶段性目标。[②] 2018 年 9 月，《教育部等六部门关于实施基础学科拔尖学生培养计划 2.0 的意见》（亦称“拔尖计划 2.0”）发布，目标是在“拔尖计划 1.0”基础上，进一步探索“中国特色、世界水平的基础学科拔尖人才培养体系”，增加 10~20 所大学，并增加天文学、地理科学、大气科学、海洋科学、地球物理学、地质学、心理学、基础医学、哲学、经济学、中国语言文学、历史学等学科。清华大学深圳国际研究生院借力深圳作为改革开放前沿阵地的区位优势和“国际化开放式、创新型”的办学特色，开设跨学科创新创业课程。2013 年 4 月，清华大学经济管理学院设立新型创意、创新、创业人才发现和培养的教育平台——清华 x-lab，简称“三创空间”，由经济管理学院、机械工程学院、理学院、信息科学技术学院、美术学院、医学院、航天航空学院、环境学院、建筑学院、材料学院、公共管理学院、工程物理系、法学院、新闻与传播学院、继续教育学院、电机工程与应用电子技术系 16 个院系合作共建，致力于围绕“三创”（创意、创新、创业），探索新型的人才教育模式，帮助学生学习创意创新创业的知识、技能和理念，培养学生的创造

---

① 中国科学技术大学少年班学院:《学院简介》，https://sgy.ustc.edu.cn/profile。

② 教育部:《关于政协十三届全国委员会第一次会议第 0351 号（教育类 037 号）提案答复的函》，http://www.moe.gov.cn/jyb_xxgk/xxgk_jyta/jyta_gaojiaosi/ 201901/t20190124_368033.html。

力，包括创造性精神、创造性思维、创造性能力和执行能力，造就新一代的创新型人才。① 一项针对浙江大学国家大学科技园内209位创业者的调查显示，大多数创业者具有理工科专业背景，特别是计算机、电子信息、生物技术、自动化、设计类、机械、材料等专业背景，他们的创业项目正是依托所在高校的学科优势而产生的。② 例如，复旦大学学生、老师们的创业项目多基于复旦大学的学科优势，这些学科优势为他们在创业中研发新技术提供了便利，使新技术开发周期得以在一定程度上缩短，从而取得市场竞争优势。③ 浙江大学基于学科特色，积极推进以专业背景为主题的创客空间建设，打造跨学科学生与教师自由参与的开放平台，实现多学科交叉与教学相长。④ 南京大学通过开展“本科生跨学科学术研修计划”，推动不同学院联合研发交叉领域新课程，建立全新的交叉学科专业方向“三层次”交叉复合人才培养体系，培养本科生和研究生的创新能力和跨界能力，比如通过推动相关院系进行教学“联姻”，打造化学与生命、新闻与法律、数学与经济等交叉方向的全新课程，设立地球系统科学与环境、计算机与金融工程、艺术与文化创意等交叉专业方向。⑤ 东南大学、华中科技大学、中南大学等的创新创业学院也都基于本校学科优势、学校文化开设了跨学科课程。

（三）昆仑牛型创新创业学院强调国际合作与交流

第一，合作共建创新创业学院。《清华大学关于深化创新创业教育改

① 清华 x-lab：《ABOUT/ 关于》，http://www.x-lab.tsinghua.edu.cn/about.html#xlabjj。

② 郑刚、梅景瑶、何晓斌：《创业教育对大学生创业实践究竟有多大影响——基于浙江大学国家大学科技园创业企业的实证调查》，《中国高教研究》2017 年第 10 期，第 72~77 页。

③ 曹袆遐：《源于大学校园的创业研究——以复旦大学为例》，博士学位论文，复旦大学，2012，第 78 页。

④ 林伟连、吴伟：《以“IBE”为特色的全链条式创新创业教育体系构建——浙江大学创新创业教育与人才培养实践》，《高等工程教育研究》2017 年第 5 期，第 154~157 页。

⑤ 邵进：《创新创业教育的两个切入点：创新能力与跨界能力培养——南京大学的思考、探索与实践》，《中国大学教学》2016 年第 12 期，第 40~43 页。

革的实施方案》提出，推进国际化创新创业教育，培养学生的全球化视野和创新创业精神。2015 年 6 月，清华大学与美国华盛顿大学合作共建的全球创新学院，是在微软公司支持下于大西雅图地区创办的创新教育平台。全球创新学院致力于“打造吸引全球顶尖师资的智慧互联科技创新平台，探索解决智能硬件、医疗健康、先进制造、清洁能源等挑战问题，培养具有全球视野和创新能力的领军人才”[①]，探索解决包括智能硬件、医疗健康、清洁能源在内的问题。全球创新学院采取基于项目实践的培养模式，以学生为中心、以创新项目为载体，并引入业界优质资源；面向信息产品的创新创意设计与开发，培养具有多学科交叉型知识结构的高层次、国际化的复合型人才；培养学生能够利用设计理念和方法，基于先进的信息技术，以团队的形式完成来自实际需求的信息产品的设计与开发，使学生在原有知识基础上提升创新创意能力和实践能力；培养学生掌握跨学科、国际化研究和交流的方法和手段，使学生具备国际视野，提高对交叉性前沿知识的理解和深入研究的能力。南京大学、纽约大学理工分校和华威大学合作共建国际创新创业学院，整合三校优质教育资源，对中、美、英三方，特别是对中国政府、企业界人士及大学生进行创新创业教育，包括开展国际教育交流，对各界人士进行培训，推动科技创新成果孵化和产业化，等等。该国际创新创业学院的发展目标是通过若干年左右的努力成为“国际有影响、国内领先”的创新创业人才培育基地、国际上有一定影响的企业家和社会精英的创新创业交流平台、科技创新成果产业化及创业实践的示范园区、创新创业科学研究及教育研究中心。第二，联合培养创新创业型人才。2014 年 11 月，经联合国教科文组织亚太教育局、中国联合国教科文组织全国委员会批准，浙江大学牵头组建联合国教科文组织中国创业教育联盟，该联盟以“服务社会、促进创业”为宗旨，以“全民创业、全球创业、社会创业、终身创业、知识创业”为理念，致力于创建世界一流、引领创业型社会建

① 全球创新学院：《愿景》，http://gix.tsinghua.edu.cn/gyGIX1/GIXgk.htm#posi_1。

设与创业人才培养的高端复合平台，并通过整合资源、共建共享，推进国际组织、政府、企业、学校、社团、媒体等机构的互动合作，促进创业者能力提升，推动创业经济与创业教育可持续发展。[①] 此外，浙江大学还与斯坦福大学、硅谷孵化器联合成立“浙江大学硅谷创业实验室”，与百森商学院、里昂商学院联合开展“全球创业管理”硕士培养，开展面向世界的创新创业交流研讨。

（四）昆仑牛型、拓荒牛型创新创业学院重视研究生创新创业教育

研究生教育是实施创新驱动发展战略和建设创新型国家的核心要素，《学位与研究生教育发展“十三五”规划》提出，到 2020 年，实现研究生教育向服务需求、提高质量的内涵式发展转型，将创新创业能力培养融入课程体系，强化创新创业实训实践，加大创新创业人才培养力度，提高研究生培养质量。研究生创业教育被摆上了议事日程，意味着创业教育需要从本专科生教育进一步向研究生教育拓展。清华大学深圳国际研究生院基于深圳的区位特点以及全研究生招生的特色，设计了符合地域与学生特色的创新创业课程，开设创业管理硕士项目。清华大学经济管理学院创新创业与战略系开设创新创业与战略博士项目，该项目把支持经济建设和社会发展的需要放在学科发展的首位，培养创新创业与战略管理领域的高端学术人才和中国最优秀的管理人才。上海交通大学研究生创业教育取得了一系列成绩，其经验有：构建教师、创业导师、创投导师三支师资队伍，突出创业教学的实战性；建立创业加油站，打造研究生创业的练兵场；开展创业见习，“零距离”接触创业企业，夯实并拓展创业课堂的教学内容；联合地方政府打造“零号湾全球创新创业集聚区”，促进研究生创业项目

---

① 浙江大学教育学院：《联合国教科文组织中国创业教育联盟》，http://www.ced.zju.edu.cn/2018/0816/c55119a2229068/page.htm。

落地转化。[①]2008 年 9 月，华中科技大学与业界共同创办启明学院，作为拔尖创新人才培养改革示范区，探索创新创业型人才培养新途径，其办学思路是“开放办学，创新机制，学科交叉，拔尖示范”。[②]入驻启明学院的“基于导师制的本科人才孵化站”（简称“Dian 团队”）以本科生创新能力的早期培养为首要目标，同时兼顾研究生教育，通过“干中学”的方式培养学生的创新能力和综合素质，系统地提出并实践了“目标英才式、指导开放式、培养递进式、管理竞争式”[③]的创新人才培养模式。Dian 团队创新创业教育模式是一种从组织构建到资源积累，再到资源转化与输出的“累积式演进”的整合过程。[④]中南大学作为中国高等教育学会创新创业教育分会理事单位，是我国高校创业教育的领跑者。学校确立了“崇尚创新、强化能力、注重实践、勇于探索”的创业教育理念，2015 年起在研究生人才培养方案中大幅度增加创新创业教育内容，将创新创业教育完整纳入人才培养全过程。[⑤]

（五）高水平行业院校发挥特色学科专业优势

北京交通大学的优势特色学科是信息、管理、交通科学与技术等，其在创新创业教育实践过程中充分依托学科特色和优势资源，在“学习—行动—塑造”框架中，第一步就是开展基于学科特色的学习活动，开设覆盖经济管理通识教育、创新创业管理课程、创新创业管理学位培养等

---

① 侯士兵、冯霞、玄雪梅：《双创视角下优化研究生创业教育的路径研究——基于上海交通大学创业教育的实践》，《学位与研究生教育》2018 年第 2 期，第 27~31 页。

② 华中科技大学启明学院：《学院简介》，http://qiming.hust.edu.cn/xygk/xyjj.htm。

③ Dian 团队：《Dian 团队简介》，http://www.dian.org.cn/cn/info/0/。

④ 汪艳霞、洪伟龙：《高校创新创业教育第二课堂的实践探索——以华中科技大学 Dian 团队“累积式演进”为例》，《西南师范大学学报》（自然科学版）2018 年第 8 期，第 129~136 页。

⑤ 雷朝滋主编《2016 年度全国创新创业 50 所典型经验高校经验汇编》，北京航空航天大学出版社，2017，第 82~83 页。

多个层次的创新创业课程与专业教育体系。[①] 中国矿业大学的优势特色学科是矿业工程和安全科学与工程，学校积极探索多样化的拔尖人才培养模式，为纪念近代工矿泰斗孙越崎先生，学校于 2008 成立孙越崎学院。孙越崎学院采用“宽厚式基础教育、个性化专业教育、开放式国际教育、本硕博精英教育”四位一体的人才培养模式，依托国家重点学科优质教学、科研平台，以精英化教育为目标，以个性化和国际化教育为两翼，搭建交叉复合、宽口径的工科创新拔尖人才培养平台，旨在培养基础宽厚、视野开阔、潜质突出、具有国际竞争力的学术精英和工程科技创新人才。[②] 福建农林大学以农林学科为优势和特色，其中茶学的比较优势明显。2012 年，福建农林大学与安溪县“校地”合作创办的安溪茶学院，采取“政府 + 高校 + 民资”三位一体、优势互补、协作办学的运行模式，该学院于 2017 年被福建省教育厅评选为“示范性产业学院”。安溪茶学院以茶学专业为龙头，以茶产业链的相关专业为基础，以茶产业链为依托，大力推进“茶产业链专业群”建设，把人才培养植入产前、产中、产后各环节中去。[③] 湖南科技大学的优势特色学科是机械电子工程、控制理论与控制工程、电子元器件 3 个国防特色学科。其独立学院潇湘学院依托母体湖南科技大学的优势学科，设置的专业以湖南科技大学现有国家级、省级、校级重点建设专业为主。潇湘学院在创新创业型人才培养过程中，重视跨学院、跨学科、跨专业的联合培养，比如商学系的商业化推广策划与工科的产品设计结合起来、化工专业与会计和工商管理结合起来。[④] 重庆交通大学结合交通类学科专业优势、立足交通行业，按照“交通 +”理念，把创新创业融

① 刘颖琦、李苏秀、宋泽源：《中国高校创新创业教育理论与实践的创新—— 以北京交通大学为例》，《现代教育技术》2018 年第 6 期，第 108~144 页。

② 中国矿业大学孙越崎学院：《学院简介》，http://syq.cumt.edu.cn/8615/list.htm。

③ 《产业学院：搭起高校连结产业的平台》，《福建日报》2017 年 12 月 21 日，第 11 版。

④ 肖雁飞：《独立学院经管类创新创业教育体系构建研究——以湖南科技大学潇湘学院商学系为例》，《当代教育理论与实践》2016 年第 9 期，第 35~37 页。

入学科专业教育，培育创新创业型人才。[①] 江苏大学形成了“工中有农，以工支农”的办学特色，农机工程学科是其优势特色学科，是全国唯一开展耕整地、种植、植保、收获、烘干和秸秆处理等农作物机械化生产各环节研究的高校，培养了我国农机学科第一届本科生、硕士生，培养了我国第一位农机博士，在第三届、第四届中国“互联网 +”大学生创新创业大赛中的 6 项获奖项目均为涉农项目，涉及节水灌溉、精准喷药等领域，展现了涉农专业创新创业人才培养质量。[②] 中国计量大学是目前国际上唯一一所以“计量”命名的本科院校，以计量、标准、质量、市场监管和检验检疫为办学特色。该校发挥行业办学优势，服务创新驱动战略，比如依托计量检测技术的学科优势，中国计量大学国家大学科技园建有国家数字电子计量校准检测及技术转移综合服务平台和浙江省数字电子计量校准检测技术服务中心等公共技术服务平台。[③] 该校在创新创业型人才培养过程中充分挖掘计量学学科资源，注重跨学科人才培养，比如将生物技术与计量技术相结合，打造“生物计量”，从源头解决生物及其产制品检测、检验和检疫中存在的问题。[④] 江西理工大学享有“有色冶金人才摇篮”的美誉，其充分发挥学科优势，构建了“三融三互三促”创新创业教育模式：一是校地融合，互惠发展，促进创新创业平台落地；二是校企融合，互助发展，促进创新创业教育实践；三是科教融合，互动发展，促进创新创业素质提升。[⑤] 该校还依托地处南方离子型稀土资源中心的区位优势，集稀土、钨等资源采、选、冶、材料加工、功能材料器件方面的科研与教学优

---

① 《立足交通行业 融入学科专业 服务创新创业——重庆交通大学创新创业教育改革掠影》，《学校党建与思想教育》2016 年第 11 期，第 97 页。

② 金丽馥、吴奕：《农机特色铸就江大发展底色》，《中国教育报》2018 年 11 月 19 日，第 6 版。

③ 张淑琴等：《基于大学科技园的创业教育实践模式探索——以中国计量学院国家大学科技园为例》，《宁波教育学院学报》2015 年第 3 期，第 17~19 页。

④ 蔡冲、朱诚、黄丽红：《基于创新创业教育的实践教学内涵式发展探索——以行业特色型大学生物技术专业为例》，《高校生物学教学研究》（电子版）2018 年第 3 期，第 39~43 页。

⑤ 石鹏建主编《2017 年度全国创新创业 50 所典型经验高校经验汇编》，北京航空航天大学出版社，2018，第 137~141 页。

势力量，成立跨学院、跨学科的稀土学院，为国家稀土战略资源领域培养志存高远、责任为先、能力突出、开拓创新的精英人才。①西安邮电大学的优势特色学科是信息科学技术，学校不断探索创新创业人才培养的“西邮模式”，构建了“深度融合、共建共享，互利共赢、共同发展”的校企协同育人机制。②该校在创新创业型人才培养过程中，充分发挥学科专业特色和行业优势，建立了由“通识教育 + 专业教育 + 创新创业教育 + 创新创业实践”构成的创新创业教育课程体系，学校还先后与 IBM、英特尔、谷歌、中国移动、中国电信、中国邮政、华为等国内外知名企业合作建设了 42 个联合实验室、74 个实习基地，为学生提供创新创业课程和实训机会。③2016 年，陕西省人民政府与国家邮政局签约共建西安邮电大学现代邮政学院，抢抓国家“互联网 +”行动计划和“一带一路”倡议机遇，创新邮政人才培养模式，培养高素质邮政专业人才。④北京化工大学是新中国为培养尖端科学技术所需要的高级化工人才而创办的高校，其优势特色学科是化学工程与技术。为培养满足大化工领域科技发展需求的高端工程型人才，该校依托学校的大化工学科、专业优势，于 2014 年成立侯德榜工程师学院，作为产学研合作和国际化合作的“双合作”教育平台，该学院引进国外先进的工程人才教育管理体系，建设国内一流的“大化工”工程人才培养基地，2017 年巴黎居里工程师学院揭牌成立。⑤北京化工大学巴黎居里工程师学院由北京化工大学和法国最优秀的化学工程师院校——巴黎国家高等化学学校合作创建，旨在引进法国精英工程师教育模式，培养高水平创新型工程人才，2017 年秋季招收了第一届本科生。⑥东华大学的优势特色学科是纺织科学与工程，该校形成了以纺织为“一体”，以材

---

① 江西理工大学稀土学院：《学院简介》，http://xt.jxust.edu.cn/xygk/xyjj.htm。

② 西安邮电大学：《学校简介》，http://www.xiyou.edu.cn/xxgk/about1.htm。

③ 石鹏建主编《2017 年度全国创新创业 50 所典型经验高校经验汇编》，北京航空航天大学出版社，2018，第 225~226 页。

④ 西安邮电大学现代邮政学院：《学院简介》，http://xdyzxy.xupt.edu.cn/xygk/xyjj.htm。

⑤ 北京化工大学巴黎居里工程师学院：《学院简介》，http://engineer.buct.edu.cn/862/list.htm。

⑥ 北京化工大学巴黎居里工程师学院：《学院简介》，http://engineer.buct.edu.cn/862/list.htm。

料和设计为“两翼”，以创新学科为“引擎”的学科特色新格局。东华大学在创新创业型人才培养上，立足“现代纺织”特色，对接国家战略需求和国际时尚创意，培养“基础宽厚、富有创新精神、能够参与和创造未来社会发展和应对挑战的人才”①。南华大学现有9个核专业和18个涉核专业，核类本科专业齐全、本科生培养规划大、核类人才培养层次完整，其创新创业型人才培养具有浓厚的“核文化”色彩。1997年，上海大学成立基础教学强化班，2007年升格为自强学院，2011年更名为钱伟长学院。钱伟长学院是17所“国家试点学院”之一，是全国首批50家“三全育人”试点院系之一，是跨学科拔尖创新人才培养平台。该学院秉承钱伟长的教育思想，践行精英教育理念，实施“重基础、跨学科、国际化”的人才培养战略，致力于培养具有扎实基本功、全球视野的跨学科拔尖创新人才，造就未来的学术领军人物。②

（六）新建本科院校创新创业学院具有较大的发展潜力

孺（乳）子牛型、老黄牛型创新创业学院所在高校有40所是新建本科院校。新建本科院校通常是指1998年以来，由教育部批准成立的普通本科院校，在类型上包括公办本科院校、民办本科院校以及独立学院，其中独立学院大致分为公办本科院校独资举办的、公办本科院校与社会力量合作举办的两种。③1998年是我国高等教育体制改革历程中具有里程碑意义的一年，不仅第九届全国人大常委会第四次会议审议通过了《高等教育法》，教育部还在《面向21世纪教育振兴行动计划》中指出要继续实

① 石鹏建主编《2018年度全国创新创业50所典型经验高校经验汇编》，北京航空航天大学出版社，2018，第23页。

② 上海大学钱伟长学院：《学院简介》，https://qwc.shu.edu.cn/xygk/xyjj.htm。

③ 本书中的新建本科院校不含中国教育机构与境外有关机构或组织合作举办的具有独立法人资格的本科院校，这类院校有西交利物浦大学、昆山杜克大学、宁波诺丁汉大学、广东以色列理工学院、上海纽约大学、温州肯恩大学、香港中文大学（深圳）、北京师范大学 - 香港浸会大学联合国际学院、深圳北理莫斯科大学。

行“共建、调整、合作、合并”的八字方针，力争在3~5年“基本形成中央和省级政府两级管理、分工负责，在国家宏观政策指导下，以省级政府统筹为主的条块有机结合的新体制”。①1998年，襄阳师范高等专科学校、襄樊职业大学、襄樊教育学院三校合并组建了襄樊学院②，山东建筑材料工业学院分院、淄博大学、淄博师范专科学校、淄博市职工大学、淄博广播电视大学五校合并组建了淄博学院③，被学术界视为“拉开了我国新建本科院校蓬勃兴起的序幕”④。截至2018年底，我国共有普通本科院校1245所（含265所独立学院）⑤，其中新建本科院校700所左右⑥。新建本科院校的

---

① 这场高等教育体制改革时间跨度较大，大致经历了1985~1992年的酝酿阶段、1992~1997年的探索阶段和1998~2000年的全面推进阶段，在探索阶段先后合并组建了新的扬州大学、南昌大学、广东外语外贸大学、湛江海洋大学（现广东海洋大学）、广东工业大学、深圳大学、佛山科学技术学院、上海大学、上海师范大学、四川联合大学（现四川大学）等。1995年，国家教委组织专家对前几年批准实行合并的学校进行了抽查，认为一部分高校实行合并后工作平稳，进展较快，但也有相当一部分学校实行合并后内部各机构间关系不顺，甚至处于联而不合状态。1996年8月，经国务院同意，国家教委在北戴河召开了高教管理体制改革工作座谈会，会议强调合并的学校要进行真正的、实质性的合并，“独联体式”合并不可取。1998年1月，在扬州召开的全国高等教育管理体制改革经验交流会上，时任国务院副总理的李岚清提出“共建、调整、合作、合并”的八字方针。1998年7月，国务院办公厅召开撤并部门所属学校管理体制调整工作会议，明确以撤并部委所属高校管理体制调整为契机，再用两三年时间，有计划地、分期分批地解决部委所属高校的管理体制问题。自此，高校合并开始提速并全面展开。参见刘继荣《高等学校合并重组的理论与实证研究》，博士学位论文，浙江大学，2003，第35~42页。

② 2012年更名为湖北文理学院。

③ 2002年教育部批准山东工程学院与淄博学院合并组建山东理工大学。

④ 王玉丰：《中国新建本科院校的兴起、困境与出路》，《高等教育研究》2011年第1期，第53~60页。

⑤ 教育部：《2018年全国教育事业发展统计公报》，http://www.moe.gov.cn/jyb_sjzl/sjzl_fztjgb/201907/t20190724_392041.html。

⑥ 2018年11月在西安举办2018年全国新建本科院校联席会议暨第十八次工作研讨会，会议报道显示“全国普通本科院校有1243所，其中新建本科院校702所”。参见冯丽《2018年全国新建本科院校联席会议召开》，《中国教育报》2018年11月24日，第2版。另外，根据《2018年全国教育事业发展统计公报》，2018年全国本科院校有1245所，其中“985工程”大学39所、非“985工程”的“211工程”大学73所，1999年之前具有本科招生资格的非“211工程”普通院校435所，那么新建本科院校数量是698所。

数量增长和质量提高本质上是高等教育层次结构的优化。有研究表明，高等教育层次结构与经济增长之间具有双向关联作用，其中高等教育层次结构通过提高人力资本满足、适应、引领经济结构的转变与升级，促进经济增长，同时高等教育规模的扩大本身也有利于拉动内需，带动相关产业的发展，直接促进经济增长，而且改革开放以来的高等教育层次结构调整也旨在满足我国经济增长的需要。① 但也有研究文献显示，新建本科院校发展存在不少问题，即“六个主要外部问题”和“六个主要内部问题”②。其中主要外部问题有：整体处于弱势地位，难以获取教育资源；外部资金投入不足，融资渠道少且不畅；社会声誉普遍不高，品牌效应尚未形成；社会要求日益提高，自身实力难以应对；外部管理体制不顺，学校办学自主权受限；区位优势不甚明显，局部发展环境欠佳。主要内部问题有：思想观念陈旧与办学理念更新之间的冲突，生源质量偏低与社会预期偏高之间的反差，师资数量增加与师资质量不高之间的矛盾，发展资金短缺与教育质量提高之间的冲撞，专业设置趋同与自身特色缺失之间的尴尬，内部管理行政化与民主化之间的失衡。2013 年，41 所新建本科院校接受了教育部本科教学工作合格评估，评估结果显示在 39 个主要观测点（民办高校为 40 个）中，各参评高校全部合格的只有 17 个，“在其余 22 个（民办高校为 23 个）观测点中，有 10 个观测点（民办高校为 11 个）有 3 所以下高校不合格”，“有 12 个观测点有 4 所以上高校不合格，其中，有 5 个观测点有 11 所以上高校不合格”，不合格的观测点主要集中在教师队伍结构、产学研合作教育、专业设置与结构调整、质量控制、教师培养培训、实验室实习场所建设与利用等涉及人才培养的硬件和软件。③ 除此之外，一项基于 2012~2014 年 103 所新建本科院校合格评估课堂评价数据中的专家听

---

① 杨宇轩:《高等教育层次结构调整与经济增长的关系研究——基于 1978—2010 年的数据分析》，博士学位论文，西南财经大学，2012，第 166~169 页。

② 王玉丰:《常规突破与转型跃迁——新建本科院校转型发展的自组织分析》，博士学位论文，华中科技大学，2008，第 40~51 页。

③ 钟秉林:《新建本科院校要高度重视内涵发展和质量建设——基于 41 所本科院校合格评估结果的分析》，《中国高教研究》2015 年第 6 期，第 68~72 页。

课记录的文本研究显示，新建本科院校教师的教师素养方面存在教学基本素质欠缺、教学方法欠妥、教学手段运用不当、课堂设计欠缺等问题，教学管理方面存在课程教学目标定位不准确、课程设置不合理、教学计划安排和执行较为随意等问题，影响了教学工作及人才培养质量。①

相当多的新建本科院校的办学基础是专科学校，比如以工科、经管、农科为主的高职高专或者是以教师教育为主的师专，这些院校的学科基础较为薄弱。目前，还有不少新建本科院校同时开办本科专业和专科专业，甚至部分院校的专科专业数量多于本科专业。2009 年，有学者提出新建本科院校学科建设存在学科建设经费不足、学科建设定位不明确、学术管理体制不健全、基础设施不完备、学科队伍不稳定、学术气氛不浓厚等问题。② 今天看来，前述问题依然困扰着新建本科院校学科建设。整体而言，新建本科院校在我国高等教育体系中处在“高不成，低不就”的位置，受到老牌本科院校与高职院校的前后夹击。一方面，新建本科院校与老牌本科院校的办学资源和综合实力相比仍有很大的差距，无法完全复制老牌本科院校的发展模式；另一方面，新建本科院校在服务地方社会经济发展方面没有高职院校那么“接地气”，也不甘心办成高职院校。因此，转型发展被不少学者认为是新建本科院校走出“高不成，低不就”的尴尬境地之路，在高等教育体系中谋求一片属于自己的发展空间的绝佳出路。③ 新建本科院校转型发展主要是指办学定位转型，从培养学术型人才转向培养应用型人才，从基础研究转向应用研究。甚至有研究认为，新建本科院校转型发展的具体指向是办成行业院校④；或者通过转型发展，新建本科院校

---

① 刘旭、许晓东:《我国新建本科院校课堂教学现状研究——基于 2012~2014 年度合格评估课堂评价数据的分析》,《高等工程教育研究》2016 年第 3 期，第 137~141 页。

② 程印学:《新建本科院校学科建设的策略取向》,《教育研究》2009 年第 12 期，第 91~94 页。

③ 参见王玉丰《中国新建本科院校的兴起、困境与出路》,《高等教育研究》2011 年第 1 期，第 53~60 页；顾永安等《新建本科院校转型发展论》，中国社会科学出版社，2012；等等。

④ 李茂国、傅大友、朱林生、陆正林:《行业型大学：新建本科院校的类型选择》,《高等工程教育研究》2013 年第 2 期，第 6~9、40 页。

要办成“新型”本科院校，其“基本内涵、核心要义和实践要求是：需求导向，突出应用，校地联合，科教结合，产教融合，校企合作，协同育人，转化成果，主动服务，支撑发展，办出特色，做出贡献”①。归根结底，本研究认为新建本科院校要实现自身使命，关键是要以科教融合为理念指导，以学科、专业、课程一体化建设为抓手，通过深化人才培养模式改革培养创新创业型人才。

（七）政法、师范院校创新创业教育先天不足

以理学、工学为优势学科的理工高校，通常以工科教育为重心、理学起强大的支撑作用，走学科交叉和综合化发展道路，其科研活动紧贴社会经济发展，科研成果广泛应用于生产实际，与创业教育具有高度的契合性，这种契合性体现为理工院校全面发展目标与创业教育的契合、理工专业优势与创业教育的契合、以理工学科为基础的交叉学科与创业教育的契合。② 美国高校创业教育最早是在高校工学院、商学院中开展。科技创新是促进美国高校创业教育发展的关键因素，不仅促进了创业教育的快速发展和专业化发展，还促进了创新型大学发展。③ 美国高校创业教育经验充分说明高校的科技创新对创业教育具有重要的支撑作用，而科技创新需要以应用性较强的学科作为支撑。我国现有本科师范院校近 200 所④，本科政法院校 20 余所，这些高校的优势学科以传统人文社会学科为主，应用性学科支撑力度不足。传统师范院校的学科结构设置原则是对应基础教

---

① 张大良：《对焦需求 聚焦服务 变焦应用——把新建本科院校办成新型本科院校》，《中国大学教学》2016 年第 11 期，第 4~9、16 页。

② 赵金华：《基于科技创新的我国理工院校创业教育》，博士学位论文，南京师范大学，2014，第 30~33 页。

③ 李忠双：《美国高校创业教育发展动力机制研究》，博士学位论文，东北师范大学，2015，第 57~73 页。

④ 我国现有师范院校 181 所，以本科师范院校为主。参见《叫停！这 181 所师范院校一律不得更名！》，http://news.ifeng.com/a/20170117/50588391_0.shtml。

育的，基本上就是文学、历史学、哲学、艺术学等人文学科和数学、物理学、化学、地理学、生物学等基础理论科学，学科优势主要集中在文理基础学科和教育学科，主要培养中小学教师，对国民经济和社会发展具有直接重要作用的应用性学科较少。从现有学科门类来看，政法、师范院校具有较强的综合性，但从学科发展来看，政法、师范院校基本上是在最近 20 年才走上学科综合化道路，经济学、管理学等社会学科，工学门类学科在这些高校大多属于“年青学科”。与综合性大学相比，师范院校的学科实力和科技创新能力较弱，2003 年北京大学拥有重点学科 81 个，而全国师范院校的重点学科总数只有 37 个；2004 年授权专利数量在前 100 位的高校共获得专利 4726 项，而师范院校只有 107 项，占比 2.3%。① 与综合性大学法学学科相比，政法院校的法学学科优势并不明显。在艾瑞深中国校友会网发布的《2016 中国大学法学一流学科排行榜 100 强》中，中国政法大学、中南财经政法大学、西南政法大学、华东政法大学分别列第 5 位、第 16 位、第 20 位、第 42 位。② 政法院校长期存在“灌输式”教学模式，过早划分学习方向，过度强调法学理论研读，司法考试通过率低，本科毕业生无法满足市场经济对应用型法律人才需求的问题。③ 可见，师范院校和政法院校在创新创业教育上具有先天不足的缺陷。北京师范大学经济与工商管理学院是我国师范院校中最早成立的经管学院之一，其前身是建于 1979 年的政治经济学系，现设经济系、国际经济与贸易系、金融系、会计系、企业管理系、人力资源管理系等 6 个系，是我国重要的经济学和工商管理学人才培养和科学研究基地。④ 2023 年初，北京师范大学经济与工商管理学院有全日制本科生和研究生 1900 余人，占全校全日制学生总数

---

① 张斌贤：《论高等师范院校的转型》，《教育研究》2004 年第 5 期，第 19~24 页。

② 艾瑞深中国校友会网：《2016 中国大学法学一流学科排行榜 100 强》，http://edu.sina.com.cn/gaokao/2016-12-01/doc-ifxyiayq1916530.shtml。

③ 倪楠：《我国“综合类”政法院校培养应用型本科法律人才问题及对策研究》，《理论导刊》2018 年第 1 期，第 107~112 页。

④ 北京师范大学经济与工商管理学院：《学院简介》，http://bs.bnu.edu.cn/xygk/xyjj/34409.html。

27600余人（含珠海校区3600余人）的6.88%，而学院专任教师仅有80人，占全校专任教师总数2313人的3.49%。[①]福建师范大学经济学院是我国南方马克思主义经济学教学与科研的重要阵地，设经济学系、国际经济与贸易系、工商管理系、财务管理与会计学系等。[②]2017年6月，经济学院有学生1938人，占全校学生总数的6.46%，专任教师101人，占全校专任教师总数的5.61%。[③]北京师范大学经济与工商管理学院和福建师范大学经济学院的生师比低于全校平均水平，对开展创业教育、提高人才培养质量不利。可见，即使师范院校内比较有条件开展创业教育的经管类学院，在创业教育上也存在师资力量配备不足等问题。

在计划经济体制下，我国师范教育自成一套封闭性体系，围绕培养中小学教师，招生、培养、就业均按严格的计划进行，师范院校缺乏一种竞争环境。新中国成立后，在“以俄为师”方针的指导下，我国师范教育体系进行了全面的改革。自1951年全国师范教育会议提出师范院校调整与设置原则后，我国建立起中等师范学校、师范专科学校和师范学院（大学）三级（也称“老三级”）师范教育体系，这一体系随着师范教育向教师教育的转型以及学校升格合并而不断调整，在20世纪90年代末逐步转变为专科、本科、研究生“新三级”师范教育体系。在计划经济时期及改革开放后的相当一段时间内，师范院校的专业设置单一，绝大部分就是师范类专业，课程设置陈旧，基本上就是教育学、心理学和学科教学论“老三门”加上其他一二十门专业课，毕业生由国家统一分配或双向选择。这种封闭的师范教育体系和单一的教师培养模式，决定了师范院校难以迅速满足市场经济体制下的人才培养需求，特别是难以满足社会经济发展对

① 北京师范大学和北京师范大学经济与工商管理学院的全日制学生、专任教师数据均来自学校和学院的官方网站，笔者计算得出的占比。

② 福建师范大学经济学院:《福建师范大学经济学院简介》，http://jjxy.fjnu.edu.cn/3830/list.htm。

③ 福建师范大学经济学院的全日制学生、专任教师数据均来自学校和学院的官方网站，笔者计算得出的占比。其中福建师范大学的学生、专任教师数据截止时间是2018年10月，福建师范大学经济学院的学生、专任教师数据截止时间是2017年6月。

创新创业型人才的需求。2001 年《国务院关于基础教育改革与发展的决定》（国发〔2001〕21 号）提出要“完善以现有师范院校为主体、其他高等学校共同参与、培养培训相衔接的开放的教师教育体系”，但师范院校要在保持原有师范教育优势和特色的同时发展其他与社会经济发展密切相关的学科专业并不容易。随着计划经济体制逐步向社会主义市场经济体制转型，师范院校为应对生源危机及毕业生就业市场的挑战，积极采取“自救”行动：一是增设非师范类专业，向综合性高校转型发展；二是大力发展成人教育或继续教育，扩大师范院校的社会服务职能，求得市场认可。从结果看，无论是发展非师范类专业还是开展成人教育，师范院校都显得“心有余而力不足”。发展其他学科专业不仅挤占了师范院校本身就不足的师资、办学经费等资源，也使师范院校内的非师范专业毕业生质量与综合性大学同类专业毕业生质量存在不小差距。传统的师范教育并未给师范院校带来明显的竞争优势，而综合性大学等非师范高校对师范教育的介入无疑给师范院校的发展带来竞争压力。①

与师范院校类似，在“以俄为师”方针的指导下，为建构社会主义法学教育体系，新中国成立初期的法学教育形成了“四院六系”② 格局，“四院”主要培养政法干部，“六系”主要培养法学教育师资。1977 年恢复高考后，法学专业重新招生，法律在市场经济建设和民主政治生活中的意义得到承认，奠定了我国当前法学教育的基础。③“自 1949 年以来，中国法学教育一直与法律职业相分离：未经大学法律教育而担任法官、检察官、律师，历来是极为普遍的情况。”④ 进入 20 世纪 90 年代，随着《律师法》、《法官法》和《检察官法》的相继颁布，法律人才的市场需求快速

① 林群：《师范院校核心竞争力培育探析——以沈阳师范大学为例》，《教育研究》2012 年第 11 期，第 68~72 页。

② “四院”指中国政法大学、华东政法大学、西南政法大学、中南政法学院（现中南财经政法大学）的法学院，“六系”指中国人民大学、东北人民大学（现吉林大学）、武汉大学、北京大学、西北大学和复旦大学的法律系。

③ 易继明：《中国法学教育的三次转型》，《环球法律评论》2011 年第 3 期，第 33~48 页。

④ 方流芳：《中国法学教育观察》，《比较法研究》1996 年第 2 期，第 116~144 页。

扩大，法学教育得到更进一步发展，一些理工、师范、财经院校在建设综合性大学过程中积极发展法学学科，但主要是依托学校原有的思想政治教育办学资源。我国法学教育长期存在重法律知识轻法律技能的问题，正如有学者指出“一是法学教育存在一种倾向，即法学教育成为法学理论的教育，这些法学理论往往脱离中国的社会现实，对实在法及其存在的问题关注不够；二是法学教育过于偏重知识的灌输，缺少对能力的培养，不能满足法律职业的需要”①。从 1996 年开始的为期 10 年的法律硕士教育试点本质上是探索法律职业教育的新模式，2006 年起法学教育进入以专业学位为重要组成部分甚至主导的职业教育阶段。法律硕士教育本意是强调应用型法律职业人才的培养，实际上大多数高校的法律硕士教育采用“大本科”教学模式，学术要求则直接套用法学研究生培养模式及评价指标，背离了应用型人才培养的初衷。由于法律被定位为无产阶级专政的工具，在本质上，我国法学教育长期以来是一种政法教育，强调法律在政权巩固上的工具主义价值，弱化了法学的学科价值，至今法律职业教育理念尚未完全建立。法学教育模式仍然停留于理论分析、法律解释的层面，在以“理论分析和法律解释”为主要功能的法学教育模式下，学生创新创业能力的培养几乎被完全忽略。② 法律的特殊定位及政法院校的特殊办学模式，致使政法院校在培养创新创业型人才上存在先天不足、后天也不足的问题。周口师范学院坚持“对接基础教育需求，培养创新型师资；对接区域经济社会发展需求，培养创新型应用人才；提升人才培养质量，提升服务经济社会发展能力”的“两对接、双提升”的总体发展思路③，构建了具有地方师范院校特色的创新创业型人才培养体系，应用型高校建设走在河南省高校前列。2017 年，周口师范学院成立行政管理机构性质的创新创业学院，下设

① 张利宾:《关于中国法学教育的一些思考》，http:/www.privatelaw.com.cn/Web P/N Show/?News CPI=25&PID=2029。

② 叶青:《法学院校创新创业教育贵在得法》，http:/www.mzyfz.com/cms/benwangzhuanfang/xinwenzhongxin/zuixinbaodao/html/1040/2016-08-12/content-1214094.html。

③ 河南省教育厅新闻办:《周口师范学院：坚持“两对接”实现“双提升”全面推进创新创业教育改革》，http://www.haedu.gov.cn/2018/12-11/1639091.html。

办公室、教育指导部和项目孵化服务部，缺乏学科支持。总之，相对理工院校，师范院校和政法院校的计划经济体制痕迹更为深刻，这两种院校的市场意识较为不足，缺乏从事创新创业教育的先天性因子。

（八）农林院校创新创业型人才培养经验复制难度较大

120 所老黄牛型创新创业学院高校中有农林院校 10 所。农林院校作为行业院校中的一个小类别，也是我国高等教育体系中的重要组成部分，具有自身发展的独特理论逻辑和历史逻辑。新中国成立后，经过 1952~1953 年、1955~1957 年两次大规模院系调整，我国形成了以少数综合性大学和众多行业院校为主体的高等教育体系。在 1998~2000 年，按照“共建、调整、合作、合并”的方针，国家分三次改革“部门办学、条块分割”的管理模式，从而基本形成当前中央和省级政府分级管理、以省级政府统筹为主、条块有机结合的高等教育管理体制。近 20 年来，农林院校等行业院校经历了一个“去行业化”与“再行业化”的组织转型过程。在“去行业化”的阶段，高校向多科性地方大学发展，行业色彩逐步淡化，随着高等教育由外延扩张走向内涵发展，特色大学越来越受到公共政策的支持，背靠行业打造比较优势成为这类高校的战略选择，高校进入“再行业化”阶段。[①] 行业院校在长期发展过程中形成了三个较为鲜明的特征：一是在管理体制上，高校发展与行业发展紧密相关，高校与行业仍然存在千丝万缕的关系，招生、培养、就业全过程“口对口”地适应行业实际需要，不少行业划转院校积极寻求省部（委、局）共建，或者通过自行组织的协会与对口行业、同行院校联系，建立院校联盟；二是人才培养和科学研究主要服务于行业发展；三是学科专业围绕行业的产业链设置。[②] 无论是在计划

---

① 周光礼:《“行业划转院校”的“去行业化”与“再行业化”：环境变迁与组织应对》,《教育研究》2018 年第 9 期，第 103~112 页。

② 闫俊凤:《我国行业特色高校发展战略研究》，博士学位论文，中国矿业大学，2014，第 30~31 页。

经济时期还是社会主义市场经济时期，与综合性大学相比较，农林院校等行业院校的学科专业特色鲜明但结构较为单一，办学模式具有很明显的封闭性和依附性，高校与市场的关系较为松散，封闭在行业主管部门和行业领域内，高校的人才培养、科研高度依附行业，二者形成了“一荣俱荣、一损俱损”的依附关系，表 3–13 为老黄牛型创新创业学院高校中农林院校的学科特色、结构及行业背景。农林院校在长期办学过程中形成了比较优势突出的学科专业，没有相同行业背景支撑的高校在相当一段时期内很难复制、移植同类学科专业的发展模式。

表 3–13　老黄牛型创新创业学院高校中农林院校的学科特色、结构及行业背景

序号	高校	学科特色、结构	行业背景
1	北京林业大学	以生物学、生态学为基础，以林学、风景园林学、林业工程、草学和农林经济管理为特色，农、理、工、管、经、文、法、哲、教、艺等多学科门类协调发展	教育部直属、教育部与国家林业和草原局共建
2	东北林业大学	以林科为优势、林业工程为特色，多学科协调发展，现有林业工程、林学 2 个世界一流建设学科，生物学、生态学、风景园林、农林经济管理 4 个国内一流建设学科	教育部、国家林业和草原局合作共建，教育部与黑龙江省人民政府合作共建
3	福建农林大学	以农林学科为优势和特色学科，理、工、经、管、文、法、艺等多学科协调发展	农业农村部、国家林业和草原局与福建省人民政府共建
4	河北农业大学	以服务农业现代化的生物应用技术、信息技术、智能装备设计与制造专业为优势特色专业，农学、工学、管理学、理学、经济学、文学、法学、艺术学等多学科交叉融合、协调发展	河北省人民政府与教育部、农业农村部、国家林业和草原局共建
5	湖南农业大学	涵盖农、工、文、理、经、管、法、医、教、艺十大学科门类，动植物科学领域、农业科学领域的 ESI 学科排名进入全球前 1%	农业农村部与湖南省人民政府共建
6	南京林业大学	以林科为特色，以资源、生态和环境类学科为优势，现有本科专业 74 个	中央与地方政府共建的省属重点高校，于 2017 年入选国家“双一流”建设高校

续表

序号	高校	学科特色、结构	行业背景
7	南京农业大学	以农业和生命科学为优势和特色学科，农、理、经、管、工、文、法学多学科协调发展，现有63个本科专业	2000年由农业部独立建制划转教育部
8	山东农业大学	以农业科学为优势，生命科学为特色，融农、理、工、管、经、文、法、艺术学等于一体的多科性大学	农业农村部和山东省人民政府共建高校，国家林业和草原局和山东省人民政府共建高校
9	山西农业大学	现有农学、理学、工学、经济学、管理学、文学、法学、艺术学等8个学科门类，动物遗传育种与繁殖1个国家重点（培育）学科	山西省政府与农业农村部共建
10	四川农业大学	以生物科技为特色，农业科技为优势，多学科协调发展	

注：2019年12月，教育部与四川省人民政府签署共建四川农业大学协议，该校是国家“211工程”重点建设大学和国家“双一流”建设学科的大学，没有明确的行业背景。

·第四章·

人才培养组织创新演进

人才培养组织是高校开展人才培养活动的载体和基石，一部高等教育人才培养史有半部是人才培养组织创新史。为培养“好人才”，中国政府、高校、社会不断探索人才培养组织创新，主要体现在人才培养目标、学科专业设置、招生和毕业、培养过程、治理架构与运行方式、组织文化等方面。人才培养组织创新具有多样性，既发生在学校层面也发生院系层面，其主体既有公办院校也有民办院校，既出于培养专门人才的目的也出于培养拔尖创新人才的目的，组织创新的驱动力来自政治需求或社会需求，也可能由政治需求与社会需求共同驱动。本章拟在梳理高校人才培养史基础上，总结归纳高校人才培养组织创新的基本经验，为当前高等教育高质量发展、创新创业型人才培养组织创新提供历史经验。

一　人才培养组织创新阶段划分

涂又光曾在总结世界高等教育发展史时，创造性地提出高等教育发展的“人文—科学—人文·科学”三阶段论。在中国，这三个阶段具体为以黄帝、孔子、董仲舒、朱熹为代表的人文阶段；以蔡元培为代表，仿照西方办大学的科学阶段；以改革开放以来重视兴办人文科学作为起点的人文·科学阶段。[①] 在每个阶段，人才培养组织创新都是高等教育发展的重要议题。

（一）人文阶段

1. 兴太学养天下之士，教化民风

针对秦朝、汉初仓廪实却不知礼节的社会风气，贾谊、董仲舒进行了深刻反思，董仲舒指出必须进行“更化”，即“改革”才有出路。改革策略之一就是“兴太学”以“养天下之士”。太学立于中央，“为博士官置弟子”，招收“年十八以上仪状端正者”，地方也可以推荐“好文学、敬长上、肃政教、顺乡里、出入不悖”[②] 者参加入学考试。[③] 在中央太学之外，地方也兴建高校（学官），如蜀郡守在成都创办官学，地方高校办学总规模达数千人之多。到了唐朝，太学得到进一步发展，出现“学”“馆”之分，六学归属国子监，二馆归属门下省和东宫，二馆招收皇亲国戚、宰相、一品官等高级贵族子弟，国子学招收三品以上官员子弟，太学招收五品以上官员子弟，四门学招收七品官员子弟和优秀平民子弟。唐朝开元年间，中国高等教育史人文阶段发展较为成熟且大致定型，沿用到清朝末年。[④]

2. 兴办书院，为科举取士育资政通才和为社会培养有用人才

宋代，书院作为一种新型人才培养组织盛极一时。没有出现书院之前，高校与科举分属教育和政府两个不同的系统，高校负责人才培养，科

① 杨叔子:《先生留卓见 我辈应深知——〈中国高等教育史论〉序》，载涂又光《中国高等教育史论》（第三版），华中科技大学出版社，2018，第V页。

② 出入不悖，出自《论语·学而》，“弟子入则孝，出则弟，谨而信，泛爱众，而亲仁”，不悖即不悖孝弟（悌）之道。

③ 涂又光:《中国高等教育史论》（第三版），华中科技大学出版社，2018，第80~89页。

④ 涂又光:《中国高等教育史论》（第三版），华中科技大学出版社，2018，第122~123页。

举负责从高校毕业生中招录官员，二者的关系是“仕而优则学，学而优则仕”。涂又光认为，宋代的“三舍法”[①]使科举“兼并”了高校（教育），成为应试教育的嫡亲祖宗，而一些忠诚于教育的人，只好在官学之外“另起炉灶”从事讲学和人才培养，即书院的兴起是由“三舍法”的逼迫所致。[②]书院一般得到地方官员的包括资金在内的各种支持，是一种官办民营的地方高等教育机构，远离科举、利禄，致力于培养“有志于学而不屑于课试之业”[③]的士。涂又光的说法未免以偏概全。实际上，书院是集当今学校、基金会、纪念馆、图书馆、博物馆、出版社、实验室乃至会议厅、宾馆及同乡会等各种功能于一体的基本组织。在类型上，按照功能划分书院包括兼顾授徒与讲学、考课、授徒与祭祀纪念并重、从事特殊教学、不授生徒而以祭祀纪念为主等各种类型；在层级上，书院与行政经济中心构成对应关系，逐渐呈现省会书院（或称“省城书院”“会城书院”）、府郡书院、州县书院、民间书院。[④]书院一方面为科举取士培养资政通才，另一方面承担化民成俗的重任。北宋中期的庆历兴学有力推动了州学、县学发展壮大，培养了一大批为皇权服务的御用人才。到了南宋中期，传统官学“唯科举考试论”，教学内容围绕科举考试内容开展，以帮助学生进入仕途为教学主旨，备受社会各界诟病。鉴于此，张栻、朱熹在州学、县学之外举办官立书院作为一种新型人才培养组织，岳麓书院、白鹿洞书院便是官立书院的典范。从书院的举办主体上看，宋代的 610 所书院分为官立和民办，分别有 108 所和 502 所。[⑤]官立书院数量不及民办书院，但引领教育改革发展，依据官立书院在中央的地位高低，官立书院分为得到中央

---

① “立太学生内、外、上舍法”，依一定年限和条件，太学生由外舍升入内舍继而升上舍，最后按科举的考试法，分别规定其出身并授以官职。

② 涂又光：《中国高等教育史论》（第三版），华中科技大学出版社，2018，第 136 页。

③ 涂又光：《中国高等教育史论》（第三版），华中科技大学出版社，2018，第 144 页。

④ 桑兵：《科举、学校到学堂与中西学之争》，《学术研究》2012 年第 3 期，第 81~96 页。

⑤ 陈谷嘉、邓洪波主编《中国书院制度研究》，浙江教育出版社，1997，第 354~355 页。

承认的官立书院和未得到中央承认的官立书院两类。[①]得到中央承认的官立书院地位高、设施完备、办学规模较大，而没有得到中央承认的官立书院的地位、设施、办学规模等都远远不如前者。官立书院除具备民办书院的开放、自由等特征外，还有一个重要特征，即“高调”，不仅办学理念崇高，如白鹿洞书院的学规是“特取凡圣贤所以教人为学之大端”等，还高标准聘请师资、招收学员，书院定位也高端，即相当于现在的高水平大学或一流大学。[②]官立书院塑造新价值观，培养新型人才，认为所有人都可能成为对社会有用的人才，可以服务地方文化教育等各种社会事业。

当然，也有个别书院独树一帜，在某种意义上来说是在尝试培养“专才”。书院设立治事斋，有别于以传授五经内容为核心的经义斋，成为一种培养实学人才的组织。《安定学案》，即“胡瑗学案”中的湖学经验指出，治事斋是从人才需求出发，采用主修和辅修方式，讲授实用技术技能，设立治民、讲武、堰水、算历等科，“治民以安其生，讲武以御其寇，堰水以利田，算历以明数”[③]，广受欢迎并得到推广。胡瑗分设经义斋和治事斋，力图培养“明体达用”[④]的人才，既能深切体会六经经义、圣人之道，又能够实际应用圣人之道，从事行政、军事、水利、算数等实务工作。治事斋的出现表明高等教育出现实用型人才培养意识，专业教育开始得到重视。到了明朝，学校教育体制基本成熟，清朝前期沿用明朝的教育体制，京师设国子监，各地方设省、府、州、县学，国子监之上再设宗学、觉罗学等维护旗人子弟的教育特权，满足其进入官僚体制的需要。

---

① 廖寅:《南宋中后期官立书院的兴起及其类型、特色与成效》,《高等教育研究》2013 年第 10 期，第 81~88 页。

② 廖寅:《南宋中后期官立书院的兴起及其类型、特色与成效》,《高等教育研究》2013 年第 10 期，第 81~88 页。

③ 涂又光:《中国高等教育史论》(第三版)，华中科技大学出版社，2018，第 137~138 页。

④ “体”指君臣父子仁义礼乐，即封建社会道德的基本准则，“用”指封建道德准则的应用。参见陈学恂《胡瑗的教育思想》,《杭州大学学报》1959 年第 4 期，第 145~152 页。

（二）科学阶段

1. 办新式学堂，分科分级培养经世致用人才

清代时期，书院的人才培养活动出现一个比较大的变化，即施教者的教学活动不连续，主要通过考课激励、扶助士子向学，以读书自修和批阅笔记的形式扶掖后进。明清时期，随着资本主义生产关系萌芽的发展和西学东渐，越来越多的人认识到科学知识和技能对个人和社会具有重要意义，培养经世致用人才慢慢成为社会初步共识，打破了过去单纯以道德论英雄的单一人才评价标准。与此同时，鸦片战争后，国门打开，一些来华传教士设立教会学校，搬来西方分科分级培养人才的模式，自成系统，冲击了当时的教育体制并成为新式教育的示范。外交及通商业务增多，特别是《中英天津条约》和《中法天津条约》规定，遇到语句有歧义之处须以西方文字为准，朝野均认为创办外语学校培养翻译人才迫在眉睫。此外，太平天国运动严重破坏了很多学校和书院。在内忧外患的情况下，京师同文馆于 1862 年正式运转，1867 年开办天文算学馆，并陆续开设算学、化学、万国公法、医学、生理、天文、格致等课程。洋务派是以兴办洋务事业来挽救清政府命运的封建统治集团，他们“布新但不除旧”，其人才观为“掌握近代科技新学的救时卫道之才”[①]。洋务运动早期，新式教育主要培养外语人才和懂得如何造枪制炮的人才，中后期致力于培养“中学为体，西学为用”的掌握西方科技新学的经世致用人才，服务于封建政权统治。这一时期全国共创办了 30 所新式学堂，其中外语学堂 7 所、实业学堂 13 所、军事学堂 10 所。[②] 创办于 1862 年的京师同文馆是近代新式学堂的开端，是与科举学校、书院有很大差异的一种新型人才培养组织。[③] 湖北自强学堂设方言、算学、格致和商务四

---

① 刘绍春:《我国近代人才观的演变及启示》,《国家教育行政学院学报》2004 年第 3 期，第 30~34 页。

② 杨益茂:《洋务运动时期的新式教育》,《北京社会科学》1996 年第 1 期，第 108~118 页。

③ 1898 年京师大学堂成立后，京师同文馆只承担训练外交人员任务，其科学类学生并入京师大学堂，1902 年京师同文馆彻底并入京师大学堂。

斋，“意在造就通材，所期远大，欲使学者皆能自读西书，自研西法”，但“学生必须以华文为根柢，以圣道为准绳”。[①] 从组织的角度看，新式学堂是人才培养组织的一种创新，但新式学堂强调中体西用，本质上这个时期的高等教育还是处于人文阶段。

清末新政改革，政府深感学习西方技艺的迫切性，陆续开办军事学堂等专门实业学堂，培养专门人才。甲午战争后，培养近代工业急需的技术人才被提上议事日程，创办了一批铁路学堂、矿务学堂、工业学堂、农学学堂等实业学堂。郑观应、张之洞、康有为等有识之士主张以书院为基础，改建一套从中央到地方的新式学堂系统。戊戌变法期间，清政府发布命令，各级大小书院均改为兼习中学和西学的学校，省会大书院改为高等学堂。1895~1899 年，新式学堂快速发展，其中天津中西学堂和上海南洋公学最为耀眼，天津中西学堂分为头等和二等两级，成为新式大学和中学的雏形。1901 年《辛丑条约》签订后，清政府重开新政，下令各省所有书院改设学堂，并设管学大臣管理京师大学堂及全国学务，先后颁布《钦定学堂章程》和《奏定学堂章程》，制定学制，学堂教育走上系统化、制度化轨道。1903 年张之洞主持修订的癸卯学制标志着我国现代学制开始正式确立，也标志着中国高等教育正式进入科学阶段。[②] 癸卯学制规定高等教育分为 3 级，高等学堂或大学预科 3 年，分科大学 3~4 年（分为经学、政法、文学、商、格致、工、农、医共 8 科，京师大学堂 8 科全备，省级大学堂至少备其中 3 科），通儒院 5 年。[③] 新式高等教育机构坚持中体西用的宗旨，造就通才，分科分级培养经世致用人才。1894 年，西学已在中华大地传播近半个世纪，官办新式学堂也有 30 多年的历史，但在人才培养与选拔上，西学仅为科举的补充，学校成为科举的附庸，是读书人“学而优则仕”的必经之路。1906 年清政府停止科举，专办新式学堂，

① 张之洞:《招考自强学堂学生示》，载舒新城编《近代中国教育史料》，中国人民大学出版社，2012，第 10~12 页。

② 涂又光:《中国高等教育史论》（第三版），华中科技大学出版社，2018，第 194~195 页。

③ 孙培青主编《中国教育史》（第四版），华东师范大学出版社，2019，第 350 页。

实际上也代表着西学取代中学，新式学堂成为正途，书院等传统教育机构退出历史舞台。进入20世纪，新式学堂数量迅速增长，1904年官办、私办各级各类新式学堂4222所，1909年增长到52348所；在校生从1902年的6912人增长到1903年的31428人、1905年的258876人，1907年突破100万人，1912年达2933387人。[①]1909年专门学堂81所，其中法科类46所，占56.8%；在校生14703人，其中法科学生11688人，占79.5%。[②] 至1912年《大学令》和《专门学校令》颁布前，全国共有111所国高等专门学校，其中法政类高等专门学校64所，比师范（12所）、医学（5所）、农业（5所）、工业（10所）、外语（5所）、商业（5所）类高等专门学校的总和还多，4所大学中的法政专业学生数量也比其他专业学生多，比如北京大学在校生615人，其中法政类学生298人、文科类学生176人、工科类学生94人，理科类学生只有47人。[③] 这些学校培养出来的人才"重艺轻道"甚至"学艺忘道"，即有"有智无德"之嫌，饱受"德性不足"之诟病，如1905年江苏巡抚端方奏陈苏省学务中有"强国之要，必智其民"的词语。[④] 新式学堂和学生数量的快速增长，带来师资特别是合格师资严重短缺等问题，辛亥革命爆发前新式学堂成为民众骚扰、攻击的主要目标之一，学潮频发，清政府上下甚至谈新式学堂色变。

2. 办大学和专门学校，分类培养硕学闳才、专门人才及技术人才

孙中山认为人才问题事关国家、民族前途，把人才培养与革命建国、振兴中华和服务社会结合起来，人才培养主要靠学校，提倡培养人才要与国情相结合，做到培养学识与培养道德相统一，要使人德才兼备，使人成为真正的"人"，成为做大事的人，成为符合国家需要的

---

① 马自毅：《辛亥前十年的学堂、学生与学潮》，《史林》2002年第1期，第43~49页。

② 参见孙培青主编《中国教育史》（第四版），华东师范大学出版社，2019，第353页。另一种说法为1909年全国高等学堂有127所。参见涂又光《中国高等教育史论》（第三版），华中科技大学出版社，2018，第196页。

③ 宗树兴、周文佳：《民初高等专门学校向专科学校的嬗变》，《河北师范大学学报》（教育科学版）2014年第4期，第84~88页。

④ 涂又光：《中国高等教育史论》（第三版），华中科技大学出版社，2018，第195~196页。

人。[①] 1912~1913 年学制（壬子癸丑学制）规定高等教育系统由普通高等教育、高等师范教育和实业教育（专门学校）构成，颁布《大学令》[②] 和《专门学校令》，规定大学以教授高深学术，养成硕学闳才，应国家需要为宗旨，专门学校以教授高等学术，养成专门人才为宗旨。1929 年 4 月南京国民政府颁布《中华民国教育宗旨及其实施方针》，规定“大学及专门学校，必须注重实用科学，充实科学内容，养成专门知识技能，并切实陶融为国家社会服务之健全品格”[③]。1929 年国民政府还出台《大学组织法》《大学规程》《专科学校组织法》等，1931 年又公布《专科学校法》，规定高校的目标、学制、课程等，其中规定大学及专门学校“以研究高深学术，培养专门人才”为目标，专科学校“以教授应用科学养成技术人才”为目标。民国时期的大学，从人才培养组织的角度看，与新式学堂相比，没有明显的创新之处，而有关民国时期大学的研究文献繁多，本书不做赘述。

3. 创办干部学校，培养革命急需干部

在时间上，与民国大学存续时间部分重叠的，在另外一条轨道上，中国有一类非常特殊的高等教育机构，即中国共产党领导下的干部学校。中国共产党早期领导的高等教育机构主要是干部学校，比如湖南自修大学、上海大学，这些干部学校具有学制短、重自学、强调思想政治教育、理论联系实际等特点，培养革命急需人才。湖南自修大学是中国共产党成立之后，全国第一所培养革命干部的新型大学。受《非留学篇》[④] 启发，毛泽东起草并经胡适修正[⑤] 的《湖南自修大学创立宣言》指出，在批评反思书院和

① 林家有：《评孙中山的人才观——以兴学育才为中心》，《中山大学学报论丛》1995 年第 5 期，第 55~64 页。

② 1917 年，《教育部修正大学令》规定预科由原来的 3 年调整为 2 年，本科由 3~4 年调整为 4 年，同时降低大学设置标准，允许设置单科大学。

③ 孙培青主编《中国教育史》（第四版），华东师范大学出版社，2019，第 449 页。

④ 一个基本观点是振兴中国文明的急务不在留学，而在“亟兴国内之高等教育”与“慎选留学生”两个方面。毛泽东曾积极准备出国留学，后来决定暂缓出国。

⑤ 李永春：《毛泽东创办湖南自修大学的几个问题》，《毛泽东思想研究》2007 年第 5 期，第 26~32 页。

新式学堂的基础上，湖南自修大学“取古代书院的形式，纳入现代学校的内容，而为适合人性便利研究的一种特别组织”[①]。上海大学是国共两党合作创办的一所红色大学，以“养成建国人才，促进文化事业”为宗旨，不仅为青年大学生提供教育服务，同时也是一所平民夜校，为工农群众提供文化补习、识字等教育服务。上海大学还是一个革命思想策源地，“革命思想和阶级意识将教室与街头连为一体”[②]。1931年中华苏维埃共和国成立后，制定了与南京国民政府根本对立的教育方针和制度。苏区教育，一切服务于战争，因陋就简、因地制宜、多种渠道、多种形式地办教育。1934年，毛泽东根据临时中共中央宣传部和少共苏区中央局的建议，在1931年中华工农兵苏维埃第一次全国代表大会通过的有关苏维埃政权的教育方针的基础上，在第二次全国苏维埃代表大会工作报告中更加明确、具体地表述了苏维埃文化教育方针，“在于以共产主义的精神来教育广大的劳苦民众，在于使文化教育为革命战争与阶级斗争服务，在于使教育与劳动联系起来，在于使广大中国民众都成为享受文明幸福的人”[③]。苏区高等教育主要是实施干部教育的高级干部学校，比如马克思主义大学、苏维埃大学、红军大学，这些学校目标明确、课程精简、学制灵活，学习时间一般为几个月，强调思想政治教育和理论联系实际。另外，还有培养中层干部的干部学校，比如中央农业学校、中央列宁师范学校、高尔基戏剧学校、红色通讯学校、军医学校等。第二次国内革命战争时期（土地革命战争时期），1933年中央苏维埃政府创办了中国工农红军大学（简称“红军大学”，又称“郝西斯大学”，被毛泽东誉为“红埔军校”），是一所新型的高等政治军事院校，培养各级红军军政干部和专业技术干部，前身是1931年11

① 毛泽东：《湖南自修大学创立宣言》，载《建党初期毛泽东的几篇文稿》，《党的文献》2011年第1期，第3~4页。

② 吴越：《上海早晨——记中共创办的第一所大学（1922—1927）》，上海人民出版社，2020，第36页。

③ 孙培青主编《中国教育史》（第四版），华东师范大学出版社，2019，第488页。

月成立的中央军事政治学校（中国工农红军学校①）的高级班和上级班②。红军大学是土地革命战争时期中国工农红军的最高学府，开创了中国共产党领导下的武装部队办大学的先河。1938 年 11 月，毛泽东在《论新阶段》中指出，“在一切为着战争的原则下，一切文化教育事业均应使之适合战争的需要”，“伟大的抗战必须有伟大的抗战教育运动与之相配合，二者间的不配合现象亟应免除”。③ 随着抗战局势发展，1940 年，国防教育方针又转变为新民主主义教育方针（大革命时期提出新民主主义教育纲领），即民族的、科学的和大众的文化教育。根据“干部教育第一，国民教育第二”的方针，干部教育成为抗日根据地教育的重心，这个时期中央直接领导的高级干部学校有中共中央党校、中国人民抗日军事政治大学（简称“抗大”）、陕北公学、延安大学、华北联合大学等 17 所，学员有数万人。中国人民抗日军事政治大学是在红军大学基础上发展起来的。延安大学是中国共产党创办的第一所综合性大学，1941 年 7 月由泽东青年干校（1940 年 5 月成立）、中国女子大学（1939 年 7 月成立）、陕北公学（1937 年 10 月成立）三校合并组建而成。

1949 年 12 月，中共中央政治局做出在北京成立中国人民大学的决定，决定以华北大学为基础，合并中国政法大学，从华北人民革命大学抽调部分干部，创建中国人民大学。1949 年 12 月 16 日，中央人民政府政务院第十一次政务会议通过《关于成立中国人民大学的决定》，规定中国人民大学的教育方针应是“教学与实际联系，苏联经验与中国情况相结合”，应

① 1931 年 10 月，红一方面军的红一军团和红三军团的随营学校合并组建成中央军事政治学校，学制一般为 3 个月至 5 个月，开设步兵科、政治科和特科（包括机枪、炮兵、工兵等特种连队）、政治营和军事营等训练班，1932 年 2 月改名为“中国工农红军学校”，培养连、排基层干部。

② 1933 年 10 月 17 日，中革军委发出《关于改编红军学校的命令》，中国工农红军中央军事政治学校扩编为 8 个学校，即中国工农红军大学（又称“郝西斯大学”）、彭杨（第一）步兵学校、公略（第二）步兵学校、特科学校、通讯学校、地方游击干部学校、卫生学校、供给学校。

③ 中华人民共和国教育部、中共中央文献研究室编《毛泽东 邓小平 江泽民论教育》，中央文献出版社、人民教育出版社、北京师范大学出版社，2002，第 18~19 页。

“有计划、有步骤地培养新中国的各种建设干部”。1950 年 10 月 3 日，中国人民大学隆重举行开学典礼，中央人民政府副主席刘少奇出席并讲话，指出中国人民大学是“我们中国第一个办起来的新式的大学，在中国历史上以前没有过的大学。中国将来的许多大学都要学习我们中国人民大学的经验，按照中国人民大学的样子来办立其他的大学”。《人民日报》以《新中国的第一个新型正规大学　中国人民大学举行开学典礼》为题报道了中国人民大学开学典礼的盛况。[①]1950 年 6 月 7 日，中国政府正式接管哈尔滨工业大学，学校进入全面改造和扩建阶段。当日，中共中央批准哈尔滨工业大学的建议，并指示学校应侧重招收国内各大学理工学院的讲师、助教和研究生，主要学俄文，两年毕业即分配到各大学任教[②]。1951 年 4 月刘少奇代表党中央批准教育部党组提交的《关于哈尔滨工业大学改进计划的报告》，指出“办好这样一个大学，很有必要”，并确定哈尔滨工业大学的办学方针和任务是“仿效苏联工业大学的方法，培养重工业部门的工程师和国内大学的理工科师资”[③]。刘少奇还指出，哈尔滨工业大学要承担取代派大批学生去苏联留学的任务，每年抽调各大学理工学院讲师、助教和教授 150 名进入该校参加教学研究班，以提高理工科师资水平。[④]哈尔滨工业大学被寄希望成为一所学习苏联社会主义高等教育经验的样板校，“一切制度均采用苏联高等学校的制度”[⑤]，不仅本科教学计划及课程全部效仿苏联高校，还全部使用苏联教材，确定俄语为第一外国语。1958 年春天，中国科学院一批著名的科学家建议中国科学院党组办一所不同于北大、清

---

① 中国人民大学校史研究丛书编委会:《中国人民大学纪事（1937—2007）》（上卷），中国人民大学出版社，2007，第 102 页。

② 哈尔滨工业大学校史编写室编《哈尔滨工业大学简史（1920 年—1985 年）》，哈尔滨工业大学出版社，1985，第 18 页。

③ 哈尔滨工业大学校史编写室编《哈尔滨工业大学简史（1920 年—1985 年）》，哈尔滨工业大学出版社，1985，第 19 页。

④ 闫金利:《哈尔滨工业大学百年风云》，《黑龙江档案》2020 年第 5 期，第 118~119 页。

⑤ 辽宁省教育科学研究所编《东北解放区教育资料选编》，转引自徐振歧《民国时期黑龙江高等教育述论》，博士学位论文，吉林大学，2013，第 121 页。

华的大学，这所大学要瞄准世界科学技术的前沿，瞄准未来具有创新性的人才。这一建议得到中国科学院党组、当时分管全国教育和科研工作的副总理聂荣臻元帅以及周恩来总理的支持。1958 年 6 月 2 日，邓小平主持中共中央政治局书记处会议批准聂荣臻提交的关于成立中国科学技术大学的报告。中国科学技术大学是“一所社会主义新型理工科大学”，聂荣臻认为它的成立是“我国教育史和科技史上的一项重大事件！”①1958 年 9 月 20 日，聂荣臻在中国科学技术大学的开学典礼上说：“我们曾经倡议过，应当开办一所新型的大学，这种大学和科学研究机构靠在一起，以世界最新的科学技术为主要课程，选拔优秀的高中毕业生，给以比较严格的科学基本知识和技术操作的训练，在三、四年级时，让学生到相关的科研机构参加实际工作，迅速掌握业务知识，加快新的科学技术干部的培养，以便在短时期内使我国最急需的缺门、空白和新兴学科的力量赶上先进的国家水平。”② 1970 年初，该校迁至安徽省合肥市。创办中国科学技术大学的初衷是满足以“两弹一星”为核心的新中国科技事业对现代科技人才的迫切需求，因此人才培养目标定位在空白、薄弱、边缘、尖端科技领域，而非传统领域。③

江西共产主义劳动大学是“一所半工（农）半读的新型学校”④，曾是全国占地面积最大、学生最多、国家花钱最少的学校，朱德认为该校是“理论与实践、脑力与体力、生产与教育相结合的新型学校”⑤，创办于1958 年 6 月（8 月 1 日正式开学），1978 年 2 月经国务院批准，其被列入全国重点大学行列，1980 年底改名为江西农业大学。作为一场教育实验，江西共产主义劳动大学在特殊年代积极探索中国特色社会主义高等教育发展

① 中国科学技术大学：《学校简介》，https://www.ustc.edu.cn/xxgk/xxjj.htm。

② 彭子成：《三代人心目中的科大精神》，http://lswhw.ustc.edu.cn/index.php/index/info/52。

③ 蒋家平主编《漫说中国科大》，中国科学技术大学出版社，2018，第 16 页。

④ 汪东兴：《教育为兴国之本——回忆江西共产主义劳动大学》，《江西教育科研》1995 年第 1 期，第 1~9 页。

⑤ 1966 年 2 月 7 日朱德视察江西共产主义劳动大学云山分校时的题词。

道路，具有一定的示范意义和样板效应，但也因 1976 年元旦电影《决裂》的公映而毁誉参半并走上自我解构道路，从半工半读向全日制转型。1968 年 7 月 21 日《从上海机床厂看培养工程技术人员的道路——调查报告》一文的编者按中写道，毛主席最近深刻地指出“大学还是要办的，我这里主要说的是理工科大学还要办，但学制要缩短，教育要革命，要无产阶级政治挂帅，走上海机床厂从工人中培养技术人员的道路。要从有实践经验的工人农民中选拔学生，到学校学几年以后，又回到生产实践中去”[①]，史称“七二一指示”。这个调查报告也被认为提出了学校“教育革命”的方向。部分城市根据 1968 年毛泽东的“七二一指示”兴办了成千上万所“七二一大学”，大学数量和学生规模从 1972 年的 68 所 4000 人，增加至 1973 年的 122 所 6000 多人，1974 年的 383 所 2.3 万人，1975 年的 5228 所 25.1 万人，1976 年的 33374 所 148.5 万人。[②]

（三）人文·科学阶段

高等教育人文·科学阶段，不断出现新型人才培养组织。1977 年 8 月 8 日邓小平在科学和教育工作座谈会上的讲话中指出，“教育还是要两条腿走路。就高等教育来说，大专院校是一条腿，各种半工半读的和业余的大学是一条腿，两条腿走路”[③]。1980 年 5 月中央书记处先后两次研讨教育工作，胡耀邦指出“现在的教育状况很不适应四个现代化的要求”，“全党、全国人民都要重视，力争在八十年代使我们国家的教育事业有一个大的发展”，中央书记处的同志指出“高等教育结构也有改革的问题”。[④] 中央书

① 中央教育科学研究所编《中华人民共和国教育大事记（1949—1982）》，教育科学出版社，1983，第 419 页。

② 周全华:《“文化大革命”中的“教育革命”》，广东教育出版社，1999，第 206 页。

③ 《邓小平文选》（第二卷）（第 2 版），人民出版社，1994，第 54 页。

④ 中央教育科学研究所编《中华人民共和国教育大事记（1949—1982）》，教育科学出版社，1983，第 581 页。

记处教育工作会议还提出要多种形式办学，调动各方面办学的积极性，办学要投资少、见效快。[①] 在这个大背景下，我国高等教育在体制上的两个重大突破之一就是中心城市开始举办高等教育[②]，突破了高等教育由中央政府和省级政府举办的两级办学体制，一度被部分学者视为一场“中国新大学运动”[③]，甚至与19世纪英国、美国中心城市的“新大学运动”相提并论。中心城市办大学，几乎涉及大陆所有省级行政区，原国家教委高等教育研究中心主任王冀生认为“江苏、广东两省发展得最快、最好”[④]，1994年10月全国“中心城市办普通高等学校协作组”成立。根据1993年国家教委计划司统计，全国共有此类院校151所，有18种校名，其中冠为“大学”的有31所、冠为“高等专科学校”的有15所、冠为“职业大学”的有23所、冠为“联合大学”的有7所、冠为“师范专科学校”的有49所。[⑤] 在地域分布上，江苏省1995年有此类院校13所、广东省1993年有此类院校11所，两个省的中心城市高校是以工科为主的综合性高校，而山东、辽宁、浙江、云南的中心城市高校大多是师范专科学校。

2005年，时任国务院总理的温家宝在看望钱学森时，钱学森提出“为什么我们的学校总是培养不出杰出人才？”这个被称为关于中国教育事业发展的一道艰深命题，即“钱学森之问”。2009年11月，人们在缅怀钱学森逝世之际，安徽大学、安徽师范大学11位教授、副教授在《新安晚报》向新任教育部部长及全国教育界发出《让我们直面“钱学森之问”》的公开信。在信中，11位教授、副教授指出，“钱学森之问”不仅是“钱老的疑问，也是所有教育工作者的疑问，是社会各界对中国教育的疑问，

---

① 朱刚：《在改革中加速发展短期职业大学》，《高教战线》1983年第8期，第13~15页。

② 另一个突破点是民办高校的兴起。

③ 秦国柱：《中国新大学运动——广东中心城市新办院校研究》，福建教育出版社，1996，“序”第2~3页。秦国柱：《中国新大学运动——广东中心城市新办院校研究》，福建教育出版社，1996，第404~405页。

④ 王冀生：《谈谈“中心城市办学”问题》，《高教探索》1997年第2期，第9~11页。

⑤ 彭玉芳等：《中心城市高校的理论与实践》，机械工业出版社，1995，第8页。

是一个伟大民族必须直面的疑问”，“是时候直面‘钱学森之问’了”。[①]为求解“钱学森之问”，《人民日报》也曾发起讨论。在这次讨论中，首发文章为朱清时的《培养创新人才根本在于“去行政化”》。朱清时认为，他任中国科技大学校长时，为探索创新人才培养模式，进行过课程改革、招生模式改革，强调课外实践等，但效果都不尽如人意，因此问题的关键在于大学管理体制严重行政化，不解决“权力通吃”问题，创新人才培养无异于缘木求鱼。[②]南方科技大学是深圳在中国高等教育改革发展的时代背景下创建的一所高起点、高定位的公办新型研究型大学，学校借鉴世界一流理工科大学的学科设置和办学模式，以理、工、医为主，兼具商科和特色人文社科的学科体系。[③]南方科技大学筹建初期，朱清时强调“我只想办一所能回答‘钱学森之问’的学校”[④]，即一所“小规模、高质量、培养创新人才的高水平研究型大学”[⑤]。南方科技大学筹建时的建言献策者之一唐晓鸣指出，学校筹建时曾被定位为应用型科技大学或区域性研究型大学。[⑥]2015 年 11 月，经南方科技大学理事会一届六次会议审议通过并报广东省教育厅核准的《南方科技大学章程》第三条明确规定，学校以培养拔尖创新人才为核心，“至 2025 年，建成国际化高水平研究型大学”，“至 21 世纪中叶（2049 年前），成为中国乃至世界最有影响的大学之一”。[⑦]

---

① 《11 教授致信新教育部长：让我们直面钱学森之问》，https://ibm.scpcfe.cn/info/1003/2202.htm。

② 赵永新：《朱清时：培养创新人才根本在于“去行政化”（图）》，http://news.sohu.com/20091120/n268345161.shtml。

③ 南方科技大学：《南科大简介》，https://www.sustech.edu.cn/zh/about.html。

④ 《朱清时即将离任南科大留遗憾：正靠近传统大学》，https://www.163.com/news/article/9J8KHPVM00014Q4P.html。

⑤ 朱清时：《南方科技大学培养创新人才的教改试验》，《北京教育（德育）》2011 年第 1 期，第 6~8 页。

⑥ 唐晓鸣：《开辟新路与全球视野——略论南方科技大学的创建》，《高等教育研究》2008 年第 4 期，第 58~64 页。

⑦ 《广东省教育厅高等学校章程核准书第 29 号》，https://www.sustech.edu.cn/uploads/files/2020/09/ 02112931_22319.pdf。

在人文·科学阶段，新型人才培养组织还有中国科学技术大学少年班学院等荣誉学院，西湖大学、宁波诺丁汉大学、黑龙江大学创业教育学院等。

二　人才培养组织创新的主要内容

（一）人才培养目标创新

人才培养目标创新是人才培养组织创新的首要问题，高等教育发展各个阶段的人才培养组织创新大多围绕人才培养目标创新展开。在高等教育人文阶段，西汉初年私学较发达，但人才培养规格各异，无法满足封建政权对统治型人才的需要。汉武帝采纳董仲舒的建议兴办太学，一方面是为保证统治型人才供给，另一方面希望通过太学实现思想统一，因此太学的主要任务是教化天下，培养为统治阶级服务的官僚后备军。书院的兴起是对“三舍法”的抗议和反叛，对州学、县学唯科举的不满。因此，在整体上书院致力于培养“有志于学而不屑于课试之业”[①]的士，具体来说，白鹿洞书院要求学生学习儒家经典，读书穷理，修己治人，成为对社会有用的人才；岳麓书院坚持培养经世致用、传道济民之才。书院的人才培养目标超越了太学的人才培养目标，是社会进步的表现。2020 年 9 月，习近平总书记在考察湖南大学岳麓书院时对其一直以来坚持以经世致用理念培养人才的实践表示肯定和鼓励。在高等教育科学阶段，以京师同文馆为代表的一批新式学堂致力于培养具有“中体西用”特质、服务洋务运动、服务封建政权统治的人才。甲午战争败于日本，意味着倡导“中体西用”的洋务运动不可能复兴日渐衰败的清政府，这也促使教育界反思“中体西用”的人才培养理念。丁家立将西方大学

① 涂又光:《中国高等教育史论》(第三版)，华中科技大学出版社，2018，第 144 页。

制度首次引入中国，创办中国第一所现代大学——天津中西学堂（北洋大学堂），拟定《天津中西学堂章程》，致力于培养具有“西学体用”特质的高水平实业人才。1898 年正式创办的京师大学堂是近代第一所公立大学，仍然贯彻“中体西用”原则，培养“西艺”与“西政”兼具的高级人才。1902 年京师大学堂复办后，《钦定京师大学堂章程》规定学校造就为国家效力的通才。民国时期，《大学令》和《专门学校令》规定大学以教授高深学问，养成硕学闳才，应国家需要为宗旨，专门学校以教授高等学问，养成专门人才为宗旨。蔡元培担任北京大学校长期间，将北京大学改造为一所以文、理科为主的综合性大学，培养具有完全人格的文、理科学术人才。

中国共产党成立以来，建立起一种新型教育制度。在高等教育科学阶段，中国共产党领导的高校主要培养革命干部和社会主义建设干部；在人文·科学阶段，高校主要培养各类“又红又专、红专统一”的专业人才和跨学科人才。湖南自修大学是“取古代书院的形式，纳入现代学校的内容，而为适合人性便利研究的一种特别组织”[①]，是中国共产党成立后创办的第一所培养革命干部的新型大学，被誉为“革命策源地”。湖南自修大学是书院精神传承、创新的典范和一次伟大实践[②]，存续期间共培养了 200 多名党的干部[③]，1950 年毛泽东还对该大学大加赞赏。中国工农红军大学、中国人民抗日军事政治大学的主要人才培养目标也是培养革命所需的军政干部和专业技术干部。苏维埃政权建立后，“干部荒”成为全党面临的一个严重问题，1931 年 4 月《中央关于苏区宣传鼓动工作决议》指出，“必须把干部的培养当作是苏区各中央分局中心任务之一”[④]，还规定课

① 毛泽东:《湖南自修大学创立宣言》，载《建党初期毛泽东的几篇文稿》，《党的文献》2011 年第 1 期，第 3~4 页。

② 王炳照:《书院精神的传承与创新》，《华东师范大学学报》（教育科学版）2008 年第 1 期，第 1~9 页。

③ 周光礼、公钦正:《扎根中国大地创建新型大学——论中国共产党早期办学实践的内在逻辑》，《清华大学教育研究》2021 年第 3 期，第 7~16 页。

④ 柯华主编《中央苏区宣传工作史料选编》，中国发展出版社，2018。

程内容为军事训练、实际工作常识、政治经济常识（各占 1/3）。中国工农红军大学的教育方针是“着重阶级性和党性的锻炼，以及国际主义的教育……是以认定全世界工人利益一致为主旨的教育，以上的指示训育了我们的干部，使之具有政治远见的真正国际主义的胸怀，不是只拘守于眼前的、狭窄的、保守的圈子内，局限于、束缚于一隅，而是要用追求新事物的知觉，负起民族与社会解放的重任”[①]。中国工农红军大学以马克思主义思想和中国革命理论为指导，与资产阶级军事院校有本质区别，开创了党的组织设于高校的制度，培养、训练了大批军政干部和专业技术人员，其中 1931 年秋至 1933 年秋该学校就培养了 1 万余人。中国人民抗日军事政治大学坚持“教育为抗战服务”的总方针，既培养红军干部，也培养革命知识青年和抗日志士。该学校培养了 10 多万名德才兼备的干部，包括成千上万名知识分子干部，许多人成为党和军队的高级干部。延安大学自创办以来就确立“服务党的中心任务”的办学定位，毛泽东在 1944 年 5 月延安大学开学典礼上强调“延安大学要为各个抗日根据地服务”[②]。延安大学的人才培养目标在不同历史时期，根据党的中心任务设定。抗日战争时期，《延安大学教育方针暨暂行方案》明确规定，“本校以适应抗战与边区建设需要，培养与提高新民主主义的政治、经济、文化建设的实际工作干部为目的”[③]；解放战争时期，《延安大学战时干部教育实施方案（草案）》规定，“延大的任务，依照政府决定，为战时革命干部的培养机关，培养为人民服务的中下级干部”；社会主义革命和建设时期，1949 年 6 月延安大学提出以培养为新民主主义社会建设的各种干部为其办学宗旨；1958 年复办后，这所大学招收大批工农成分的学生，着重培养建设山区的各种技

① 盖青：《1921—1949：中国共产党创建和领导的高等教育研究》（上），广东教育出版社，2012，第 97 页。

② 《毛泽东文集》（第三卷），人民出版社，1996，第 152 页。

③ 另一提法是延安大学培养党与非党的各种高级和中级的专门的政治、文化、科学技术干部。参见《延安大学史》编委会编《延安大学史》，人民出版社，2008，第 59 页。

术人才[①]。

中国人民大学作为新中国成立后创办的第一所新式正规大学，该校以培养新中国建设所需的各种干部为目标。中国政府接管哈尔滨工业大学后，以培养工业部门的工程师和国内大学的理工科师资为目标。江西共产主义劳动大学在1958年的招生简章中指出，学校旨在培养共产主义的农业、林业、畜牧业、渔业、工业等方面的“又红又专”的大批人才，普及科学技术革命和文化革命，建设繁荣幸福的共产主义新山区。1959年该校目标调整为培养大批具有较高的政治觉悟和高等科学文化知识的建设社会主义、共产主义的劳动者。[②]1961年该学校再次把培养目标调整为“通过经常的、系统的马列主义毛泽东著作的学习和不同年限的专业学习，使在校生毕业后，不仅具有一定的政治理论水平，并能掌握现代科学理论知识和生产技能，身体健康、又红又专、一专多能的为建设社会主义新农村（山区）服务的农、林、牧、工等技术人才”[③]。

改革开放后，鉴于专业教育的不足，高校在以培养专业人才为主的基础上，积极探索培养跨学科人才，南方科技大学、中国科学技术大学少年班学院、西湖大学走在前列、干在实处。中国科学技术大学创办于培养“有社会主义觉悟的有文化的劳动者”[④]（1957年在《关于正确处理人民内部矛盾的问题》中提出）的大环境中，在教育界最早强调宽口径培养人才，明显与其他大学不一样。1958年9月20日中国科学技术大学举办首届学生开学典礼时，中共中央、国务院《关于教育工作的指示》刚刚颁布。该指示强调“教育的目的，是培养有社会主义觉悟的有文化的劳动者，这是全国统一的，违反这个统一性，就破坏社会主义教育的根本原则”。中国

① 薛义忠、张金锁:《延安时期中国共产党创办新型高等教育的探索——以延安大学的建立和发展为例》,《中国高校社会科学》2019年第5期，第140~149、159页。

② 刘圣兰:《社会主义教育发展道路的艰辛探索——江西共产主义劳动大学研究》，江西人民出版社，2013，第236页。

③ 《关于“培养目标”问题（草案）》，转引自刘圣兰《社会主义教育发展道路的艰辛探索——江西共产主义劳动大学研究》，江西人民出版社，2013，第261页。

④ 《毛泽东文集》（第七卷），人民出版社，1999，第226页。

科学技术大学在这个节骨眼上提出宽口径培养尖端科技通才是需要勇气的，也可见学校受到党和国家领导人的何等重视。中国科学技术大学的人才培养特区，从少年班到少年班学院，都致力于培养基础学科拔尖创新人才。与此同时，金陵职业大学（现金陵科技学院）、深圳大学、茅台学院、黑龙江大学创业教育学院等新型人才培养组织，积极探索培养应用型人才。1984 年 9 月，《深圳大学改革创新方案》出台，提出将学校办成一所具有特色的新型的社会主义大学的办学定位。根据这个办学定位，深圳大学人才培养目标特色鲜明，要求毕业生熟练掌握一门外语，强调实践工作能力，做到"既懂得社会主义，又了解资本主义；既熟悉内地建设的经验，又掌握特区建设的特殊规律；既有处理国内问题的本领，又有处理涉外问题的知识"①。1986 年《深圳大学第二期改革创新方案》出台，该方案以提高教学质量为中心，要求从 1987 年起，全校二年级以上各年级课程，至少有 1 门课采用英语进行教学，每学期至少有 1 门课选用外文原版教材。英语和计算机应用列为全校所有专业的重点课程，并要求学生掌握综合解决实际问题的能力、竞争能力和应变能力。宁波诺丁汉大学作为一所国际化新型大学，建校之初就致力于培养具有国际视野的人才，即培养"世界通用的国际人、学贯中西的文化人和科学思维的未来人"②。目前，其人才培养目标调整为培养"深具中国情怀的国际化人才"③，"立足中国具有国际视野的创新型高级人才"④，"既融汇中西文化又具有强烈爱国情怀的国际人才"⑤，在 2020 年提出培养"具有国际公民特质的未来领导者和企业

① 秦国柱：《中国新大学运动——广东中心城市新办院校研究》，福建教育出版社，1996，第 134 页。

② 华长慧、徐亚芬、沈伟其、喻立森：《一所国际化新型大学在成长——谈宁波诺丁汉大学的办学特色》，《中国高等教育》2009 年第 5 期，第 35~38 页。

③ 宁波诺丁汉大学：《宁波诺丁汉大学 2019—2020 学年质量报告》，https://www.nottingham.edu.cn/cn/about/documents/annual-report/201920-annual-quality-reportcn.pdf。

④ 宁波诺丁汉大学：《招生》，https://www.nottingham.edu.cn/cn/Study-with-us/Home.aspx。

⑤ 《教育发展研究》编辑部：《英国高等教育模式的本土化实践——记宁波诺丁汉大学》，《教育发展研究》2010 年第 3 期，第 54~60 页。

家”[①]，即承担“培育中国未来的领导人才和企业家，以解决当今和未来国际社会面临的挑战；培养有责任感的国际公民，关心他人、社会和环境的和谐发展”[②]的使命。根据《西湖大学章程》，西湖大学的人才培养目标是“培育一流人才”，即“培养复合型拔尖创新的研究生和具有坚实基础知识和专业技能的本科学生，着力培养以天下为己任、发挥领军作用的高端人才”[③]。在《西湖大学中文宣传册（2022 年）》中，西湖大学人才培养被表述为“学校深入落实立德树人根本任务，以培养富有社会责任感的拔尖创新人才为目标，积极探索高等教育改革新路，构建‘本博贯通’的青年科学家培养体系”[④]（见表 4–1）。

表 4–1 创新人才培养组织的人才培养目标

序号	人才培养组织名称	人才培养目标
1	太学	养天下之士
2	白鹿洞书院	为科举取士培养资政“通才”，培养“明体达用”的人才
3	岳麓书院	培养经世致用、传道济民之才
4	京师同文馆	主要培养“中体西用”的洋务人才（外语人才、外交官、科技人才）（1862 年）
5	天津中西学堂	培养“西学体用”的高水平实业人才（1895 年）
6	京师大学堂	培养“西艺”与“西政”兼具的高级人才（1898 年）；激发忠爱，开通智慧，振兴实业，端正趋向，造就通才，为全学之纲领（1902 年）

① 宁波诺丁汉大学：《卓越教学和校园体验》，https://www.nottingham.edu.cn/cn/about/strategy/strategy-development/student-learning-and-campus-experience.aspx。

② 宁波诺丁汉大学：《愿景和使命》，https://www.nottingham.edu.cn/cn/about/strategy/vision-and-mission.aspx。

③《教育部关于同意设立西湖大学的函》，http://www.moe.gov.cn/srcsite/A03/s181/ 201804/t20180402_332130.html。

④ 西湖大学：《西湖大学中文宣传册（2022 年）》，https://www.westlake.edu.cn/about/zlxz/202007/P020230209500646953038.pdf。

续表

序号	人才培养组织名称	人才培养目标
7	北京大学	培养硕学闳才，具有完全人格的文、理科学术人才（1916 年）
8	湖南自修大学	培养革命急需人才
9	上海大学	养成建国人才，促进文化事业
10	中国工农红军大学	培养各级红军军政干部和专业技术干部
11	中国人民抗日军事政治大学	既培养红军干部，也培养革命知识青年和抗日志士
12	延安大学	培养战时革命干部，培养为人民服务的中下级干部（1946 年）
13	中国人民大学	有计划、有步骤地培养新中国的各种建设干部
14	哈尔滨工业大学	培养重工业部门的工程师和国内大学的理工科师资
15	中国科学技术大学	在空白、薄弱、边缘、尖端科技领域培养宽口径尖端科技通才
16	江西共产主义劳动大学	培养共产主义的农业、林业、畜牧业、渔业、工业等方面的“又红又专”的大批人才（1958 年）；培养大批具有较高的政治觉悟和高等科学文化知识的建设社会主义、共产主义的劳动者（1959 年）；培养具有一定的政治理论水平，并能掌握现代科学理论知识和生产技能，身体健康、又红又专、一专多能的为建设社会主义新农村（山区）服务的农、林、牧、工等技术人才（1961 年）
17	七二一工人大学	从工人中培养技术人员
18	金陵职业大学	培养“为我所用”的人才，特别是服务基层的应用型人才
19	深圳大学	既懂得社会主义，又了解资本主义；既熟悉内地建设的经验，又掌握特区建设的特殊规律；既有处理国内问题的本领，又有处理涉外问题的知识
20	南方科技大学	培养拔尖创新人才
21	中国科学技术大学少年班学院	培养基础学科创新人才
22	宁波诺丁汉大学	培养“世界通用的国际人、学贯中西的文化人和科学思维的未来人”；培养“深具中国情怀的国际化人才”
23	黑龙江大学创业教育学院	培养创造、创新、创业（“三创”）型人才，培养宽口径、厚基础、“专业 + 特色”复合型、应用型、具有国际竞争力的人才
24	西湖大学	培养富有社会责任感的拔尖创新人才
25	茅台学院	培养服务白酒产业链的应用型人才

（二）学科专业设置创新

学科是科学知识分类的单元，专业是社会对人才从事实际工作所需的知识和能力的集成反映，学科专业是实现人才培养目标的载体。通常来说，学术研究型人才培养以学科为载体，技术技能型人才培养以专业为载体。① 高等教育三个阶段的新型人才培养组织，都根据自身人才培养目标设置不同的学科专业。早在北宋，胡瑗主持苏、湖两州州学时创设经义斋、治事斋，成为高等教育分系、分科培养人才的开端。胡瑗分设经义斋和治事斋，力图培养"明体达用"的人才，既能深切体会六经经义、圣人之道，又能够实际应用圣人之道开展实务，从事行政、军事、水利、算数等工作。治事斋是从人才需求出发，采用主修和辅修方式，讲授实用技术技能，设立治民、讲武、堰水、算历等科，"治民以安其生，讲武以御其寇，堰水以利田，算历以明数"，② 广受欢迎并得到推广。治事斋的出现表明高等教育出现实用型人才培养意识，专业教育开始得到重视。鸦片战争后，京师同文馆培养"中体西用"的经世致用人才，设置两种学制，一种是"由洋文及诸学"的八年制，学习中外语言、自然科学；另一种是"藉译本而求诸学"的五年制，学习译本。两种学制均重视知识学习的循序渐进、由浅入深。八年制课程包括认字写字、讲解浅书、各国史略、数理启蒙、几何原本、平三角、弧三角、讲求格物、微分积分、航海测算、讲求机器、讲求化学、天文测算、万国公法、天文测算、地理金石、富国策等，前 3 年偏重外语学习，后 5 年偏重科技知识学习，体现了外语学习与科技知识学习并重的特点，有利于实现人才培养目标。③ 天津中西学堂头

---

① 叶志明、邓斐今、周锋：《对学科、专业和课程及其在高校发展中作用的再认识》，《中国大学教学》2010 年第 1 期，第 37~42 页。

② 涂又光：《中国高等教育史论》（第三版），华中科技大学出版社，2018，第 137~138 页。

③ 未成立与八年制方案相一致的综合性教学机构，八年制方案没有得到有效执行。参见焦海燕、陈先松《京师同文馆〈八年课程表〉与诸西学教育》，《高教发展与评估》2020 年第 3 期，第 57~64 页。

等学堂学制为4年，第一年不分专业，学生主要学习英文、物理、化学、天文、制图、地理、理财学、万国公法等公共通识科目，第二年学生从工程学、矿务学、机器学、律例学4门学科中选择1门进入专业学习阶段，[①]培养“西学体用”高水平实业人才。1898年京师大学堂设10科，分别为天学科、附算学，地学科、附矿学，道学科、附各教源流，政学科、附西国政治及律例，文学科、附各国语言文字，武学科、附水师，农学科、附种植水利，工学科、附制造格致各学，商学科、附轮舟铁路电报，医学科、附地产植物各化学，另设师范斋、医学馆等。[②]1910年，根据《奏定大学堂章程》，京师大学堂设7科13门，分别为经科、法政科、文科、格致科、农科、工科和商科，医科未按时开办。[③]蔡元培主张培养硕学闳才，把北京大学办成文理科为主的大学，强调文理融合。“文科之史学、文学，均与科学有关，而哲学则全以自然科学为基础，乃文科学生，因与理科隔绝之故，直视自然科学为无用，遂不免流于空疏。理科各学，均与哲学有关，自然哲学，尤为自然科学之归宿，乃理科学生，以与文科隔绝之故，遂视哲学为无用，而陷于机械的世界观。”[④]

中国共产党领导下的高等教育致力于培养革命干部和建设干部，高校的学科专业设置与其特殊的人才培养目标密切关联。湖南自修大学为培养改造社会的人才，开设文、法两科，文科科目有中国文学、西洋文学、英文、伦理学、心理学、教育学、社会学、历史学、地理学、新闻学、哲学，法科科目有法律学、政治学、经济学，学友须至少选修一科，此外，湖南自修大学学友还以单独研究或团体研究的方式研究科学、哲学和文学。学友学习研究过程中把马克思主义理论与中国革命实际相结合，当年

---

① 李良立:《1895—1949年我国高校院系设置的演变研究——基于四所百年老校的案例分析》，硕士学位论文，华中科技大学，2012，第21页。

② 桑兵:《科举、学校到学堂与中西学之争》,《学术研究》2012年第3期，第81~96页。

③ 李良立:《1895—1949年我国高校院系设置的演变研究——基于四所百年老校的案例分析》，硕士学位论文，华中科技大学，2012，第20~21页。

④ 蔡元培:《蔡元培文集（教育卷）》，台湾锦绣出版事业股份有限公司，1995，第368页。

学友学习研究过的文献资料有《共产党宣言》、《社会主义从空想到科学的发展》及中国共产党第二次、第三次全国代表大会宣言等。中国工农红军大学坚持战争“缺什么样的干部，就培养什么样的干部”的教育方针，开设高级指挥科、上级指挥科、上级政治科、上级参谋科，附设教导队、高射队、测绘队[①]。中国人民抗日军事政治大学坚持“教育为抗战服务”的总方针，既培养红军干部，也培养革命知识青年和抗日志士。《抗大组织条令》规定其宗旨为：“本校在中国共产党领导下，为实施国防教育，创造具有高度民族意识的忠实于国家民族与社会解放事业的抗日军政干部，争取抗战胜利及实现民族独立、民权自由、民生幸福的新中国而奋斗。”[②]毛泽东在 1938 年 3 月提出，并于当年 5 月完善的抗大教育方针为“坚定不移的政治方向，艰苦奋斗的工作作风，加上灵活机动的战略战术”，“这三者是造就一个抗日的革命的军人所缺一不可的，抗大的职员、教员、学生，都是根据这三者去进行教学与从事学习的”[③]，并强调“青年应该把坚定正确的政治方向放在第一位”。这个教育方针也是抗大的校训，明确回答了抗大“要培养什么样的人”的问题。1938 年时任抗大校长的林彪指出，实现这个教育方针的办法是坚持“少而精的原则”“理论与实践联系”“集体的研究”“互相帮助学习”。关于抗大的教育内容创新，林彪提出，“我们抗大的教育基本内容是什么呢？我想有三个，就是——统一战线，进攻战法，革命传统”，“是贯注各科目的内容，同时这三个基本内容的本身也不是分立的，而是有密切的关系”。[④]尽管每期学生的课程会因学生情况做

① 盖青：《1921—1949：中国共产党创建和领导的高等教育研究》（上），广东教育出版社，2012，第 96~98 页。也有文献指出，中国工农红军大学设高级班、上级指挥科、高级政治科、参谋科、后勤科，附设教导队、高射队、测绘队。参见钟同福《“红埔军校”——中央苏区红军大学的来龙去脉》，《党史博览》2020 年第 2 期，第 51~56 页。

② 盖青：《1921—1949：中国共产党创建和领导的高等教育研究》（上），广东教育出版社，2012，第 163 页。

③ 盖青：《1921—1949：中国共产党创建和领导的高等教育研究》（上），广东教育出版社，2012，第 163 页。

④ 盖青：《1921—1949：中国共产党创建和领导的高等教育研究》（上），广东教育出版社，2012，第 174 页。

适当调整，但哲学、马列主义、政治经济学、中国革命史、中国问题等马克思主义基础理论课程，以及党的路线、方针、政策的教育，则是一以贯之的，以使学员尽快树立起坚定正确的政治方向。1941 年 7 月延安大学组建时，设社会科学院、法学院、教育学院、俄文系、英文系、体育系、中学部。1943 年延安大学与鲁迅艺术学院（1938 年 4 月成立）、延安自然科学院（1939 年 10 月成立）、延安民族学院（1941 年 9 月成立）、新文学干部学校合并组建新延安大学，设鲁迅艺术学院、自然科学院、社会科学院、民族学院、新文字干部研究班、中学部，其中鲁迅艺术学院下设戏剧、音乐、美术、文学 4 个系，自然科学院下设化工、机械、农业 3 个系。1944 年 4 月新延安大学与边区行政学院（1940 年 7 月成立）合并，设行政学院、鲁迅艺术学院、自然科学院、医学系、短期培训班，其中行政学院下设行政系、财经系、教育系、司法系，鲁迅艺术学院下设文学系、戏剧音乐系、美术系，自然科学院下设农业系、机械工程系、化学工程系。1946 年至 1947 年，延安大学生先后设教育、司法、农业、文艺、会计、行政、新闻、外文 8 个班和高中部。1948 年，延安大学实行正规办学，设大学部、分校和研究室，暂设政法系、经建系、文艺系、教育系。①

中国人民大学主要培养财经、政法及俄文等方面的建设人才，本科设有经济计划、财政、贸易、合作、工厂管理、法律、外交、俄文等 8 个系，各系修业年限除法律、外交两系为 4 年外，其余均为 3 年；专修科设有合作社、统计、国内贸易、对外贸易、经济计划、财政、工厂管理、史地、教育、法律、外交等 11 个班，各班修业期限为 8 个月。中国政府接管哈尔滨工业大学后，根据国民经济恢复和发展的需要，1951 年在原有的土木建筑、机械、电气工程、化学、采矿等系的基础上，调整为 7 个系 25 个专业。院系调整时铁路系、冶金系、采矿系和化工系调整到其他院校，剩余机械系、电机系和土木建筑系 3 个系 13 个专业。1956 年机械系分设机械制造系和机械制造工艺系，并新增仪器制造系和工程经济系，1957 年机械

① 延安大学:《延安大学历史沿革》，https://www.yau.edu.cn/xqzl/lsyg.htm。

制造系的锅炉制造、汽轮机制造、水力机械 3 个专业分出并成立动力机械系，至此哈尔滨工业大学共设 7 个系 24 个专业 57 个教研室。机械制造系设机械制造工艺、金属切削机床及刀具 2 个专业，机械制造工艺系设金属学热处理及热处理车间设备、焊接设备及工艺、铸造机器及工艺、锻压机器及工艺、轧钢机器及工艺 5 个专业，动力机械系设锅炉制造、汽轮机制造、水力机械 3 个专业，电机系设电站、电力网和电力系统、工业企业电气化、电机与电器、电气测量仪表 5 个专业，仪器制造系设精密机械仪器、仪器制造工艺、自动学运动学、数学计算仪器 4 个专业，土木建筑系设工业与民用建筑、供热供暖及通风、给水排水 3 个专业，工程经济系设机器制造企业经济组织与计划、动力经济组织与计划 2 个专业。[①] 1958 年 9 月 15 日，时任中共中央总书记的邓小平来校视察，指示李昌校长“大厂大校要关心国家命运，高等学校要成为突破科学技术的基点之一”[②]，同年 9 月底，中共黑龙江省委召开会议讨论哈尔滨工业大学建设问题，传达第一机械工业部赵尔陆部长“哈工大要搞尖端，要增加一些新专业”的指示。在这个背景下，学校专业建设做出大调整决定，1958~1959 年先后成立化学系、数学力学系、工程力学系、自动控制系、无线电系、工程物理系、航空工程系。到 1962 年，全校共设 9 个系 36 个专业，已基本完成由民到军的转变，形成门类齐全、学科互相配套的专业体系，成为为国防科技及国民经济建设服务的多科性大学。1959 年和 1960 年，学校先后被中共中央确定为全国 16 所重点院校之一和 32 所重点院校之一。中国科学技术大学自创办以来，在系科专业设置上没有采用苏联理工分家的模式，而是实行理工结合、科学与技术结合。中国科学技术大学确立“红专并进，理实交融”的校训，紧紧围绕国家急需的新兴科技领域设置系科专业，创造性地把理科与工科即前沿科学与高新技术相结合，注重基础课教学，高起点、

① 哈尔滨工业大学校史编写室编《哈尔滨工业大学简史（1920 年—1985 年）》，哈尔滨工业大学出版社，1985，第 24 页。

② 哈尔滨工业大学校史编写室编《哈尔滨工业大学简史（1920 年—1985 年）》，哈尔滨工业大学出版社，1985，第 34 页。

宽口径培养新兴、边缘、交叉学科的尖端科技人才。建校时，设原子核物理和原子核工程、高分子化学、技术物理、化学物理、高分子物理、生物物理、自动化、地球化学和稀有元素、应用数学和电子计算机、力学和力学工程等 13 个系，由中国科学院各研究所所长兼任系主任。核物理、空间技术、计算机技术、无线电电子学、自动化、化学物理、近代力学及其他相关的系和专业，都处于科技发展的最前沿领域。中国科学技术大学的所有本科专业学制均为 5 年，是当时全国两所五年制大学之一，另一所是清华大学。1959 年，中国科学情报大学并入中国科学技术大学，设立科技情报系①。1964 年 4 月，中国科学院同意将原来的 13 个系合并成数学系、物理系、近代化学系、近代物理系、近代力学系、无线电电子学系 6 个系。教育部核定学校设定专业 24 个，1966 年减为 23 个，学制为 5 年。根据中国科学院的要求，系和专业调整后，专业课程基本不变，教研室继续保留。目前中国科学技术大学已发展成为一所以前沿科学和高新技术为主，兼有医学、特色管理和人文学科的综合性全国重点大学，有数学、物理学、力学、天文学、生物科学、化学 6 个国家理科基础科学研究和教学人才培养基地和 1 个国家生命科学与技术人才培养基地。江西共产主义劳动大学的专业设置从江西农业生产建设需要出发，坚持社会需要什么就培养什么、需要多少就培养多少的原则，主要设置农、林、牧、渔等专业，山区分校主要设置林业相关专业，湖滨丘陵地区分校主要设置农业、农机、畜牧兽医相关专业，少数分校也开设桑蚕、园艺、植保、果茶等专业。

金陵职业大学致力于培养“为我所用”的人才，特别是服务基层的应用型人才。根据人才培养目标，金陵职业大学的专业设置紧贴区域经济社会发展需要，分为长线专业、短线专业和浮动专业 3 类，长线专业每年招生，短线专业招一两届学生就停招，如环保、血液制品等专业，主要培养社会急需人才。学校成立初期设置档案、工业会计、商业会计、财政税收、食品工业、给水排水等 22 个专业。到 1990 年，学校设置财经、文法、

---

① 1960 年该系撤销，学生被并入物理、化学、生物等系科专业。

机电、土建、轻化5个系和1个基础课部，共有约25个专业，1982年新办了全国第一个审计专业，为即将成立的审计局提前储备了人才。[①] 深圳大学在系科设置上，根据特区建设需要，初期设置英语、经济、法律、建筑、电子、中文等6个系。到1985年，又新增管理、结构与市政工程、精密机械仪器、应用数学、物理等系科，到1988年全校共有“14个系，26个专业”[②]。茅台学院秉承“立足茅台、服务酒业、报效国家、走向世界”的办学理念，坚持“小、精、高、特、开”的办学策略，致力于培养服务茅台集团乃至全国酒行业可持续发展的高素质、应用型人才。[③] 依据白酒产业链，茅台学院设置相应的学科专业。《茅台学院章程》规定，“以‘酿酒工程’为核心，逐步形成以工学为主，管理学、经济学、农学等学科协调发展的学科体系，培养符合市场需求的高级应用型人才”，“以应用型人才培养、白酒酿造相关科学研究、白酒行业社会服务和白酒文化传承创新为基本职能”[④]。建校初期，茅台学院开设酿酒工程、葡萄与葡萄酒工程、食品质量与安全、资源循环科学与工程、市场营销5个本科专业。到2020年秋，茅台学院初步形成“以工学为主，围绕酿酒产业链多学科协调发展的特色专业集群”[⑤]，设有白酒酿造工程、酿酒工程、葡萄与葡萄酒工程、食品质量与安全、食品科学与工程、资源循环科学与工程、环境科学与工程、自动化、包装工程、市场营销、电子商务、物流管理、酒店管理13个本科专业，其中酿酒工程入选贵州省级一流建设专业。

作为中国高等教育改革的试验田，南方科技大学被教育部赋予“探索

① 黄明宏:《创业 发展 未来——记金陵职业大学建校十周年》,《江苏高教》1990年第6期,第80~81页。

② 杨洪杰:《新观念、新探索、新模式——深圳大学改革实践的考察报告》,《辽宁高等教育研究》1988年第4期，第97~103页。

③ 茅台学院:《茅台学院简介》，https://www.mtxy.edu.cn/a/xueyuangaikuang/xueyuanjieshao/。

④ 《教育部关于同意设立茅台学院的函》，http://www.moe.gov.cn/srcsite/A03/s181/201705/t20170527_305980.html。

⑤ 茅台学院:《茅台学院简介》，https://www.mtxy.edu.cn/a/xueyuangaikuang/xueyuanjieshao/。

具有中国特色的现代大学制度，探索创新人才的培养模式”[①] 的重任。为大力培养拔尖创新人才，南方科技大学不仅实行因材施教、个性化培养，本科生入学后接受通识教育，前 2 年不分专业，学校安排统一的理工科基础课程及科技创新方面的课程，后 2 年学生可以根据个人兴趣爱好能力自由选择专业，学校还通过科研实践培养学生的创新能力，学生选择一位教授作为科研导师，接受 2 年的系统科研训练。南方科技大学创建初期，设理学部和工学部，理学部下设数学和系统科学、生命科学、物质科学、应用心理学等学科。[②] 目前，南方科技大学已经正式成立 8 个二级学院，分别为理学院、工学院、医学院、商学院、人文社会科学学院、创新创业学院、创新创意设计学院、生命科学学院。西湖大学基于“高起点、小而精、研究型”的办学定位，“培养富有社会责任感的拔尖创新人才”[③]。学校坚持发展有限学科，以西湖高等研究院的生物学研究所、基础医学研究所、理学研究所、前沿技术研究所为基础，组建生命科学学院、理学院、工学院，优先形成理学、医学、工学 3 个学科门类，规划设置生物学、生物医学工程、药学、基础医学、化学、数学、物理学、计算机科学与技术、电子科学与技术、光学工程、材料科学与工程、机械工程、环境科学与工程等 13 个一级学科。生命科学学院致力于研究生命现象、疾病机理，研发生物医药新技术，寻求疾病诊治新方法，培养具有多学科背景的顶尖复合型创新人才，建立世界一流的生物医学研究和人才培养基地。[④] 理学院以“发现物质世界现象、阐述自然运行规律、突破人类知识极限”为使命，下设数学、物理、化学等系，研究领域涵盖数论、分析、代数、几

---

① 《教育部关于同意建立南方科技大学的通知》，http://www.moe.gov.cn/srcsite/A03/s181/201204/t20120416_134539.html。

② 朱清时：《南方科技大学培养创新人才的教改试验》，《北京教育（德育）》2011 年第 1 期，第 6~8 页。

③ 西湖大学：《西湖大学中文宣传册（2022 年）》，https://www.westlake.edu.cn/about/zlxz/202007/P020230209500646953038.pdf。

④ 西湖大学生命科学学院：《生命科学学院》，https://www.westlake.edu.cn/academics/School_of_Life_Science/ About/Overview/。

何、凝聚态物理、量子物理、原子分子与光物理、催化化学、化学生物学、材料化学、超快激光光谱学等，致力于开展前瞻性和系统性的基础科学研究，培养造就具有较强创新能力的杰出人才，建设国际一流的创新研究平台。① 工学院致力于面向国家战略性新兴产业发展重大需求的科技创新和人才培养，建立以交叉学科与新兴学科为特色的应用科学、工程技术学科群，建成国家重大科学技术研究和拔尖创新人才培养重要基地。②

（三）招生与毕业创新

西汉时期，太学的招生方式是“为博士官置弟子”。太学的弟子有两种来源，一是主管祭祀社稷、宗庙、丧葬仪式的太常从年满 18 岁以上仪状端正的青年人中直接选拔，中央政府负责他们的食宿等费用，这种弟子相当于公费生；二是地方推荐“好文学、敬长上、肃政教、顺乡里、出入不悖”之人，他们一般受到地方政府的资助，学成后返回地方工作，兼有自费生和定向委培生的特征。③ 太学实行一种开放式招生方式，生源多样化，至汉成帝末年，太学弟子规模达 3000 多人，增长迅速。太学生不设学习年限，通过一年一度的考试（史称“岁试”）来检验学习成效，政府根据考试等级分配相应的工作岗位，而那些不学无术者则将被取消学习资格。“博士弟子一岁皆辄课，能通一艺以上，补文学掌故缺；其高第可以为郎中，太常籍奏。即有秀才异等，辄以名闻。其不事学若下材，及不能通一艺，辄罢之，而请诸能称者。”④ 官立书院是在对州学、县学，乃至私立书院的反思和批判的基础上发展起来的，学生分为正式学生和非正式学

---

① 西湖大学理学院：《理学院》，https://www.westlake.edu.cn/academics/School_of_Science/About/Overview/。

② 西湖大学工学院：《工学院》，https://www.westlake.edu.cn/academics/School_of_Engineering/About/ Overview/。

③ 谭超、欧阳霞：《两千年前的太学生》，《乐山师范学院学报》2003 年第 8 期，第 81~84 页。

④ （汉）班固：《汉书》，中华书局，1962，第 3594 页。

生，两种生源招生标准均较高。正式学生有名额、户籍限制，数量少，一般不超过50人，比如岳麓书院学生从20人增加至40人，主要招收本地学生。招收正式学生有三种方式：一是与州学、县学同时招生，录取成绩优秀考生；二是从州学、县学中选拔优秀学生；三是招收省试落榜生。[①]非正式学生没有名额、户籍限制，但同样注重招收优质生源。

洋务运动时期，京师同文馆创办初期面临招生难的问题，最初的设想是"选八旗中资质聪慧年在十三四以下者俾资学习"[②]，一年半后，学生年龄放宽至15岁并由选拔改为每旗各保送2~3名。当时不少人认为学习洋文，就是自甘堕落，甚至是向外国投降的表现，因此京师同文馆早期招收的学生大多来自家庭贫困或者资质不够聪慧的八旗子弟。1867年，京师同文馆引入"西学"，设天文算学馆，不再单纯培养"西语"人才，而是培养兼懂"西语"和"西学"的实用人才。为此，京师同文馆扩大生源渠道，不仅增加招收汉人子弟，还放宽了学生的年龄限制。京师同文馆一方面"招取满汉举人及恩、拔、岁、副、优贡，汉文业已通顺，年在二十岁以外者"及"前项正途出身五品以下满汉京外各官、少年聪颖、愿入学馆学习者"，另一方面要求翰林院编修、检讨、庶吉士等在职官员入馆学习。[③]京师同文馆原希望可以根据学生考试成绩择优授官，"遇缺即补"，但难以落实，总理衙门直到1888年才获准其增加添设翻译官一职且数量有限，其他派驻外交工作岗位的人数也不多，那些没有得到分配工作的学生不得不留馆学习，等待工作机会。[④]维新变法时期，1891年康有为在广州创办万木草堂，1897年谭嗣同等在长沙创办时务学堂，两所学校的招

---

① 廖寅：《南宋中后期官立书院的兴起及其类型、特色与成效》，《高等教育研究》2013年第10期，第81~88页。

② 总理衙门：《创设北京同文馆奏疏》，载舒新城编《近代中国教育史料》，中国人民大学出版社，2012，第7页。

③ 吕景琳、张德信：《略论京师同文馆与人才培养》，《近代史研究》1988年第5期，第86~101页。

④ 宁建花、方超群：《从"西语"到"西学"——京师同文馆课程改革的历史考察》，《高教探索》2020年第7期，第99~105页。

生都有一定的标准。万木草堂以面试考察的方式招生，而时务学堂学生入学须经考试，有录取名额、年龄限制，学生必须符合聪俊朴实、官绅保送等条件。[①] 京师大学堂于1902年正式招生。癸卯学制实施后，京师大学堂开办速成科和预备科以储备生源，速成科的仕学馆学生来自政府机构部门推荐并经过考试后录取，速成科的师范馆学生来自各省选送；预备科生源采取各省选送和京城就近招考相结合的办法；1910年后，京师大学堂的生源更加广泛，除预备科、速成科毕业生外，也通过学部考试选拔各省高等学堂学生，还从举人、拔贡、优贡生中选拔部分学生，并招收外国留学生。[②]1905年9月2日光绪帝发布“上谕”明确规定从1906年起废除科举制度[③]，兴办学校，培养人才与选拔人才开始分离，高校开始拥有自主招生权。

民国初期，政府颁布《大学令》《大学规程》《修正大学令》《国立大学校条例》等，在宏观层面规定高校招生原则、方针等，高校自行确定招生人数、考试科目、命题、组织考试、阅卷、确定录取标准等。[④] 这种招生制度有利于高校与考生双向选择，但也导致招生混乱局面，比如文、实科招生失衡（法、商、教育类专业人数过多，而理、工、农、医专业人数偏少），区域招生标准不一致、新生质量参差不齐等，不利于高校培养社会经济发展所需人才。[⑤] 蔡元培担任北京大学校长期间，制定《国立北京大学入学考试规则》，严格规定报考资格，明确规定考试科目及程度，严

---

① 胡婷:《晚清新式学堂学生的学习与管理初探》,《重庆交通大学学报》(社会科学版)2013年第1期，第94~96、100页。

② 胡婷:《晚清新式学堂学生的学习与管理初探》,《重庆交通大学学报》(社会科学版)2013年第1期，第94~96、100页。

③ 清政府发布命令奖励学堂出身，即分别给各级学校毕业生以进士、举人、贡生等旧出身身份和相应官阶，实为变相科举。辛亥革命后，国民政府教育部废除奖励学堂出身，科举制度彻底废止。

④ 骆威:《南京国民政府时期的高等教育立法》，南京大学出版社，2016，第133页。

⑤ 李涛:《民国时期国立大学招生的特点》,《高教探索》2017年第10期，第103~108页。

把资格审查关，实施“宁缺毋滥”的录取制度。[①] 南京国民政府成立后，为纠正高校招生偏差，1933 年 5 月教育部颁布《二十二年度各大学及独立学院招生办法》，实行按比例计划招生制度，要求文科类高校招生总数不得超过实科类高校招生总数，否则教育部不办理入学资格，标志着高校招生权开始向政府集中。1935 年，教育部在总结按比例招生经验基础上，实行招生名额配给制度，高校以系为单位，每年新生控制在 30 人以内。1937年，教育部在中央大学、武汉大学、浙江大学试行联合招生。1938年，实行全国统一招生制度，在全国设 12 个招生区负责命题、阅卷、录取等。1940 年教育部成立招生委员会，进一步把招生权收归中央政府统一行使。1942 年，教育部在全国划分 10 个考区，考区内所有公立、私立高校联合招生，由考区内 1 所公立高校负责召集。至 1949 年，高校单独招生、联合招生、委托招生、成绩审查、报送免试 5 种招生方式并存，其中政府控制的联合招生是主要方式，其他 4 种为补充方式。

中国共产党早期创办的高等教育没有明确的招生制度。湖南自修大学主张平民主义，在招生方面不限资格，突破了以往书院和官学实际招生对象为相对富裕阶层子弟的局限，让赤贫阶层子弟有机会接受高等教育，毛泽东比喻为“野猫子想吃天鹅肉”。[②]《湖南自修大学组织大纲》规定，“凡中等以上学校毕业生，不分男女长少，具有自修能力，志愿用自修方法以研究高深学术者，经本大学证明认可，得报名入学。非中等以上学校毕业，而具有与之相等之学科根柢者，经本人证明认可，亦得入学”。[③] 苏区高等学校和早期延安的高等学校，招生标准主要看学员的政治素质，学员来源较为广泛。中国人民抗日军事政治大学学员主要有三个组成部分，一部分是经过土地革命和长征考验的红军干部战士，一部分是八路军、新

---

① 韩立云:《民国时期北京大学人才培养模式研究（1917—1937）》，博士学位论文，南京大学，2013，第 85~88 页。

② 毛泽东:《湖南自修大学创立宣言》，载《建党初期毛泽东的几篇文稿》，《党的文献》2011 年第 1 期，第 3~4 页。

③ 《湖南自修大学组织大纲》，《新时代》1923 年 4 月 10 日。

四军和各抗日根据地的干部战士，还有一部分是来自全国各地的知识青年及来自海外的华侨。他们的阶级成分覆盖了当时中国社会各个阶级，比如1938年7月第四期学生4269人中，学生的家庭成分包括工人（3.6%）、富农（7.2%）、贫民（2.4%）、雇农（4%）、地主（3%）、商人（10.7%）、贫农（19.6%）、中农（29.6%）、官宦（1.2%）、职员（6.8%）、资本家（1.5%）、其他（10%），覆盖了工、农、商、学、军、政等行业。[①] 学员来自社会各个阶级、职业，一方面表明抗日统一战线得到各个阶级的拥护，另一方面也意味着抗大教育面临的复杂性和艰巨性，能否统一学生的思想显得尤为关键。1941年12月中共中央颁布《关于延安干部学校的决定》[②]，标志着实施干部教育的各种训练班性质的学校走向了正规化的办学轨道。[③]《关于延安干部学校的决定》规定，"为实现各校具体目的，使党的有限精力财力收到最大效果，各校对招收学生应采取少而精的原则。各校及其主管机关应重新审查学生成分，凡不合各校具体目的的学生，以分配工作或转学他处为原则"[④]。中国人民大学成立后，根据人才培养任务，招生对象"首先是参加工作有一定年限，具有相当文化水平的工农革命干部和有一定工龄和文化水平的进步工人，其次是进步的青年知识分子"；第一届3000多名学生（包括本科、专修科、文化补习班），其中72%是干部、工人，有工农革命干部1827人（有8年以上工作经历者570人），进步工人172人；在政治面貌上，有党员1733人、团员651人。[⑤] 哈尔滨工业大学始建于1920年10月，当时校名为哈尔滨中俄工业学校，为中东

---

① 盖青：《1921—1949：中国共产党创建和领导的高等教育研究》，广东教育出版社，2012，第172~173页。

② 《关于延安干部学校的决定》是在以凯丰为主任的八人学校合编委员会提出的延安大学新教育计划的基础上形成的。参见《延安大学史》编委会编《延安大学史》，人民出版社，2008，第56页。

③ 郝瑜、周光礼、罗云、曾鹿平：《高等教育的"延安模式"及其当代价值》，《高等教育研究》2017年第11期，第79~85页。

④ 中央档案馆编《中共中央文件选集》（第十三册），中共中央党校出版社，1991，第259页。

⑤ 《新国家的新大学——中国人民大学介绍》，《人民日报》，1950年10月10日。

铁路培养技术人才，设铁路建筑和机电工程 2 个专业，采用俄语教学，只招男生，第一届学生有 103 人，只有 7 个中国学生，学制为 4 年，教学难度大，毕业要求高；1922 年 4 月改名为哈尔滨中俄工业大学校，学制改为 5 年，1923 年开始招收女生，1924 年 10 月至 1925 年 1 月，首届毕业生共计 44 人[①]，均获“工程师”称号。

1952 年 6 月，教育部发布《关于全国高等教育学校一九五二年暑期招收新生的规定》，规定中央成立全国高等学校招生委员会，全国高校（经教育部批准的个别高校除外）一律参加统一招生，招生名额实行严格的审批制。[②] 全国设 78 个考区，应届生和同等学力学生在所在考区参加高考，已在高校补习的干部在补习高校参加高考，招生日期、考试科目、考试命题、政审标准、健康检查、新生录取等事项由全国统一规定实施。1966 年全国高校停止招生，1970 年起高校采取“自愿报名，群众推荐，领导批准，学校复审”的方式从工农兵中选拔学生，普通班学制为 2~3 年，史称“工农兵大学生”，到 1977 年恢复高考，全国高校共招收 94.1 万“工农兵大学生”，含 6.5 万名学制为 1 年的进修班学员。江西共产主义劳动大学实行“社来社去”的招生和毕业分配制度。在招生方面，1958 年该校招生简章规定，“凡是历史清楚，身体健康，具有一定的生产知识、劳动技能的男女工人、农民、公社干部、复员转业军人以及经过一定时间生产劳动锻炼的知识青年都可以报名上共大”[③]。在较长一段时间内，我国高校主要招收工农阶级出身的革命干部和知识青年，要求大学及专门学院要为工农群众大大开门，不仅对工农考生放宽年龄限制，还享有优先录取权，甚至免试入学，工农成分的在校生比例由 1953 年的 27.39% 提高到 1958 年的

---

① 少数学生因经济原因中途退学，其他被淘汰的学生无法获得毕业证，不被授予“工程师”称号，只可获得结业证书。

② 中央教育科学研究所编《中华人民共和国教育大事记（1949—1982）》，教育科学出版社，1984，第 58 页。

③ 汪东兴:《教育为兴国之本——回忆江西共产主义劳动大学》，《江西教育科研》1995 年第 1 期，第 1~9 页。

55.28%、1965 年的 71.20%。[①]

基于李政道的建议，采取“理科人才也可以像文艺、体育那样从小培养”，为国家培养一支“少而精的基础科学工作队伍”，1978 年 3 月 8 日，中国科学技术大学第一期少年班正式开学，1978 年 3 月 16 日少年班首次出现在《人民日报》的《中国科技大学七百多名新生入学》报道中。少年班采取自主招生的方式，主要招收尚未完成常规中学教育但成绩优异的青少年。第一期少年班学生由群众推荐、学校考核录取，属于预科性质，学生在入学后没有立即获得本科学籍，也不享受本科生的生活待遇。1978 年 7 月 11 日，教育部同意少年班继续招生，还授予中国科学技术大学招生自主权，明确“少年班招生的考试（包括笔试、口试）、评卷以及录取工作都由中国科技大学办理”[②]。第二期少年班学生参加中国科学技术大学自主命题的全国统一考试，1978 年 10 月开学，不再上预科的课程，按大学普通班课程的要求，进行特殊培养。从第三期学生开始，少年班学生参加全国统一高考，考试内容为理工类科目，考卷汇总到中国科学技术大学评阅后选拔部分考生参加复试，并根据德智体考核结果择优录取。[③]1986 年，报考少年班的考生首次集中在中国科学技术大学进行复试，并确立了少年班招生模式：大多数人参加高考，作为初试，入围者再参加学校复试（含心理测试和文化课程考试），少数有特殊专长或德智体美全面发展的优秀学生，通过考核后免试保送入学。[④] 前八期少年班学生入学前的学历在小学五年级至高中二年级间，年龄在 11~16 岁。为保证生源质量，中国科学技术大学在苏州中学创办少年班预备班，跟湖南师范大学附属中学等重点高中建立常态化联系机制。[⑤] 多年来，中国科学技术大学不断在招生上进

① 《中国教育统计年鉴》编辑部编《中国教育年鉴（1949~1981）》，中国大百科全书出版社，1984，第 338 页。

② 中国科学技术大学少年班学院:《学院简介》，https://sgy.ustc.edu.cn/history。

③ 少年班管理委员会:《一种新型的办学形式——少年班》，《教育与现代化》1986 年总第 1 期，第 25~31 页。

④ 王能玉:《告诉你一个真实的科大少年班》，《江淮文史》2010 年第 1 期，第 26~38 页。

⑤ 肖臣国:《少年班教育十五年概况》，《教育与现代化》1993 年第 4 期，第 33~39 页。

行革新，对学生年龄、招生办法适时予以调整，形成了目前由少年班（含少年班“创新试点班”）、理科试验班、交叉学科英才班构成的英才培养体系。

作为中国高等教育改革的试验田，南方科技大学自 2010 年开始筹办教学改革实验班，在全国范围内招收 45 名高二学生，并于 2011 年 3 月举行正式开学典礼。首届学生招生没有得到教育部的准许，准备“自授学位和文凭”。根据教育部依法办学要求，首届 45 名学生需要参加 2011 年的全国统一高考，但没有考生走入设置在南方科技大学校内的 2 个考场，考试被迫取消。网上一度流传《致所有关心南科大发展的人们的一封公开信》，表达了 45 名学生拒绝参加高考的意愿，朱清时表示“参不参加高考，由学生和家长自己决定”①。从2012年起，南方科技大学探索“631招生模式”，即基于高考的综合评价录取模式，考生综合成绩由高考成绩、南方科技大学组织的能力测试成绩、高中阶段的平时成绩构成，分别占比为 60%、30%、10%，如综合成绩相同，则先按高考成绩，再按能力测试成绩从高分到低分依次录取。②“631 招生模式”基于高考但不唯高考，主要选拔不仅基础知识厚实、学习能力突出，而且具有创新潜质和较高综合素质的考生。“6”表明学校的自主招生是在遵守国家法律法规的基础上的自主招生，长期实践证明高考成绩可以比较准确地反映考生的基础知识和学习能力。“3”表明学校要考查考生的创新潜质和综合素质，是自主招生模式的核心，2012~2015 年，学校以笔试方式考查学生的独立思考能力、批判性思维、想象力、注意力、记忆力等，从 2016 年起采用机考的方式以客观题测试考生的数理基础、理解与计算、逻辑思维、批判性思维等。③“1”表明学校要考查考生在高中阶段学业成绩的稳定性、成长性、

① 《院校篇之南方科技大学 孤独的探索者》，《教育》2012 年第 2 期，第 23 页。

② 南方科技大学:《2012 年本科招生章程》，https://zhaosheng.sustech.edu.cn/zszc/zhangcheng/2012/1212/82.html。

③ 程春、孙便霞:《南方科技大学 631 招生模式与创新人才选拔》，《教育现代化》2018 年第 3 期，第 26~27 页。

自制力等。

改革开放后，中心城市举办的高等院校大多实行“酌收学费、实行走读、毕业生择优录用”[①]（不包分配，择优推荐），被认为是“我国高等教育战线出现的一种新的办学形式”[②]。中心城市高校在招生计划上，实行指导性招生计划，广泛进行联合办学、合同办学、以需定产、定向培养。现金陵科技学院的前身金陵职业大学是“新中国第一所全日制城市职业大学”[③]。金陵职业大学在招生和毕业生就业上具有以下特点。第一，适当收取学费。1982~1984 年，据测算平均每个学生每年的培养成本分别为 610 元、897 元和 790 元，其中江苏省补助每个学生每年 600 元，学生每年学费为 50 元。[④] 基本建设和办学经费主要由南京市财政部门负责，毕业生用人单位向学校缴纳教育培训费 1500 元。第二，不包分配，择优推荐。政府不负责金陵职业大学毕业生的工作分配，人才培养过程引进竞争和淘汰机制。学校采取与用人单位联合培养的方式，部分学生实行订单式培养，学校负责向用人单位择优推荐，在内有动力、外有压力的情况下，大大提高了学生的学习积极性和主动性。金陵职业大学第一、二届毕业生跟踪调查中，35 个用人单位一致认为该校毕业生“肯干，好学，顶用”[⑤]。

（四）人才培养过程创新

人才培养是一个复杂的系统工程，包括培养目标、理念、学科、专业、课程、主体、客体、过程、保障等，其中广义的人才培养过程是指从

---

① 《国务院批转教育部、国家计委关于加速发展高等教育的报告的通知》。

② 宋梓铭:《要重视和支持高等职业大学的发展》,《江汉大学学报》(社会科学版) 1985 年第 2 期，第 29~32 页。

③ 金陵科技学院:《学校简介》，https://www.jit.edu.cn/xxgk/xxjj.htm。

④ 宋梓铭:《要重视和支持高等职业大学的发展》,《江汉大学学报》(社会科学版) 1985 年第 2 期，第 29~32 页。

⑤ 宋梓铭:《要重视和支持高等职业大学的发展》,《江汉大学学报》(社会科学版) 1985 年第 2 期，第 29~32 页。

招生、教学环节到毕业的全过程，狭义的人才培养过程指新生入校后、毕业前的教与学的各个环节的集合。上一部分研究高校人才培养组织创新中的招生与毕业主题，故本部分“人才培养过程”取狭义层面的含义，包括课堂教学与课外社会实践，不涉及具体课程教学。人才培养模式是指培养主体为了实现特定的人才培养目标，在一定的教育理念指导和一定的培养制度保障下设计的，由若干要素构成的具有系统性、目的性、中介性、开放性、多样性与可仿效性等特征的有关人才培养过程的理论模型与操作样式。[①] 人才培养过程与人才培养模式既有联系也有区别。人才培养过程强调人才培养实践操作，人才培养模式偏重人才培养理论，人才培养过程是在人才培养模式指导下的具体实践活动。

在高等教育人文阶段，人才培养过程中的教学内容、教学组织形式等都比较简单。西汉太学“独尊儒术”，排斥其他学科知识，尤其遗憾的是墨家重视科技思想但没有得到很好的传承。太学的办学形式是“为博士官置弟子”，弟子入学后择师而读，五经（《诗经》《尚书》《礼记》《周易》《春秋》）博士本身的经学知识储备决定了弟子的研习内容，五经是主要教学内容，太学生学好一经便可毕业，也可学习多经。书院一般采用两种教学方式：一是升堂讲学，类似班级集体授课；二是“会讲讲会”制度，类似学术讲座与研讨。张栻与朱熹的岳麓之会，开启了不同学派在岳麓书院的自由讲学的风气。岳麓书院的人才培养过程具有鲜明的特色：强调修业必先进德，成才必先成人；继承发扬朱张理学传统，高扬学术大旗；注重经史，强调考时势，通世务；强调养成质证、辨（辩）难以求至是的批判性思维；以考课促进教学，教养相资、教学相长。[②] 书院强调学生自主学习，教师针对某一个观点进行提纲挈领地讲授、辅导。朱熹在《白鹿洞书

① 董泽芳：《高校人才培养模式的概念界定与要素解析》，《大学教育科学》2012 年第 3 期，第 30~36 页。

② 邓洪波：《建章立制，立德树人：岳麓书院学规章程及其创造性转化》，《大学教育科学》2021 年第 5 期，第 89~91 页。

院揭示》中强调学习要“博学之，审问之，慎思之，明辨之，笃行之”[①]，并要求学生“半日静坐，半日读书”[②]。

在高等教育科学阶段，人才培养过程逐步走向现代化，不仅出现分科分级教学组织形式，还出现理论与实践相结合等育人方式。京师同文馆实行分馆分班教学，被认为是中国最早采用班级授课制的学校。京师同文馆根据学生选择的语种、课程（西学自然科学科目）实行分馆（专业）教学，如设英文馆、法文馆、俄文馆、布文馆等，开设天文、算学、法学、化学、医学等专业，有利于提高人才培养效率和培养质量。在人才培养过程中注重“课内学与课外做”相结合，规定如遇中外交涉事件或使团出访任务，有关语种的学生必须跟随外交人员，或直接担任译员，或做翻译见习，在实践中培养学生的笔译、口译及同声翻译等能力。[③]京师大学堂在人才培养过程中有两个创新之处：一是课程规划，二是编译教科书。京师大学堂非常重视课程设置，“功课之完善与否，实学生成就所攸关，故定功课为学堂第一要著”[④]。《总理衙门奏拟京师大学堂章程》对包括课程在内的教学事务做了较为详尽的规划，参照西方国家和日本的做法，京师大学堂课程分为公共必修课和专业课，“溥通学者，凡学生皆当同习者也。专门学者，每人各占一门者也”[⑤]，公共必修课包括经学、理学、中外掌故学、诸子学、初级算学、初级格致学、初级政治学、初级地理学、文学、体操学 10 门，专业课分为英国语言文字学、法国语言文字学、俄国语言文字学、德国语言文字学和日本语言文字学 5 门。京师大学堂认为西方国家教

① 《礼记·中庸》。

② 胡剑波：《古代书院传统与现代大学本科生导师制——基于岳麓书院本科生导师制实践》，《大学教育科学》2019 年第 4 期，第 74~79 页。

③ 李木洲：《京师同文馆的课程与考试及其启示》，《湖北招生考试》2011 年第 24 期，第 49~52 页。

④ 军机大臣、总理衙门：《遵筹开办京师大学堂折（附章程清单）》，载舒新城编《近代中国教育史料》，中国人民大学出版社，2012，第 76 页。

⑤ 军机大臣、总理衙门：《遵筹开办京师大学堂折（附章程清单）》，载舒新城编《近代中国教育史料》，中国人民大学出版社，2012，第 76 页。

育成功的重要因素之一是重视教材建设，要求引进西方科学教材并加以编译供本校及其他高校使用。“西国学堂皆有一定功课书，由浅入深，条理秩然，有小学堂读本，有中学堂读本，按日程功，收效自易”，“今宜在上海等处开一编译局，取各种普通学尽人所当习者悉编为功课书”，“其言西学者，译西人学堂所用之书，加以润色，既勒为定本，除学堂学生每人给一分外，仍请旨颁行各省学堂”。[①] 京师大学堂赋予经学独立学科地位，并于 1910 年以专门分科的形式将其纳入现代教育体制，民国成立后，《大学令》《大学规程令》废止经学科，经学科各门被划归至文史哲学科，经学在现代学制中失去独立学科地位。[②] 蔡元培担任北京大学校长期间，对北京大学的教育理念、教学方法等进行了大刀阔斧的改革，优化了人才培养过程。一是率先采用选科制。各系各专业的课程分为必修课、指定选修课和任意选修课，学生根据自己的兴趣爱好选修课程，修满一定学时就可以毕业。选修课分为五组，分别为数学物理天文组、生物地质化学组、哲学心理学教育学组、中国文学英文学法文学德文学组、史学（政治经济法律）组，学生在某一组内选修 8~11 门课程，为进入具体系科进行专业学习做准备。[③] 二是重视理论与实践活动相结合。北京大学重视培养学生的社会实践能力，除课堂理论教学和实验教学外，几乎所有实际应用性的课程和学系都会有实践活动内容，另外，北京大学也重视把社会活动与教学实习相结合。[④] 三是减发讲义。鉴于教材不足，以往教师通常会把授课内容以讲义的形式发给学生学习备考，1917 年《评议会致本校全体教员公函》要求教师减发讲义，培养学生的自主学习能力。

---

① 军机大臣、总理衙门：《遵筹开办京师大学堂折（附章程清单）》，载舒新城编《近代中国教育史料》，中国人民大学出版社，2012，第 75 页。

② 王应宪：《旧学新制：京师大学堂经科大学史事考》，《史林》2018 年第 1 期，第 96~107、220 页。

③ 韩立云：《民国时期北京大学人才培养模式研究（1917—1937）》，博士学位论文，南京大学，2013，第 83~84 页。

④ 韩立云：《民国时期北京大学人才培养模式研究（1917—1937）》，博士学位论文，南京大学，2013，第 90~91 页。

中国共产党创办的高等教育机构也非常重视人才培养过程创新。湖南自修大学要求学友立志报国，“学生不但修学，还要有向上的意思，养成健全的人格，湔涤不良的习惯”，为革新社会做准备。湖南自修大学重视教育与生产劳动相结合，“学友为破除文弱之习惯，图脑力与体力之平均发展，并求知识与劳力两阶级之接近，应注意劳动，本大学为达劳动之目的，应有相当之设备，如园艺、印刷、铁工等”①。红军大学在学制上，坚持适合红军情况和战争环境的办校方针，以保证“内需”为原则，其学制通常为 4~6 个月，军医班为 1 年。在教学上红军大学采取一种特殊的教育与生产劳动相结合方式——“前方与后方结合”，派学员到前线随部队参战，有时前线指挥军官牺牲了，就由学员暂时代理职务，直至接替者到任后再返校继续学习。红军大学教学中坚持理论与实际并重、军事和政治并重，教学内容有党的建设、中国革命的基本问题、社会发展史、土地法、红军政治工作、步兵战斗条令、从班至团的基本战术、军事训练（射击、刺杀、班排连营的进攻与防御）等，“红军大学所学的，就是红军所做的”②。红军大学实行军事化的管理，要求学员参加扩军、查田、选举、春耕秋收、慰劳祝捷、募捐援助白区等活动，有时其学员还能旁听中央重要会议。③ 毛泽东在抗大第二期开学典礼上的讲话中指出，“抗大像一块磨刀石，把那些小资产阶级的意识——感情冲动、粗暴浮躁、没有耐心等等，磨它个精光，把自己变成一把雪亮的利刃，去创新社会，去打到日本帝国主义”④。在教育与生产劳动相结合方面，为摆脱日军和国民党对根据地的经济封锁、军事进攻等带来的物质短缺困境，抗大师生在毛泽东“自己动手，丰衣足食”的指示下开展大生产运动，坚持“一面学习，一面生产”，

---

① 《湖南自修大学组织大纲》，《新时代》1923 年 4 月 10 日。

② 盖青：《1921—1949：中国共产党创建和领导的高等教育研究》（上），广东教育出版社，2012，第 123 页。

③ 钟同福：《苏区红军大学的点点滴滴》，《人民政协报》2019 年 6 月 6 日，第 10 版。

④ 《1937 年 1 月 21 日 毛泽东在抗大开学典礼上的讲话》，http://cpc.people.com.cn/GB/64162/64165/76621/76643/index.html。

1939年抗大总校开荒2万亩。[①] 延安大学采取“自学为主、教授为辅”的教学方法，在自学基础上进行集体互助，提倡师生互相学习，倡导全体学生在学习上互助，还倡导质疑问难、热烈辩论，培养学生的独立思考与批判能力。[②] 延安大学在人才培养过程中实行“政治与技术并重”，“以学习有关专门工作的理论与实际的课程为主”，教学中贯彻理论与实际一致的原则，使学生不但获得专门技术和知识，也养成伟大品格，成为具有真才实学、为中国人民的革命事业奋斗的人才。[③]

中国人民大学创办初期在人才培养过程方面的创新之处有两个。一是建立教研室。教研室是大学的基本教学组织，每个教研室直接开展一门或有密切联系的数门课程的教学和研究工作。教研室由主任、副主任、苏联科学指导员、主讲教员、实习教员、研究生等共同组成，分别承担讲课、实习、辅导、科学研究等工作。二是政产学研一体化。教研室在教学工作和科学研究工作上，都要与有关的业务部门取得联系，经常调查各方面的实际工作情况，收集材料，充实教材。中央人民政府各有关部门指定专人与中国人民大学各教研室联系，参加指导教学工作，各部门负责人定期到校作有关的讲授或报告。各系、班学生在进行了一定时间的课程学习之后，都要分别到各有关业务部门进行一般生产实习和专业实习。哈尔滨工业大学重视理论联系实际，开创了教育与生产劳动相结合的新形式，即产学研一体化。为加强理论与实践练习，落实第一机械工业部指示，加强工厂与高等工业学校的联系，哈尔滨工业大学各专业与第一机械工业部所属工厂、研究所建立起固定的产学研联盟关系，实现教学与生产实践相结合、教学与科研相结合、科研与生产相结合。哈尔滨工业大学发挥其身处建有完整工业体系的东北工业基地区位优势，与齐齐哈尔第一机床厂、沈阳变压器厂、哈尔滨机联机械厂、长春汽车厂等工业企业建立稳定的产学

① 中国人民解放军国防大学:《中国人民抗日军事政治大学史》，国防大学出版社，2000，第90页。

② 陈元晖主编《老解放区教育简史》，教育科学出版社，1982，第89页。

③ 《延安大学史》编委会编《延安大学史》，人民出版社，2008，第59页。

研合作关系，取得了很好的成绩。[①]1954 年 9 月，全校有 28 个教研室 124 位教师、84 名研究生参加了 180 项研究工作，为工矿企业单位解决生产技术问题 400 多项，与相关企业签订科技联系合同 40 项，完成研究课题 17 项，接受委托实验 410 次。[②]1960 年 1 月，全国机械工业机械化、自动化黑龙江现场会议在哈尔滨召开，哈尔滨工业大学因在技术革新和技术革命运动中与 107 个工厂协作，完成 460 多个机械化、自动化项目，体现了教育科技为国民经济服务的方针，受到时任哈尔滨市委第一书记的任仲夷的赞扬，"厂校协作红旗飘，满城都说工大好"[③]。

江西共产主义劳动大学突破了"苏联教育模式"，也异于"旧教育模式"，被视为"教育实验而非教育改革"[④]。这所大学在一定的教育理论指导下，试图探索教育与生产劳动相结合的新途径，打造全国半工半读的样板校，周恩来在 1964 年指出"拟以江西共产主义劳动大学为样板，在全国进行试点"，刘少奇也要求全国其他地方去江西共产主义劳动大学"参观、学习、吸取经验，回来试办"。江西共产主义劳动大学实行半工半读的办学方式，具有与全日制高校不同的教学计划、教学大纲、课程体系等。教学计划依据生产季节和生产工序，教学任务与生产任务相结合，教学计划通常分为课堂教学、专业实习、一般劳动，采取"一条直线上升，一竿子到底"的方法排列。课程体系由基础课、专业课、政治课、劳动课 4 个模块组成，因地制宜采取"专业课面窄一些，专深一些，文化基础课为专业课服务"[⑤]，课程设置紧贴生产实际。1959~1965 年，教学与生产劳

① 李昌:《哈尔滨工业大学十年的回顾》,《哈尔滨工业大学学报》1959 年第 3 期，第 5~12 页。

② 哈尔滨工业大学校史编写室编《哈尔滨工业大学简史（1920 年—1985 年）》，哈尔滨工业大学出版社，1985，第 27 页。

③ 哈尔滨工业大学校史编写室编《哈尔滨工业大学简史（1920 年—1985 年）》，哈尔滨工业大学出版社，1985，第 32 页。

④ 熊明安、喻本伐主编《中国当代教育实验史》，山东教育出版社，2005，第 200 页。

⑤ 刘圣兰:《社会主义教育发展道路的艰辛探索——江西共产主义劳动大学研究》，江西人民出版社，2013，第 263 页。

动时间逐步合理构建，比如四年制专业实行“6、5、4、4、5、6、7、7”学习与劳动时间比例，即第一、二、三、四学年的教学时间分别为6个月、5个月、4个月和4个月，劳动时间分别为5个月、6个月、7个月和7个月。教学内容坚持少而精，立足生产实际，尽量满足不同生产工序和工种的需要，教材编写“改变旧教材螺旋式上升的办法，采取直线上升的方式排列，避免重复”①，比如新建分校开设的“作物病虫害防治”以一学年内农作物病虫害发生的时间顺序来编排内容。在教学方法上，实行课堂教学与现场教学，专业教学与专业生产、科学实验，校内教学与参加校外生产实习相结合，密切了教育与社会实践之间的关系。在教学评价上，突出专业技能的重要性，“着重考察学生的实际操作和运用理论知识解决实际问题的能力”②，评价内容涵盖政治表现、专业理论知识和操作能力、生产任务完成质量等，采取笔试、口试、实际操作等方式。比如，畜牧兽医系的学生要求达到“三个一的标准”:“一把刀”的阉割技能，“一把锄头”的识别挖找草药技能，“一根针”的防疫注射技能。

金陵职业大学在人才培养过程创新方面有两个做法。一是实行走读制。走读制打破学校的固有做法，金陵职业大学学生不仅需要自己负责医疗，还需要自己负责食宿。1983年秋季全校三个年级1910个学生，只有行政教辅后勤人员65个。学校不仅不需要投资建设宿舍，还大大节约了行政教辅后勤管理人员的人力成本。如果按2000个学生的规模计算，可以节约基建费用200多万元，助学金、医疗费60多万元。③ 二是高校与用人单位联合培养。金陵职业大学建立与用人单位联合培养的产学合作模式，用人单位不仅参与学校的专业设置，还参与学校的人才培养环节。金

① 江西教育出版社编《共产主义劳动大学》，转引自刘圣兰《社会主义教育发展道路的艰辛探索——江西共产主义劳动大学研究》，江西人民出版社，2013，第262页。

② 中共江西省委党史资料征集委员会、江西农业大学编《江西共产主义劳动大学的创立及其沿革》，转引自刘圣兰《社会主义教育发展道路的艰辛探索——江西共产主义劳动大学研究》，江西人民出版社，2013，第263页。

③ 朱刚:《在改革中加速发展短期职业大学》，《高教战线》1983年第8期，第13~15页。

陵职业大学的 22 个专业是与省、市司法、财政、卫生、城建、石化、无线电、机电等机关、企事业单位共同商量确定的各专业的人才培养方案、教学计划等也得到用人单位的指导，实现了“产销见面”“产销对路”，不少单位还提供生产实习岗位、设备、校外指导教师和经费资助。学校与用人单位建立了“学校优质服务，社会积极参与”的产学合作机制，20 多个专业指导委员会和专业董事会的 150 余名委员在提高人才培养与人才需求的匹配度上发挥了重要作用。① 深圳大学在人才培养过程方面有两个创新之处。一是以勤工俭学为教育与生产劳动相结合的新形式。为落实“每周都要有新的变化”的要求，深圳大学要求学生从小事做起，不求“总分”，但求单项第一，并选择以学生勤工俭学作为改革的突破口。从校长秘书到清洁工人，均由学生担任，衍生出一系列的学生企业，学生银行负责教师工资发放、基建贷款等，学生邮电所负责学校报考资料收发。勤工俭学开始时仅仅作为思政工作的抓手，但客观上开辟了创业教育先河，创造出了一种教育与生产劳动相结合的新形式。勤工俭学的重要意义在于帮助学生树立起“按劳取酬”的劳动价值观念和自强不息的思想观念，并明确大学生“自立、自律、自强”的精神，重塑了大学生的形象。与此同时，勤工俭学也饱受“以商代学”“引导学生向钱看”“不搞义务劳动”“放弃社会主义原则”等的质疑。后来，“自立、自律、自强”也被认为脱离了“四有”新人培养大方向，部分学生出现自我设计、放任自由等个人主义倾向。② 二是学分制、主辅修制跨学科培养人才。建校伊始，深圳大学将课程分为必修课，上限为总学分的 75%，限制性选修课和任选课，下限为总学分的 25%，学生修满 450~480 个学分并完成 3 次生产实习和毕业论文就可以毕业，获得本科毕业证和学士学位证。③ 实行学分制有利于改革教学，

① 闵光太：《紧贴经济 深化改革 发展高职——为金陵职业大学 20 周年校庆而作》，《金陵职业大学学报》2000 年第 3 期，第 1~5 页。

② 林祖基：《关于进一步办好深圳大学的几个问题》，《特区实践与理论》1993 年第 3 期，第 9~12 页。

③ 李天庆、陈小波：《立志改革 锐意创新——深圳大学的办学道路》，《高教探索》1985 年第 2 期，第 11~16、32 页。

减少课堂教学时数。根据特区对外开放需要，增设特区经济、特区法、国际商法等相关课程内容。学校还实行主辅修制，学生在原专业基础上，需要选修另一个专业，并鼓励学生跨系选课和选辅修专业，以培养跨学科人才。从这个意义上来说，深圳大学从建校开始就是一个跨学科人才培养组织。在延续“以俄为师”细分专业的大环境中，深圳大学的主辅修制，显得独树一帜。

中国科学技术大学建校时就十分重视培养学生宽厚扎实的理论基础、熟练的实验技能和创新意识，要求学生在 5 年内完成 7 年学业，教学上选用最深、最难的基础课教材，专业课教材一律新编，吸收最新的科技成果。① 中国科学技术大学还在国内大学率先将外语列入全校基础课，数、理、化、外、电、图从此成为中国科学技术大学学子的理论基石。建校以来，中国科学技术大学遵循“重、紧、深”的教学原则，不仅课程多、任务重，而且学时少，本科毕业差不多要到研究生毕业的水准。中国科学技术大学少年班学院实行“入学不分专业，2 年以后再自选专业”的宽口径理科通才培养模式。学生入学后，前 2 年不分专业，主要学习数学、物理、外语和计算机技术等公共基础课，每周学习时间约为 32 个学时；在第 3、4 年开始进入专业学习阶段，学生可以任选自己喜欢的专业，实现学生 100% 自由选择专业和自由转换专业。进入高年级，根据因材施教理念，由院士等担任学生的学习指导老师，所有学生在导师指导下结合自己的兴趣特长，制订个性化学习计划，进行个性化专业学习。学校给少年班配备最好的师资，请院士、资深教授等顶级专家担任基础课程和专业课程的教师。教学管理制度上全面实行学分制，学生可以在全校范围内选修课程。2016 年设立交叉学科英才班，培养年限 4~5 年，采用弹性学制，根据交叉复合型人才培养需求确定需要修读的课程及修读顺序。交叉学科英才班面向少年班学院 3 年级学生，设置一定的选拔条件，学生自愿报名，学

---

① 中国科学技术大学:《中国科学技术大学的诞生与快速发展》，http://lswhw.ustc.edu.cn/index.php/index/info/42。

院统一面试，最终选出 15 位左右的学生接受交叉学科个性化培养。目前，中国科学技术大学少年班学院已形成了基础“宽、厚、实”和专业“精、新、活”的“两段式、宽口径、个性化”的人才培养模式。

宁波诺丁汉大学引进英国诺丁汉大学的课程设置体系和学术评价标准，毕业后由英国诺丁汉大学授予相应学位证书。该学校不仅引进英国原版教材、实行全英文授课，共享英国诺丁汉大学的教学资源，还引进英国诺丁汉大学学术评价标准，实施一致的教学评估。英国诺丁汉大学的质量评估团定期对宁波诺丁汉大学进行评估，并要求学校根据评估报告改进教学，该校是目前唯一一所获得英国高等教育质量保障署（QAA）认可的中国高校。为此，宁波诺丁汉大学将英国诺丁汉大学本科学习年限由 3 年延长至 4 年，采用英国诺丁汉大学英语语言教学研究中心开发的专门针对非英语国家的教材，确保第一年通过语言关。在师资队伍上，宁波诺丁汉大学的教师全部由英国诺丁汉大学从全球招聘。在校学习期间，全体学生均有到全球各国短期互访和交换式留学的机会。学校实行导师制，所有学生按照学科专业分成小班，每个小班由 1~2 名教师担任导师，全面负责学生的学习指导。

西湖大学在人才培养过程方面的创新之处表现在以下几个方面。第一，以博士生培养为起点。西湖大学定位为“一所以研究生培养为主、小而精的研究型大学”[①]，这一点跟南方科技大学很不相同。创办伊始，西湖大学与复旦大学、浙江大学联合培养博士研究生，采取“申请—考核”制的招生方式，申请者不受现有学位、毕业年限和年龄的限制，本科及以上应往届的人员均可提出申请，经过材料初审、面试选拔、双向选择后即可被录取。2017 年，西湖大学正式录取 19 名博士研究生，被称为“西湖一期”，2018~2020 年学校分别录取博士研究生 120 名、195 名和 274 名，2021 年在读博士生规模超 1000 名。2021 年学校开始招收本科生。

① 《教育部关于同意设立西湖大学的函》，http://www.moe.gov.cn/srcsite/A03/s181/ 201804/t20180402_332130.html。

到2026年，全日制在校生有望达学校规划目标5000名左右，其中研究生3000名、本科生2000名。西湖大学创造了中国高校从博士生培养再到本科生培养的先例。第二，西湖大学实行多学科交叉的寓教于研的人才培养方式。西湖大学聚焦基础前沿科学研究，致力尖端科技突破，注重学科交叉融合，培养跨学科人才。招生制度注重生源的学术研究兴趣、科研能力和潜力，培养过程中借助独立实验室制度锤炼与提升学生的科学研究能力，培养学生的创新意识、创新能力和专业能力。西湖大学聘任世界一流科学家，用一流科学研究支撑拔尖创新人才的培养。由施一公担任实验室主任的浙江省结构生物学研究重点实验室，以冷冻电子显微学为核心（包括单颗粒冷冻电子显微镜三维重构、冷冻电子显微镜断层成像、冷冻电子显微镜交叉学科发展三个研究方向），以X–射线晶体学、化学生物学、蛋白质设计、分子动力模拟等相关学科为助力，充分发挥各前沿学科的优势，探索出一套高效的多学科人才合作研究新机制。浙江省3D微纳加工和表征研究重点实验室结合微电子集成技术和微纳加工的未来发展方向，在利用现有平面加工工艺研制微纳结构和器件的同时，重点研究和开发3D微纳加工与表征技术，并通过这些技术在相关学科研究应用中探索学科交叉领域，开拓新的应用和研究方向。浙江省生长调控和转化研究重点实验室围绕“生物尺寸功能、调控和疾病”，依托前期器官生长调控工作基础，用遗传学、细胞生物学、生物化学物理方法并结合人工智能、临床医学、神经心理学、药物化学等交叉学科方法，进行基础理论研究和转化应用研究。浙江省功能分子精准合成重点实验室旨在通过合成方法学和合成策略创新发展，实现生物活性功能分子库的建立和新型功能分子材料的合成，为生物医药等功能分子的开发提供源头创新，从而成为功能分子精准合成研究领域的科技创新、人才培养和学术交流的世界一流基地。

茅台学院在人才培养过程创新方面主要表现为构建基于工作过程的理论与实践一体化的专业课程体系。白酒酿造工程是茅台学院的特设专业，围绕酿酒产业链的人才需要和技术标准，培养具有白酒酿造、白酒品评、酒体设计、产品质量控制、生产管理与组织、技术创新与研发等能力的高素质应用型人才，要求毕业生能在白酒制曲及制酒生产线从事技术管理工作，能品评不同香型白酒并能指导白酒酒体设计，能从事白酒盘勾及精心勾兑，能在白酒分析检测及质量安全控制环节从事技术管理，等等。白酒酿造工程专业对接白酒产业，课堂内容对接岗位需求，教学过程对接生产过程，依据制酒、制曲、品评、勾兑、检验岗位的典型工作任务确定课程知识、能力、素质学习目标，重构基于工作过程的理论与实践一体化的专业课程。课程体系内含通识基础教育、专业理论、专业技能训练、创新技术教育。具体而言，学校设学科平台课程 10 门，分别是无机及分析化学、有机化学、综合化学实验、生物化学、生物化学实验、机械原理及制图、发酵工程原理、微生物学、微生物学实验、生物学；专业主干课程 7 门，分别是白酒工艺学、白酒风味学、白酒生产管理、酿酒机械与设备、白酒工厂设计、白酒品评与勾兑、酒类分析检验；专业选修课 15 门及白酒工艺方向选修课程组、质量安全方向选修课程组。葡萄与葡萄酒工程专业围绕葡萄与葡萄酒产业链栽培、生产、品鉴、管理、流通、贸易人才需要和技术标准，培养系统掌握葡萄与葡萄酒生产领域基本理论和专业技能，具有葡萄栽培、葡萄酒酿造、技术开发、生产管理、质量控制等能力的高素质应用型人才。该专业设有葡萄酒工艺学、葡萄酒品尝学、葡萄酒市场学、葡萄酒分析与检测、葡萄酒化学、葡萄栽培学、葡萄品种学、葡萄酒工程学等课程。

黑龙江大学创业教育学院在人才培养过程创新方面有三个做法。第一，在素质教育中推进创业教育的人才培养理念。创业教育是一种全新的教育理念，带来全局性的教育变革。时任黑龙江大学校长的衣俊卿受邀参加了 2002 年教育部高等教育司举办的创业教育座谈会，并针对学校人才培养方案及“一体两翼”创新人才培养实践作了典型发言。衣俊卿认为创业能力同素质教育所提倡的创新教育和创造教育是一体化的，创新能力和创造能力是创业能力的内在本质和支撑，创业能力是创新能力和创造能力的具体体现和实践，创业能力、创新能力、创造能力有机结合为一体才是真正的素质教育。[①] 曾任黑龙江大学副校长的丁立群和创业教育学院院长的吴金秋认为，创业教育的基本目标是培养学生的创业素质，具有社会发展功能、教育发展功能和人的发展功能，创业素质是以人的先天禀赋为基础，在环境和教育的影响下形成和发展起来，在创业实践活动中表现出来并相对稳定地发挥作用的身心组织要素的总称。[②] 黑龙江大学坚持在完善素质教育的过程中推进创业教育，把创业教育作为素质教育的"具体化"，为高校开展素质教育开辟出一条新的可能路径。黑龙江大学创业教育学院以"创业教育是素质教育的具体化和深化"为理念，坚持"以创新意识培养为目的，面向全体、基于专业、分类培养、强化实践"的创业教育方针，确立了"融入式"创业教育模式，在全国率先建设了具有大学生创新创业综合实验室性质的学生科技文化创业园，推进了创业教育与专业教育的融合，促进了本科人才培养模式的创新。[③] 第二，建立"三创"课程群。黑龙江大学"三创"课程群分为创业教育模块、就业教育模块、证书教育模块，其中创业教育模块包括 27 门选修课程、250 门辅修专业课程以及 10 门技能培训类课程，就业教育模块包括 7 门国际认证课程、考研培训课程和第二学位建设课程，证书教育模块包括 7 门职业资格证书课程、2 门行业资格证书课程和水平证书课程。选修课程以"创造、创新、创业"为主线，结合创业管理实践，为学生提供创业方面的全方位知识。辅修专业课程力求服务跨学科应用型人才培养，服务第二学位教育。认证类课程引进社会优质教育资源，对学生进行全面的开放性培训和考试。职业资格和行业资格培训课程对学生进行岗位技能、能力培训，促进学校教育与就业岗位衔接。创业技能培训课程主要是劳动和社会保障部（现人力资源和社会保障部）通过国际劳工组织引进的"创办你的企业"培训课程。"三创"

① 衣俊卿:《对高等学校开展创业教育的理性思考》,《中国高等教育》2002 年第 10 期，第 12~14 页。

② 丁立群、吴金秋:《创业教育的目标与功能》,《中国高等教育》2004 年第 22 期，第 14~15 页。

③ 黑龙江大学创业教育学院:《学院概况》，http://cyjy.hlju.edu.cn/xygk/xygk.htm。

课程群以学分制为基础，打破专业壁垒，着眼于培养“专业 + 特色”的个性化人才。创业教育的核心是个性教育，其人才培养的主要特征体现为个性、创新性和开放性。[①] 第三，创办创业园区。黑龙江大学依托产业与资产管理处、团委、学工部分别建立科技开发园区、信息技术园区和商业服务园区。科技开发园区依托软件园，不仅为学生提供创业实践的锻炼空间，也解决了部分贫困生的经济拮据问题。另外，黑龙江大学与省内民营企业协会合作实施“大学生实践企业合作计划”，聘请企业家为创业导师，同时推荐校内教师进驻企业帮助企业解决生产实践中的技术问题，这种校企合作方式为创业教育实践提供了有效途径。[②]

（五）治理架构与运行方式创新

人才培养组织治理结构、治理能力与人才培养质量之间有密切的关系。通常来说，治理结构越完善、治理能力越强，人才培养质量就越高。人才培养活动中，教师和学生是教学活动的重要主体，教师提供教学服务需要充分行使其在人才培养方面的专业权利，积极参与人才培养方面的政策制定、执行和监督；学校要充分保障学生在教育教学活动中的治理权利，培养他们的民主参与意识、参与精神，调动他们的学习积极性和主观能动性。在人才培养组织外部治理上，政府赋予、确认人才培养组织的自主权是人才培养组织拥有学科专业课程设置权的前提，社会参与人才培养组织治理既可以为人才培养组织提供经费等资源保障，也可以为其人才培养方向、质量保障情况把脉。在人才培养组织内部治理上，行政权力与学术权力的协调运行，也是人才培养质量的有力保障。朱清时多次强调培养创新创业型人才的根本在于“去行政化”，他担任南方科技大学校长时也积极践行这一观点。

---

① 教育部高等教育司组编《创业教育在中国：试点与实践》，高等教育出版社，2006，第103页。

② 王占仁:《中国创新创业教育史》，社会科学文献出版社，2016，第98页。

高等教育人文阶段，尽管太学、书院办学规模不大，但也逐步建立起治理架构。太学由中央政府举办，属于官立高校，接受政府的严密管控，政府委派掌管礼乐的太常负责选拔太学的博士和博士弟子，主管国家财政的大司农负责太学的经费保障，将作大匠负责太学的校舍修建、修缮等后勤保障工作。[①] 同时，政府直接管理太学内部具体事务，比如博士选拔条件、待遇，太学生的招生标准、课业考试内容与方式、请假制度等。[②] 两宋时期，书院基本形成了制度完备、结构合理、管理有序的治理架构。特别是南宋，书院发展进入制度化发展阶段，主要表现为以下几个方面：一是建立以山长负责制和堂长负责制为代表的治理架构[③]；二是在师资管理方面，主要采取山长选聘师资的方式，以保证学术水准；三是明确学生招录及招生要求；四是在教学管理方面，规定教师的授课方式、学生学习方式和考试方式；五是完善经费筹措与使用标准，保障书院正常运行。[④] 除此之外，朱熹制定的《白鹿洞书院揭示》，规定了书院的办学目的，阐明了教育教学的过程，提出了修身、处事、接物的要求，不仅在白鹿洞书院得到严格执行，并成为全国性的书院院规。岳麓书院、潭州州学、湘西书院，即“潭州三学”，实行类似联合办学制度，潭州州学学生成绩积分达到一定标准后可以升入湘西书院学习，湘西书院学业成绩好的学生又可以升入岳麓书院继续深造学习。岳麓书院采用山长负责制，山长下设副山长、堂长、讲书执事、讲书、学录、司录等岗位。到了清代，政府加强对岳麓书院的管控，1763 年，山长下设董理书院教官掌管书院行政权，山长

---

① 高慧斌：《汉代太学管理体制管窥》，《河南教育学院学报》（哲学社会科学版）2006 年第 5 期，第 56~60 页。

② 另一种说法是太学自建校以来实行博士治校，师生自我管理，这个传统发展成为后来的教授治校。参见涂又光《中国高等教育史论》（第三版），华中科技大学出版社，2018，第 88 页。

③ 书院治理架构有山长负责制、堂长负责制、会长负责制、离长负责制、学长负责制、监院负责制等类型，山长负责制是历代书院最为普遍的治理体系。参见邓洪波《中国书院管理体制的形成与演变》，《大学教育科学》2003 年第 4 期，第 90~93 页。

④ 邓洪波：《中国书院管理体制的形成与演变》，《大学教育科学》2003 年第 4 期，第 90~93 页。

负责教学管理。1868 年，岳麓书院建立一套官民共治的治理架构，设院长 1 人，下设政府代表监院（之前的董理书院教官）行使监督权，民间绅士代表首士负责管理经费，同时设学长、教习、斋长等，构成一个较为有效的治理结构。[①]

高等教育进入科学阶段，人才培养组织的治理架构朝着现代大学制度方向发展。京师同文馆作为总理衙门的附属机构，总理衙门负责制定京师同文馆的大政方针，内部成立一支管理团队。京师同文馆的治理架构不仅管理层次结构分明，各职能部门职责分工也明确。京师同文馆治理架构的一个重要特点是管理决策层形式上的外在性和实质上的内部性的统一，纵向上，京师同文馆分为管理决策层、管理执行层和教学层等，横向上，设各外文馆、各科学馆以及各教辅机构等，全校设总管大臣、专管大巨、监察官、提调、总教习、教习、帮提调、助教、副教习翻译官和幕修官等。[②]京师同文馆还制定《京师同文馆馆规》，规定学生学习要求、授课语言、考试规定、八年制课程体系等。京师大学堂既是中央政府举办的最高学府，也一度是最高教育行政机关，先后制定 3 个版本的章程，即《奏拟京师大学堂章程》（1898 年）、《钦定京师大学堂章程》（1902 年）和《奏定京师大学堂章程》（1904 年），章程版本频繁更替，这既反映了清政府变法图强的时代特征，也体现出政府内部各种势力围绕京师大学堂进行的利益交锋、博弈。[③]《奏拟京师大学堂章程》设总纲、学堂功课例、学生入学例、学成出身例、聘用教习例、设官例、经费、新章共 8 章，对京师大学堂的办学理念、专业课程设置、招生入学与毕业、教师聘用等进行了详细规定。京师大学堂内部设管学大臣、总教习各 1 人，分教习 24 人辅助总教习，另设总办 1 人、提调 8 人、供事 16 人以及图书仪器设备管理人员

① 湖南大学校史编委会编《湖南大学校史》，湖南大学出版社，2003，第 30 页。

② 陈向阳：《京师同文馆组织结构探析》，《华东师范大学学报》（教育科学版）2005 年第 2 期，第 77~95 页。

③ 周详：《〈京师大学堂章程〉与清末教育制度的变迁》，《中国人民大学教育学刊》2013 年第 4 期，第 163~177 页。

若干。[①] 民国时期，北京大学先后制定2部章程，即《国立北京大学现行章程》(1920年)和《国立北京大学组织大纲》(1932年)，构建北京大学的治理架构。《国立北京大学现行章程》由蔡元培主持起草，围绕“教授治校”这一核心理念构建治理体系。根据《国立北京大学现行章程》，北京大学设评议会、行政会议、教务会议、总务处、学系、学门教授会等。评议会是最高权力机构，有行政委员会委任、学系的设立与废更等重大事务的决策权，由经选举产生的教授代表构成；行政会议是最高行政机构，校长为当然议长，总务长与教务长为当然会员，各行政委员会委员长也均由教授推选；教务会议是教学管理机构，协助校长领导全校的教学工作，教务长由教授推选；总务处负责管理全校庶务，总务长与各总务委员也均由教授担任。[②]

中国共产党创办的高等教育机构同样重视治理体系创新。《湖南自修大学组织大纲》规定学校采取董事会领导下的学友民主自治，船山学社社员选举15名校董组成校董会总持大学大纲，必要时可以增加校董并设名誉校董；校董会选举校长(驻校校董)和聘请学长、会计等办事员，校长负责大学事务之大纲，学长负责指导学友自修和考察学友的成绩，必要时添聘专科指导员协助学长工作；专设通信员，负责大学与国内外大学、专门学校、学术团体的联络以及收集学术情报。[③] 校长、学长、办事员均由学友兼任，驻校校董、学长、办事员与学友共同订定“自治规约”。土地革命时期，根据《改组军事学校办法》的规定，红军大学设校长、政委、训练部、政治部、校务部等管理机构。延安时期，干部学校基本形成了“党的领导，校长负责制，学者治校和民主管理”治理机构框架。[④]《中

① 军机大臣、总理衙门:《遵筹开办京师大学堂折(附章程清单)》，载舒新城编《近代中国教育史料》，中国人民大学出版社，2012，第79页。

② 刘强:《民国初期国立北京大学内部治理结构研究——基于〈国立北京大学现行章程〉与〈国立北京大学组织大纲〉的分析》，《教育与考试》2015年第3期，第74~79页。

③ 《湖南自修大学组织大纲》，《新时代》1923年4月10日。

④ 郝瑜、周光礼、罗云、曾鹿平:《高等教育的“延安模式”及其当代价值》，《高等教育研究》2017年第11期，第79~85页。

共中央关于延安干部学校的决定》规定："为加强各校的具体领导及使各校教育与中央各实际工作部门联系起来，决定中央研究院直属中央宣传部，中央党校直属中央党校管理委员会，军事学院直属军委参谋部，延大、鲁艺、自然科学院直属中央文委。各主管机关，应把自己直属学校的工作，当作该机关业务的重要组成部分。中央宣传部对各校课程、教员、教材及经费，应协同各主管机关进行统一的计划、检查与督促。"[①] 学校内部实行党组织[②] 与行政组织平行运行，二者互不统属，党组织的核心任务是保障完成学校教育计划，发展党员及对党员进行管理教育，对干部、教员、学员进行政治审查；校长是学校的最高行政首长，由中共中央政治局任命或边区政府任命，校长通常由知名学者担任，下设校务委员会，由校长、副校长、职能部门和院系负责人、师生代表组成；建立全体教职工会议制度，每年召开全体会议，对学校进行民主管理。中国人民抗日军事政治大学实行校委会（教育委员会）领导下的校首长制，直属中央，校内最高决策机构是校委会，校长、副校长为最高执行机构，并设教育长和秘书长，教育长在校首长领导下负责政治部、训练部、校务部，政治部、训练部、校务部又分别设政治部会议、教育会议和行政会议负责具体事务。延安大学的治理架构具有现代大学制度的某些特征，在外部治理上，延安大学实行上级党组织领导下的校长负责制，《中共中央关于延安干部学校的决定》规定延安大学"直属中央文委"[③]，在内部治理上，实行校长负责制的校院系三级管理，并创建民主管理的"会议制度"和"报告制度"，校长、院长和系主任等人一般为专家学者或知名人士，另外发挥党组织的监督保证作用，保障大学自主管理和学术自由活动[④]。

---

① 中央档案馆编《中共中央文件选集》（第十三册），中共中央党校出版社，1991，第258~259页。

② 1948年以前，学校党组织和党员身份均不公开，学校也不设立专职党务工作岗位。

③ 中央档案馆编《中共中央文件选集》（第十三册），中共中央党校出版，1991，第258~259页。

④ 栗洪武、李妍、王青：《延安时期现代大学制度的形成及其特征——以延安大学三次建制调整为个案的研究》，《高等教育研究》2018年第3期，第74~79页。

中国人民大学的前身陕北公学实行党团领导下的校长负责制，陕北公学党团受中共中央宣传部和组织部领导，是学校最高决策机构，讨论并决定学校的重大问题。① 中国人民大学是新中国成立后创办的一所新型高校，其在治理架构上的创新之处表现在其建立了党组领导下的校长负责制。1950 年 6 月第一次全国高等教育会议通过的《高等学校暂行规程》规定，当时的大学及专门学院采用校（院）长负责制。1950 年 2 月 19 日，中共中央人民政府党委会转报中共中央组织部批准，中共中国人民大学委员会由阎子元、丁禹畴、马诚斋、李逸三、李新、尹达、张树楠、刘一心、秦乘刚、史梦兰、陈传刚 11 人组成，并指定阎子元、丁禹畴分别担任书记和副书记。②1950 年 3 月 14 日，学校党委会决定成立党委保卫委员会和组织纪律检查委员会，经团中央批准，共青团中国人民大学委员会也于当日成立，受中共中央人民政府团委领导。1950 年 11 月 12 日，经党中央批准，成立中国人民大学党组，受中共中央人民政府政务院文化教育委员会党组领导，党组成员有吴玉章、胡锡奎、成仿吾、李培之、阎子元 5 人，胡锡奎担任书记；中国人民大学工会也成立党组，何戊双担任党组书记。③1950 年 9 月，中国人民大学成立校务委员会，1950~1951 学年校务委员会由校长吴玉章等 53 人组成。此外，中国人民大学还设有教务部、研究部、行政事务部、人事处以及 8 个系 41 个教研室。《高等学校暂行规程》规定教学研究指导组（教研组 / 室）是教学基本组织，由一种课目或性质相近的几种课目的全体教师组成，教研组 / 室的主要职责是制定教学大纲与教学计划，组织教师的教学和研究工作，组织学生的自学、实验及实习。在党组领导下的校长负责制中，党组讨论决定学校工作中的一切重大问题，校

---

① 刘颖：《建国初期中共新建高校的特点及其影响——以中国人民大学为中心的考察》，《党史研究与教学》2012 年第 1 期，第 40~44 页。

② 中国人民大学校史研究丛书编委会编《中国人民大学纪事（1937—2007）》（上卷），中国人民大学出版社，2007，第 97 页。

③ 中国人民大学校史研究丛书编委会编《中国人民大学纪事（1937—2007）》（上卷），中国人民大学出版社，2007，第 104 页。

务委员会执行党组决议。1956年，我国高校开始实行党委领导下的校务委员会负责制，1958年中共中央、国务院《关于教育工作的指示》正式肯定校务委员会负责制。党组领导下的校务委员会负责制有利于中国人民大学人才培养目标的实现，教研室/组有利于保证日常教学、科研的正常有序开展，也有利于师资培养和管理。

中国科学院对中国科学技术大学实行"全院办校，所系结合"的办校方针，促进教学与科研一体化建设。"全院办校，所系结合"改变了教育体制和科研体制相互割裂的状况，促进了教学与科研的一体化建设，开创了我国教育史上的一个先例。中国科学技术大学建校初期，中国科学院每年到中国科学技术大学授课的科研人员达300人次，严济慈、华罗庚、钱学森、吴有训等一批国内最具声望的科学家登台授课，及时把最新科技成就和科研前沿课题展示给学生。中国科学院的科学家还承担了专业设置、教学计划、教学大纲制定以及讲义编写等一系列工作，极大地丰富了教学内容，保证了高起点、高水平的教学。中国科学技术大学坚持教学与科研相结合、教学与实验相结合、理论与实践相结合、科学与技术相结合。每年6月至9月，结合专业学习内容，学校组织学生直接参加中国科学院相关研究所的科研工作，不仅有利于学生直接学习知识，培养学生的科研兴趣，还有利于研究所更有效地完成科研任务。

江西共产主义劳动大学采取总校加分校的分级办学体制，早期总校直接接受江西省委、省人委的领导，分校受所在地党委和总校的双重领导，1978年7月江西省革委会发布《关于高等学校领导管理体制的暂行规定》明确总校在江西省委、省革委会的统一领导下由江西省农业局具体领导管理。初期该校只设本科层次的农业、林业、畜牧业、农业经济、农业机械、兽医等科系，其中林业学制为5年，其余学制为4年；到1963年形成总校以专科教育为主，兼办本科教育和中专教育，省属分校以中专教育为主，县属分校以初等技术教育为主的办学模式；到1965年发展为包括初等技术教育、中专教育、专科教育、本科教育、研究生教育在内的5个层次的办学结构。1961年该校有112所分校，1963年有49

所分校[①]，到1979年底总校学生有1469人,106所分校共有24000余人。[②]

高等教育人文·科学阶段，无论是学校层面还是院系层面，人才培养组织的治理架构都得到发展。深圳大学创办初期实行“党委治党，校长治校，教授治学”的领导体制。学校党委只设一个办公室作为日常工作机构，从党委书记、副书记到党总支和支部，所有干部均有其他行政或教学科研职务，党的干部不占编制，在“党员就是要辛苦一些”的指导思想下，实行党委工作干部兼职化、义务化和业余化。[③]校长处于学校权力的中心，聘任系主任和处长，系主任和处长再聘任教师和干部，实行层层行政领导负责制，校务委员会、教学改革委员会、财经委员会、考试委员会等机构为校长提供咨询服务和并有监督职责。全校教授、副教授组成教授委员会，负责全校学术活动的开展、职称评定、咨询教学科研决策等。这一做法在后来遭到批判，林祖基认为其“削弱和淡化了党在学校中的领导”[④]。

南方科技大学积极探索中国特色现代大学制度。深圳市“突破”《高等教育法》规定，以地方立法方式颁布《南方科技大学管理暂行办法》，“遵循理事会治理、教授治学、学术自治原则”[⑤]，实行党委领导下的校长负责制。理事会是学校最高决策机构，由政府代表、南方科技大学校长及管理团队、教职工代表和社会知名人士等组成，理事长由深圳市市长或市长委任的人员担任，理事由市政府聘任。《南方科技大学管理暂行办法》第十六条规定，理事会的职责有八项：聘任或解聘校长，根据校长提议聘任或解聘副校长，审定学校章程或章程修改草案，审定学校的财务预算和

① 另一种说法是1963年有46所分校。

② 刘圣兰:《社会主义教育发展道路的艰辛探索——江西共产主义劳动大学研究》，江西人民出版社，2013，第115~133页。

③ 杨洪杰:《新观念、新探索、新模式——深圳大学改革实践的考察报告》,《辽宁高等教育研究》1988年第4期，第97~103页。

④ 林祖基:《关于进一步办好深圳大学的几个问题》,《特区实践与理论》1993年第3期，第9~12页。

⑤ 南方科技大学:《治理架构》，https://www.sustech.edu.cn/zh/university-governance.html。

决算报告，审议批准学校中长期发展规划、年度工作计划、年度工作报告，审议批准学校人员总额以及人力资源管理等重要制度，审议批准学术单位和行政单位的设立、变更或撤销，审议批准关系学校发展的其他重大事项。[①] 党委会把握学校发展方向，决定校内重大问题，监督对党、国家、政府和理事会做出的重大决策决议的执行，支持校长依法独立负责地行使职权，保证完成以人才培养为中心的各项任务。[②] 学科管理架构方面，首任校长朱清时表示学校拟采用"学部—研究所—教员"制，大力推动"去行政化"改革，学部是教学统筹协调单位和学位管理单位，研究所以跨学科的形式进行设计，是科研和教师管理单位，不设正式院系。比如，创建初期，学校设理学部和工学部，理学部下设数学和系统科学、生命科学、物质科学、应用心理学等学科。[③] 目前，南方科技大学已经正式成立 8 个二级学院，分别为理学院、工学院、医学院、商学院、人文社会科学学院、创新创业学院、创新创意设计学院、生命科学学院。

宁波诺丁汉大学作为中外合作办学的典范，其管理体制明显区别于其他大学，体现了世界惯例和中国特色的融合。一方面，学校实行理事会领导下的校长责任制，理事会是学校的最高决策机构，负责学校发展规划、办学资金和经费预算、后勤保障等。管理委员会是商讨、决策各项日常管理工作的行政领导机构，负责教学活动管理和教师管理等，管理委员会由规划与资源配置委员会、教学委员会、学生体验委员会、科研与知识转移委员会、人才委员会、风险控制与安全委员会、环境可持续发展委员会以及公平、多元与包容委员会组成。《中外合作办学条例》没有明确规定中外合作办学机构必须成立党委会，但规定"中外合作办学必须遵守中国法律"，自然包括遵守我国的《高等教育法》。另一方面，宁波诺丁汉大学依据我国《高等教育法》规定，成立党委会，负责党建和思政等工作，发

---

① 深圳市人民政府：《南方科技大学管理暂行办法》，http://www.sz.gov.cn/zwgk/zfxxgk/zfwj/szfl/content/post_6577621.html。

② 南方科技大学：《治理架构》，https://www.sustech.edu.cn/zh/university-governance.html。

③ 朱清时：《南方科技大学培养创新人才的教改试验》，《北京教育（德育）》2011 年第 1 期，第 6~8 页。

挥政治引领和“压舱石”作用，保证社会主义办学方向。学校成立初期，浙江省万里教育集团董事长兼任理事会理事长，英国诺丁汉大学校长兼任校长并派遣一名执行副校长，宁波市教育局局长兼任校党委书记。本书课题组曾计划研读《宁波诺丁汉大学章程》，但通过多条途径均未能如愿，学校解释说根据现在的办学实际，申办时的章程需要修改，但至今还没完成修改任务，没有达到教育部规定的所有高校到2015年底“一校一章程”的要求。从中可以推断，中外合作办学的高校章程制定、修改不是一件容易的事情。另通过非正式访谈得知，目前中外合作办学的高校，理事长与党委书记的关系比较难把握，有的学校是有理事长兼党委书记，有的学校则是不同的人分别担任理事长和党委书记。

西湖大学是一所为解答“钱学森之问”而创办的大学，与南方科技大学由政府直接投资兴办不同的是，西湖大学由杭州市西湖教育基金会举办，是“一所社会力量举办、国家重点支持的新型高等学校”①，前身为浙江西湖高等研究院。2015年3月11日，施一公、陈十一、潘建伟、饶毅、钱颖一、张辉、王坚7人向国家领导人提交《关于试点创建新型民办研究性的大学的建议》并获得支持。他们的建议也得到杭州市政府的积极响应，2015年6月25日，双方签订《筹建西湖大学（筹）战略合作框架协议》，7月21日杭州市西湖教育基金会注册成立，作为西湖大学举办方和捐赠基金筹资主体。2015年12月浙江西湖高等研究院注册成立，作为西湖大学筹建依托主体和前身，2016年12月10日浙江西湖高等研究院举行成立大会，2017年9月2日“西湖一期”19位博士研究生正式入学。西湖大学实行董事会领导下的校长负责制，秉承“教授治学，行政理校，学术导向决定行政服务”② 的治校方针，董事会为学校最高决策机构，同时设立监事会、顾问委员会、校务委员会和学术委员会等，形成董事会和校长依法行使职权、教师治学、民主管理、社会参与的大学治理体系。依规设

---

① 西湖大学:《目标愿景》，https://www.westlake.edu.cn/about/westlakefacts/。

② 西湖大学:《校长寄语》，https://www.westlake.edu.cn/about/message_from_president/ 202006/t20200604_3306.shtml。

立中共西湖大学委员会，充分发挥政治核心和思想引领作用，把握社会主义办学方向，参与学校重大事项的决策管理。[①] 董事会作为西湖大学的最高决策机构，对学校重大事项进行研究、讨论和审批。监事会负责检查学校财务、人事、教学等办学管理工作，监督、纠正违反法律法规、损害学校利益的行为。顾问委员会是西湖大学战略发展和重大决策的咨询机构。校务委员会是学校内部最高行政执行机构，负责执行董事会各项决策决定、研究决定学校各项重要事务。学术委员会是学校的最高学术机构，负责学术事务的决策、审议、评定和咨询等事项。

2002 年 5 月，黑龙江大学成立虚体形式的创业教育学院，2002 年底成立正处级建制实体形式的创业教育学院，在此基础上又于 2005 年挂牌成立创业教育中心，分别负责全校创业教育课程教学和实践教学的顶层设计与组织实施。黑龙江大学创业教育学院建立协调型创业教育管理机制。为了扎实深入地开展创业教育，实现创业教育人才培养目标，黑龙江大学构建三级联动立体化的创新创业教学体系，在学校层面成立创业教育领导小组负责学校创业教育重大决策的制定；中间层面设立创业教育学院负责全校创业教育工作的宣传、组织、协调、实施，成立由教学、科研、后勤、财务等 13 个职能部门组成的创业教育协调委员会负责协调全校的创业教育工作，成立创业教育专家组负责创业教育目标体系的制定、监督、审核；在校外成立由省教育厅、科技厅、人事厅、劳动和社会保障厅、工商局、哈尔滨市高科技开发园区、哈尔滨软件园等各界人士组成的创业教育顾问团，负责为创业教育提供政策、信息等支持服务。[②]

（六）组织文化创新

组织文化是指“一种基本假设的模型——由特定群体文化在处理外部

① 西湖大学:《组织架构》，https://www.westlake.edu.cn/about/leadership_organization/。

② 教育部高等教育司组编《创业教育在中国：试点与实践》，高等教育出版社，2006，第 96~97 页。

适应与内部聚合问题的过程中发明、发现或发展出来的——由于运作效果好而被认可，并传授给组织新成员以作为理解、思考和感受相关问题的正确方式”[①]。换句话说，组织文化是组织成员普遍认同的价值观念和行为准则的总和。组织文化研究奠基人埃德加·沙因认为组织文化是一个组织最基本的东西，是组织变革的首要资源，是组织学习、组织发展的基础。组织文化是个多层次的体系，由表层的物质文化、浅层的行为文化、中层的制度文化和深层的精神文化构成。精神层面的组织文化具有稳定性、传承性，是最重要的组织文化，对组织发展与变革影响深远。本研究主要讨论高校人才培养组织的精神文化，主要是大学精神、办学理念、人才培养理念等，偶尔涉及制度文化、行为文化或物质文化。

高等教育人文阶段，高校人才培养组织重视组织文化建设与创新。西汉太学承担培养新型政治人才和教化天下的任务，依据“罢黜百家，独尊儒术”，太学的办学思想基础是儒家正统思想。太学精神在于“志”和“气”，志高远，气势恢宏。[②]太学“养天下之士”的目的是让毕业生“治国平天下”，而非停留在“正心修身齐家”层面，太学的组织文化可以归入《大学》所强调的“大学之道，在明明德，在新民，在止于至善”。两宋时期，书院也很重视组织文化创新。太学重视培养学生学会“做官”的能力，白鹿洞书院则致力于使学生学会“做人”。《白鹿洞书院揭示》中提出了“五教之目”“为学之序”“修身之要”“处事之要”“接物之要”，形成较为完整的书院教育理论体系，成为后世的学规范本和办学准则。“修身之要”为“言忠信，行笃敬，惩忿窒欲，迁善改过”。“处事之要”为“正其义不谋其利，明其道不计其功”。“接物之要”为“己所不欲，勿施于人，行有不得，反求诸己”。与白鹿洞书院知名度比肩的鹅湖书院、白鹭洲书院在组织文化上也各具特色，鹅湖书院提倡并实践大胆怀疑、各抒己见、自由讲论、辨明真理，白鹭洲书院崇尚气节，提倡民族精神。[③]岳

① 朱国云:《组织理论：历史与流派》(第二版)，南京大学出版社，2014，第283页。

② 范正娥:《两汉太学研究》，硕士学位论文，华中师范大学，2004，第62页。

③ 胡青:《主持人语》,《江西教育学院学报》(社会科学版)2009年第5期，第95页。

麓书院办学宗旨为“传道济民”，承担培养人才、传承道学、经世济民三项任务，其组织文化主要有“经世致用”“传道济民”等。张栻在《潭州重修岳麓书院记》中指出：“岂将使子群居族谈，但为决科利禄计乎？抑岂使子习为言语文词之工而已乎？盖欲成就人才，以传斯道而济斯民也。”[①]“成就人才”“传道”“济民”三者之间既是递进关系，也是并列关系，作为递进关系，岳麓书院的首要任务是“成就人才”，进而“传道”，再进而“济民”。[②]

高等教育科学阶段，高校人才培养组织重视组织文化创新。京师同文馆是中国第一所以西方语言和近代科学知识为教育内容的官办人才培养组织，经历了中国传统文化与西方近代科学文化的激烈碰撞。京师同文馆的创建本身就蕴含着文化创新的倾向。[③]京师同文馆的组织文化创新核心是“中体西用”，开启了我国近代科学知识正式进入教育系统的先河。以往太学、书院教育内容以儒家思想为主，京师同文馆教授外国语言和近代科学知识，不仅重视人文精神养成，也重视科学精神养成。京师同文馆启动了中国教育由传统向现代转型的发动机，陆续出现船政、电报、水师、武备、方言等新式学堂，推动了中国教育现代化进程，培养了一大批实用人才。京师大学堂的组织文化创新核心是“西学体用”。《奏拟京师大学堂章程》（1898 年）在课程设置上设定了两个原则：中学与西学平起平坐、不分主次；西文是主要课程但不能以西文代替其他课程，西文作为引进西学的媒介但不能把西文当成西学的根本。[④]京师大学堂办学初期，科学教育并未得到落实[⑤]。1902 年京师大学堂复办后，科学教育驶入快车道，张百

---

① 《张栻集》，杨世文点校，中华书局，2015，第 900 页。

② 朱汉民：《张栻“传道济民”教育宗旨及现代价值》，《大学教育科学》2021 年第 5 期，第 112~114 页。

③ 贾永堂：《我国教育改革中教育观转变难的文化原因探析——以京师同文馆加设天文算学馆引起的争议为例》，《现代大学教育》2001 年第 2 期，第 33~36 页。

④ 吴云鹏：《京师大学堂科学教育变革中的文化碰撞——基于课程改革的视角》，《华南师范大学学报》（社会科学版）2019 年第 1 期，第 24~30 页。

⑤ 问题出在负责招聘各科教师的“西学总教习”丁韪良身上。参见〔法〕巴斯蒂《京师大学堂的科学教育》，《历史研究》1998 年第 5 期，第 47~55 页。

熙不仅主张加大西学课程比重，还强调实验、观察等科学教育方法。京师大学堂成立翻译局引进西方教科书，不仅供本校使用还提供给其他高校，与之前零星翻译的西方著作相比，京师大学堂引进西方教科书是比较系统的。蔡元培担任北京大学校长期间，“循思想自由原则，取兼容并包主义”，把北京大学改造成了一所具有现代气息的新型大学。蔡元培拟定的“思想自由、兼容并包”的办学方针，为北京大学组织文化奠定了基础，成为北京大学精神的内核，后来发展成为“继承爱国、进步、民主、科学的光荣传统，弘扬勤奋、严谨、求实、创新的优良学风，秉承思想自由、兼容并包的学术精神”[①]。另外，当时北京大学的组织文化创新还表现在：一是确立大学是研究高深学问、培养硕学闳才的机构；二是采用教授治校、民主管理的治理架构；三是引进选课制度，尊重学生学习自由权。

中国共产党领导和创办的高等教育机构在组织文化创新上，积极作为，成效显著。湖南自修大学致力于培养革命人才，其组织文化创新表现在：一是主张平民主义，招生面向所有人；二是在教育内容方面，引进马克思主义理论，传播马克思列宁主义；三是在教学方式方面，强调教育与生产劳动相结合。因学潮而由东南高等专科师范学校改设成立的上海大学[②]，可以说是自带红色基因，很快发展成为一所“红色学府”。《上海大学章程》明确规定“本大学以养成建国人才，促进文化事业为宗旨”。1925 年“五卅惨案”发生后，上海大学罢课并通电全国。1925 年 6 月 8 日刊登在《民国日报》上的《上大全体宣言》宣告：“本大学所主张的打倒帝国主义，完全基于自由思想的结果、民族图存的必需，并非受任何特殊主义的影响。本大学永远认定强权不就是公理，凡为学术思想起见，无论如何的淫威来压迫自由，如何的黑暗侵袭独立，断然师生合作一起，努力与抗，绝不退让。”[③] 上海大学是中国共产党实施阶级教育的最初尝试，也

① 北京大学：《北京大学章程》，http://xxgk.pku.edu.cn/docs/20211209093407226520.pdf。

② 吴越：《上海早晨——记中共创办的第一所大学（1922—1927）》，上海人民出版社，2020，第 120 页。

③ 吴越：《上海早晨——记中共创办的第一所大学（1922—1927）》，上海人民出版社，2020，第 137~138 页。

是“教育必须为无产阶级政治服务，必须与生产劳动相结合”的最早实践，为高等教育“延安模式”注入了“红色基因”。① 延安时期，中国共产党领导和创办的干部学校以中国化的马克思主义作为办学指导思想，培养革命干部。毛泽东指出，政治、经济、文化是干部学校学习的内容，“一定要学好，要会做这方面的工作，要为实际服务，不搞教条主义，不脱离实际”②，学生要掌握正确运用理论去解决中国革命实际问题的方法和能力。红军大学坚持战争“缺什么样的干部，就培养什么样的干部”的教育方针，人才培养过程坚持理论与实际并重、军事和政治并重。1936年12月毛泽东在《中国革命战争的战略问题》中指出，“一个军事学校，最重要的问题，是选择校长教员和规定教育方针”③。中国人民抗日军事政治大学坚持“教育为抗战服务”的总方针，既培养红军干部，也培养革命知识青年和抗日志士，办学宗旨是“本校在中国共产党领导下，为实施国防教育，创造具有高度民族意识的忠实于国家民族与社会解放事业的抗日军政干部，争取抗战胜利及实现民族独立、民权自由、民生幸福的新中国而奋斗”④。毛泽东拟定中国人民抗日军事政治大学的教育方针为“坚定正确的政治方向，艰苦奋斗的工作作风，灵活机动的战略战术”⑤，校训为“团结、紧张、严肃、活泼”。延安大学以服务党的中心任务为使命，学校制定的教育方针是“教育为抗战和解放区服务，教育和解放区各项实际工作结合、理论与实践统一、学与用一致”⑥。中国人民抗日军事政治大学、延安大学的组织文化成为“延安精神”的重要组成部分，是“延安精神”形成的参与者、践行者与传播者。“延安精神”的主要内

① 周光礼、公钦正:《扎根中国大地创建新型大学——论中国共产党早期办学实践的内在逻辑》,《清华大学教育研究》2021年第3期，第7~16页。

② 《毛泽东文集》(第三卷)，人民出版社，1996，第154页。

③ 《毛泽东选集》(第一卷)(第2版)，人民出版社，1991，第177页。

④ 盖青:《1921—1949：中国共产党创建和领导的高等教育研究》(上)，广东教育出版社，2012，第163页。

⑤ 《毛泽东文集》(第二卷)，人民出版社，1993，第188页。

⑥ 陈元晖主编《老解放区教育简史》，教育科学出版社，1982，第89页。

容是“坚定正确的政治方向，解放思想、实事求是的思想路线，全心全意为人民服务的根本宗旨，自力更生、艰苦奋斗的创业精神”[①]。2020 年 4 月，习近平在陕西考察时指出：“延安精神培育了一代代中国共产党人，是我们党的宝贵精神财富。要坚持不懈用延安精神教育广大党员、干部，用以滋养初心、淬炼灵魂，从中汲取信仰的力量、查找党性的差距、校准前进的方向。”[②]

中国人民大学首任校长吴玉章担任华北大学校长时曾提出“忠诚、团结、朴实、虚心”的校训，他还提出“要做到使具有不同观点和不同看法的人，都能本着科学的态度，敢于为自己的观点与看法进行学术上的争论和辩护”[③]。吴玉章的教育思想对中国人民大学的组织文化影响很大。中国人民大学校训是“实事求是”，办学宗旨是“立学为民、治学报国”，其精神内核是“始终奋进在时代前列”。中国人民大学的组织文化创新表现在：一是“忠诚”，忠于祖国，忠于人民，以“国民表率、社会栋梁”为人才培养目标，将立德树人的成效作为检验学校一切工作的根本标准；二是“始终奋进在时代前列”，始终与党和国家同呼吸、共命运；三是“实事求是”，理论联系实际，求真务实；四是“兼容并蓄”；五是“艰苦奋斗”，始终脚踏实地，勤俭办学。[④]中国科学技术大学是为“两弹一星”事业而建立的大学，是一所超常规发展的大学，背后是坚持“遵循科学规律，不断拼搏进取”的组织文化。中国科学技术大学秉持科学精神办学，代表坚持正确教育方向，实事求是、踏踏实实做好教育每个环节的工作。[⑤]

---

① 《延安精神永放光芒》，https://baijiahao.baidu.com/s?id=1707022632926071378&wfr=spider&for=pc。

② 李国喜：《坚持不懈用延安精神教育广大党员、干部——学习习近平总书记来陕考察重要讲话精神体会》，《中国延安干部学院学报》2020 年第 3 期，第 5~12 页。

③ 程文：《吴玉章教育思想与实践》，重庆大学出版社，1992，第 169 页。

④ 刘向兵、伍聪：《如何认识一所大学的精神——以中国人民大学为例》，《中国高教研究》2007 年第 9 期，第 7~9 页。

⑤ 韩荣典：《中国科大精神理念的核心：科学与拼搏》，http://lswhw.ustc.edu.cn/index.php/index/info/88。

中国科学技术大学的校训是“红专并进，理实交融”，“红专并进”强调品行操守与业务技能的相得益彰，“理实交融”强调理论与实践的紧密结合。1958 年建校时创作的校歌中有“又红又专，理实交融，团结互助，活泼英勇”，1959 年郭沫若把中国科学技术大学的校风概括为“勤俭办学，艰苦朴素，红专并进，团结互助”。[①] 中国科学技术大学克服“苏联教育模式”中“将教学置于高校、将科研置于科研院所”的弊端，最早确立了大学是“教学科研双中心”的办学定位，积极探索了研究型大学的建设道路，不仅为本科生专门开设研讨班课程，而且所有的实验室均面向本科生开放，致力于培养具有创新意识的尖端科技人才。[②]

高等教育人文·科学阶段，深圳大学和南方科技大学在组织文化创新方面具有示范价值。深圳大学将“标新立特”作为建校指导思想，在“特”和“新”上下足功夫。“特”即学校立足特区，发挥特区的窗口作用，办出特色，服务特区，融入特区；“新”就是时刻保持探索求新，以创新带动改革，“每周都要有新的变化”。深圳大学与特区同呼吸共成长，形成了“坚韧奋斗、担当使命、变革创新、追求卓越”的价值体系和精神图谱，与“脚踏实地、自强不息”的办校理念，“自立、自律、自强”的校训相互印证、相得益彰。南方科技大学形成了“敢闯敢试、求真务实、改革创新、追求卓越”的创校精神，“创知、创新、创业”的办学特色。2021 年南方科技大学正式确定校训为“明德求是，日新自强”。“明德求是”是精神坐标，“日新自强”是实践取向，二者构成认识与实践、思想与行动的有机统一，彰显了个人修为、大学追求与报国担当。“明德树人、求是治学、日新立校、自强报国”共同构成南方科技大学的核心精神内涵。

---

① 中国科学技术大学：《中国科学技术大学校训》，http://lswhw.ustc.edu.cn/index.php/index/info/3369。

② 周光礼、公钦正：《中国共产党创建新型高等教育百年：一项问题史的研究》，《中国高教研究》2021 年第 5 期，第 1~10 页。

三 人才培养组织创新的基本经验

（一）政治需求和社会需求是人才培养组织创新的主要驱动力

纵观高校人才培养组织创新历程，无论是学校层面的创新还是院系层面的创新，要么适应政治需求，要么适应社会需求，要么既适应政治需求又适应社会需求。

第一，政治需求作为主要驱动力。兴建太学的主要动力来自封建政权需求，即国家需要通过兴建太学来教化民风和培养服务统治阶级的后备官僚人才。创办京师同文馆表面看是培养外语、外交、科技类人才，满足洋务运动需求，更深层次则是培养“中体西用”的服务封建政权统治的人才。兴办京师大学堂是维新变法的结果，清政府希望培养兼具“西艺”与“西政”的人才。中国共产党领导和创办的高校自带红色基因，培养革命干部、军政干部、建设干部等，具有非常明显的政治需求驱动色彩。湖南自修大学被誉为“革命策源地”，学友学习研究过程中把马克思主义理论与中国革命实际相结合。上海大学是国共两党合作创办的一所红色大学，学生参与救国运动，也因政治因素被国民党军警查封。红军大学坚持战争“缺什么样的干部，就培养什么样的干部”的教育方针。中国人民抗日军事政治大学坚持“教育为抗战服务”的总方针，既培养红军干部，也培养革命知识青年和抗日志士。《抗大组织条令》规定其宗旨为：“本校在中国共产党领导下，为实施国防教育，创造具有高度民族意识的忠实于国家民族与社会解放事业的抗日军政干部，争取抗战胜利及实现民族独立、民权自由、民生幸福的新中国而奋斗。”[①] 延安大学自创办以来就确立“服务党的中心任务”的办学定位，是典型的政治需求驱动逻辑，其前身之一的陕

---

① 盖青：《1921—1949：中国共产党创建和领导的高等教育研究》（上），广东教育出版社，2012，第163页。

北公学是抗日战争时期中国共产党创办的一所具有统一战线性质的干部学校。中国人民大学的创办初衷是培养各种建国人才，服务巩固新政权。哈尔滨工业大学在改造过程中也主要考虑如何服务新中国建设，比如组建以中国人为主的教师队伍，学科专业建设由民用转向军事等。中国科学技术大学是为“两弹一星”事业而创办的一所大学，其少年班是“早出人才，快出人才”的重要载体之一。

1956 年，我国基本完成对生产资料私有制的社会主义改造并提前完成第一个五年计划[①]发展任务，9 月《中国共产党第八次全国代表大会关于政治报告的决议》被通过。遗憾的是，自 1957 年 6 月开始反右派斗争被严重扩大化[②]，阶级斗争扩大化的错误也日益严重。在此背景下，1958 年 5 月中共中央召开中共八大二次会议，在国内主要矛盾上，会议提出了与中共八大一次会议的正确结论相反的论断，通过“鼓足干劲，力争上游，多快好省地建设社会主义的总路线”，其中“文化革命”的任务包括逐步做到一般的专区和许多的县都有高等学校和科学研究机关，培养新知识分子。在总路线指导下，1958 年 9 月中共中央、国务院《关于教育工作的指示》提出要多快好省地发展教育事业，在普及的基础上提高，在提高的指导下普及的“两条腿走路”原则，大力发展全日制学校、半工半读学校和各种形式的业余学校，“争取在十五年左右的时间内，基本上做到使全国青年和成年，凡是有条件的和自愿的，都可以受到高等教育”。该指示引发了 1958~1960 年的“教育大革命”，从 1957 年到 1958 年再到 1959 年和 1960 年，全国高校数量由 229 所增长到 791 所、841 所和 1289 所，在

① 1951 年春，周恩来、李富春、陈云主持制定《中华人民共和国发展国民经济第一个五年计划（1953—1957）》，经过五次修改补充，于 1955 年 7 月经第一届全国人民代表大会第一次会议审议通过。

② 据高等教育部 1958 年 1 月的统计，全国 205 所高校（当时共 229 所）中，教师、行政干部和学生共划出右派分子 17769 人，占总人数的 3.6%，其中教师 3991 人，占比 6.56%，行政干部 1676 人，占比 2.77%，学生 12146 人，占比 3.25%。参见郝维谦、龙正中、张晋峰主编《中华人民共和国高等教育史》，新世界出版社，2011，第 143 页。

校生由 44.1 万人增长到 66 万人、81.2 万人和 96.2 万人。[①]1958 年 4 月中共中央发布《关于高等学校和中等技术学校下放问题的意见》，8 月中共中央和国务院颁布《关于教育事业管理权力下放问题的规定》，激发了地方、企业举办高等教育的热情，形成了国办、公办、社会各界办高校的新体制，三年时间内，高校和在校生数分别增长 562.9% 和 218.4%。高校主要招收工农阶级出身的革命干部和知识青年，要求大学及专门学院要为工农群众打大开门，不仅对工农考生放宽年龄限制，还享有优先录取权，甚至免试入学，工农成分的在校生比例由 1953 年的 27.39% 提高到 1958 年的 55.28%、1965 年的 71.2%。[②] 在这个背景下，1958 年江西共产主义劳动大学创办，其创建初期就确立"半工（农）半读，勤工俭学，学习与劳动相结合，政治与业务相结合"的办校方针。

第二，社会需求作为主要驱动力。白鹿洞书院、岳麓书院作为得到中央政府承认的官立书院，超越科举，塑造新价值观，让那些没有机会进入官僚体系的读书人也相信"天生我材必有用"，培养地方教育与地方社会事业所需的新型人才。可以说，社会需求是官立书院的主要驱动力。天津中西学堂的创始人盛怀宣是中国近代轮、电、矿、路四大产业的创办者，他一手抓经济，一手抓教育，在长期兴办洋务实业的过程中，深感培养高级人才和兴办新式教育是亟须解决的重要问题，提出"实业与人才相表里，非此不足以致富强"。天津中西学堂引进西方高等教育模式，课程设置以西方先进大学为标准，头等学堂设工程学、矿冶学、机械学和法律学，开设的课程分为基础课和专门课两大类，培养"西学体用"高水平实业人才，是典型的社会需求驱动发展类型。新中国成立后，旧教育系统中的高校培养的"学非所用""用非所学"的"通才"[③]，无法适应工业化建设

---

① 高校和在校生数据参见中华人民共和国教育部计划财务司《中国教育成就统计资料（1949—1983）》，人民教育出版社，1984，第 50 页。

② 《中国教育年鉴》编辑部编《中国教育年鉴（1949~1981）》，中国大百科全书出版社，1984，第 338 页。

③ 《做好院系调整工作，有效地培养国家建设干部》，《人民日报》1952 年 9 月 24 日。

急需大量专门人才的需求。因此，为培养国家建设专门人才，全面改造高等教育体系就成为新中国的一件紧迫之事。根据新民主主义教育方针，教育要为工农服务（就是为人民民主专政服务），为生产建设服务。为此，一方面，1950 年 7 月政务院批准《教育部关于实施高等学校课程改革的决定》，实行有计划、有步骤的课程改革，克服“为学术而学术”的空洞的教条主义的偏向，力求与国家建设的实际相结合，各系的课程应当密切配合国家经济、政治、国防和文化建设当前与长期的需要，在系统的理论知识的基础上适当专门化。另一方面，实施院系调整，重组高等教育体系，重塑国家与高等教育的关系。实施院系调整本质上是对旧高等教育体系进行改造，创新人才培养组织。1951 年 11 月教育部呈报的《中央教育部党组关于全国工学院调整发展方案的报告》和《中央教育部党组关于北大、清华、燕京三大学调整方案的报告》，得到毛泽东、周恩来等的批示肯定。1952 年 5 月，教育部拟定关于全国高等学校 1952 年院系调整设置的相关方案，指出院系调整的方针是“以培养工业建设人才和师资为重点，发展专门学院整顿和加强综合性大学”①。此后，全国 3/4 的高校进行了院系调整，华北、东北、华东地区的调整较为彻底，全国高校从调整前的 211 所下降为 201 所，其中综合大学及普通大学 21 所、工业院校 43 所、师范院校 33 所、农林院校 28 所、医药卫生院校 32 所、财经院校 13 所、政法学院 3 所，新设了钢铁、地质、矿冶、水利等 12 所工业专门学院，仍有 14 所大学和财经、政法各院系尚未调整。② 遵循着中央文委所指示的“整顿巩固、重点发展、提高质量、稳步前进”的文教工作总方针，1953 年高等教育部再次进行院系调整，以中南地区为重点，其他地区局部进行。经过

① 郝维谦、龙正中、张晋峰主编《中华人民共和国高等教育史》，新世界出版社，2011，第 87 页。

② 《中央人民政府高等教育部关于一九五三年全国高等学校院系调整的计划》，《党的文献》2002 年第 6 期，第 59~71 页。也有研究显示，1952 年调整前全国高校共 210 所，调整后共 218 所。参见刘颖《除旧布新：新中国成立初期中共对高等教育的接管与改造》，人民出版社，2010，第 124 页。

1953年院系调整，全国共有高校182所，其中综合大学14所、工业院校39所、师范院校31所、农林院校29所、医药院校29所、政法院校4所、财经院校6所、艺术院校15所、语文院校8所、体育院校5所、民族院校2所，基本取消了原有系科庞杂、不能适应培养国家建设人才需要的旧制大学，集中或独立设置专门学院进一步在数量上满足了国家建设急需人才需求。[①]院系调整结束了新中国成立前高等教育体系院系庞杂、设置分布极不合理的状况，为新中国工业化建设培养了大批人才。[②]

1983年4月，国务院召开常务会议专题研究高等教育发展，认为教育事业是国家建设三大战略重点中最薄弱的环节，必须增加资金投入加速发展，随后批转教育部、国家计委提交的《关于加速发展高等教育的报告》。国务院要求各地各部门“要像抓经济建设重点项目那样抓好教育”，“要采取多层次、多种规格和多种形式加快高等教育的发展”。该报告还提出现有高校要采取“下蛋”的办法，举办分校或夜大学，大城市、经济发展较快的中等城市和大企业举办高等专科学校和短期职业大学，为本地区、本单位培养人才，在办学方式方面，可以单独办，也可以与有基础的院校合办。中心城市举办的高等院校大多实行“酌收学费、实行走读、毕业生择优录用”[③]（不包分配，择优推荐），被认为是“我国高等教育战线出现的一种新的办学形式”[④]。1983年8月，时任辽宁省委书记的李铁映在辽宁省教育工作会议上的讲话中指出，全省各地市在3~5年内都要努力争取采用“下蛋”的办法办一所为本地区城乡中小企业、集体企业培养人才的高

---

① 《中央人民政府高等教育部关于一九五三年高等学校院系调整工作的总结报告》，《党的文献》2002年第6期，第59~71页。

② 学术界对发生于院系调整的评价存在很大分歧，肯定者鉴于它在短时间内培养了大量专业人才，对国家的科技和经济发展做出了明显贡献，认为它是基本成功的；否定者则以其中断了中国官学与私学并行的古老大学传统，并走向了狭隘的专业化道路，认为从长远来看它是得不偿失的。参见包丹丹《1952年院系调整再解读》，《教育学报》2013年第2期，第113~120页。

③ 《国务院批转教育部、国家计委〈关于加速发展高等教育的报告〉的通知》。

④ 宋梓铭：《要重视和支持高等职业大学的发展》，《江汉大学学报》（社会科学版）1985年第2期，第29~32页。

校，专业设置应根据地区经济、社会发展需要而定，力争在“七五”期间实现专科以下人才主要由本地区自己培养。[①] 与原有普通高校相比，中心城市举办的高校具有鲜明的特点，在经费上，实行“省补助一点，市投资一点，用人单位出一点，学生交一点”；在服务面上，主要面向中小企业培养人才；在专业设置上，根据地方的经济结构特点设置和调整专业；在招生计划上，实行指导性招生计划，广泛开展联合办学、合同办学、以需定产、定向培养；在教学内容上，依据毕业生服务面向所对应的主要岗位（群）的知识、能力要求，有针对性地加强专业训练和培养，加设某些课程，加强应用性、实践性环节。[②] 现有文献显示，1980 年 8 月 27 日江苏省政府批复南京市革委会创办金陵职业大学，是全国第一所中心城市举办的高校。[③] 现金陵科技学院的官方网站也认为其前身金陵职业大学是“新中国第一所全日制城市职业大学”[④]。金陵职业大学于 1980 年 8 月成立，9 月开始招生，10 月正式开学上课，2002 年 6 月经教育部、江苏省政府、南京市政府批准，与 1958 年成立、1984 年复建的南京市农业专科学校合并筹建金陵科技学院，2005 年 3 月正式成立金陵科技学院。金陵职业大学的创办有两个重要原因：一是南京市域内人才供需矛盾突出，党的十一届三中全会后，随着工作重心的转移，各行各业需要大量的专业人

---

① 李铁映：《中国教育改革发展探索——李铁映论教育》（上卷），人民教育出版社，2014，第 36 页。

② 宋旭峰：《建国以来江苏高等教育结构发展分析》，博士学位论文，南京师范大学，2005，第 80 页。

③ 彭玉芳等：《中心城市高校的理论与实践》，机械工业出版社，1995，第 206 页。也有研究者认为最早的中心城市高校是常州工业技术学院（1978 年），参见张元树《中心城市高校的地位与办学模式研究》，硕士学位论文，武汉理工大学，2002，第 4 页。本书作者考证得知现常州工学院的前身为 1978 年 4 月成立的“常州市七二一工业大学”，1979 年 11 月改名为“常州市职工大学”；1980 年 11 月，常州市创建常州职业大学，1982 年 3 月常州市政府明确常州市职业大学与常州市职工大学为两所学校一套编制；1982 年 12 月 31 日，教育部批准在常州职业大学的基础上建立常州工业技术学院；2000 年 3 月 22 日，教育部批准常州工业技术学院、常州市机械冶金职工大学合并组建常州工学院。

④ 金陵科技学院：《学校简介》，https://www.jit.edu.cn/xxgk/xxjj.htm。

才，1980~1985 年全市需要 16000 多名中高级专业人才，但 1980 年、1982 年市属企业仅被分配到 650 人且部分毕业生专业不对口[①]；二是应届高中毕业生升学率很低，社会各界强烈呼吁政府部门想办法让更多的青年学生接受高等教育，创办高校不仅可以保障年轻人的受教育权，也可以缓解家庭、社会的就业压力。因此，从创办学校的实际情况出发，金陵职业大学致力于培养“为我所用”的人才，特别是服务基层的应用型人才。1982 年 11 月，广东省高教局副局长黄其江带领团队调查后向深圳市政府提交了一份关于创建一所综合性的深圳大学的报告，报告针对深圳特区建设情况和人才需求，指出深圳大学的特殊性且其特殊性是当时其他院校无法替代的，需要建设的深圳大学应该是适应我国国情和特区建设需要的“中国式新型的社会主义大学”。时任深圳市市长的梁湘以“当了裤子也要办起深圳大学”的决心筹办学校，他对首任校长罗征启等人提出要求——“我不懂教育，我给你钱，给你地，你给我人才！”[②] 从 1983 年 1 月 22 日深圳市委、市政府向广东省委、省政府提交筹建报告到 1983 年 9 月 27 日首届学生开学典礼，深圳大学验证了当年创办、当年招生、当年开学的“深圳速度”。深圳大学于 1983 年经教育部批准设立后，由北京大学援建中文、外语类学科，清华大学援建电子、建筑类学科，中国人民大学援建经济、法律类学科，目前已经形成了“特区大学、窗口大学、实验大学”的办学特色，形成了从学士、硕士到博士的完整人才培养体系。[③] 针对特区打工青年众多且渴求提高文化水平的现实状况，深圳大学 1984 年就未批先办了一所半工半读的专科学校，1987 年被审批通过，第一届学生的大专学历得到国家承认。[④] 全日制本科生与半工半读专科生，交替参加学校的勤工俭

① 朱刚：《在改革中加速发展短期职业大学》，《高教战线》1983 年第 8 期，第 13~15 页。

② 秦国柱：《中国新大学运动——广东中心城市新办院校研究》，福建教育出版社，1996，第 126 页。

③ 深圳大学：《学校简介》，https://www.szu.edu.cn/xxgk/xxjj.htm。

④ 秦国柱：《中国新大学运动——广东中心城市新办院校研究》，福建教育出版社，1996，第 130~131 页。

学，特别是半工半读专科生解决了本科生上课期间学校勤工俭学岗位空岗的问题，减少了学校工勤人员的数量。半工半读专科学校实质上开启了公办高校举办民办高校的先河，成为20世纪90年代末期出现的独立学院的雏形。茅台学院是一所由中国贵州茅台酒厂（集团）有限责任公司举办的非营利性全日制应用型普通本科高校，被视为“酒而优则学”的典型，致力于建成一所有影响力的酿酒行业大学，2012年筹建时曾提出“建校50周年之际，全国酿酒行业50%以上的高管出在这里”[①]。2017年5月23日，《教育部关于同意设立茅台学院的函》指出，“学校定位于应用型高等学校，主要培养区域经济社会发展所需要的应用型、技术技能型人才”。茅台学院秉承“立足茅台、服务酒业、报效国家、走向世界”的办学理念，坚持“小、精、高、特、开”的办学策略，培养服务酒行业和地方经济可持续发展的高素质、应用型人才。[②]可见，金陵职业大学、深圳大学、茅台学院的创办和发展主要以社会需求作为驱动力。

第三，政治需求与社会需求共同作为驱动力。在强调专门人才培养的同时，国家始终重视基础学科创新人才培养，其人才培养组织既有中国科学技术大学这样的全校性机构，也有高校内部的人才培养特区。高校内部的人才培养特区先后发展出三种组织形态，即以中国科学技术大学少年班为代表的少年班、基地班（“国家理科基础科学研究和教学人才培养基地”和“国家文科基础学科人才培养和科学研究基地”）和以浙江大学竺可桢学院为代表的本科精英学院（“基础学科拔尖学生培养试验计划”）。1978年，中国科学技术大学成立第一个少年班，1985年1月教育部下发《同意北京大学等12所院校举办少年班》的文件，批准北京大学、清华大学等12所高校开办少年班。少年班创办以来，一直伴随各种质疑，比如少年班被认为不利于“神童”健康成长，浪费人力、物力、财力，只会培养“温室神童”，等等[③]。1999年时任全国政协委员的中南工业大学（现中南大

---

① 刘保建:《茅台“多管齐下”的启示》,《华夏酒报》2017年6月6日，第A1版。

② 茅台学院:《学校简介》，https://www.mtxy.edu.cn/xxgk/xxjj//。

③ 姚本先:《关于大学少年班超常教育的理性思考》,《中国特殊教育》2000年第2期，第20~22页。

学）教授蔡自兴[①]提交《及早废止少年班》的报告，让本就备受质疑的少年班再次被推到舆论的风口浪尖。有人以王思涵、马蕾蕾等个案否定少年班办学模式，还有人因很多毕业生出国深造并选择国外就业认为少年班导致人才流失严重。1999年少年班数量也从13个降为5个，现在只剩下中国科学技术大学、西安交通大学、东南大学3所大学还在坚持开办少年班。中国科学技术大学少年班学院是在少年班基础上发展起来的本科精英学院（亦称"荣誉学院"），历经或涵盖少年班（1978年）、软件班（1984年）、理科实验班（又称"零零班""教学改革试点班"，1985年）、数学物理科技英才班（2009年）、创新试点班（2010年）和交叉学科英才班（2016年），是基础学科创新人才培养组织的典型。

中国科学技术大学少年班创建的直接参与者、见证者及研究者司有和回忆，1974年4月，李政道通过周恩来向毛泽东建议培养一支"少而精的基础科学工作队伍"，5月24日李政道在受到周恩来接见时说"理科人才也可以像文艺、体育那样从小培养"。[②]李政道的建议得到毛泽东的赞同，建议被转交给中国科学技术大学实施。1975年中国科学院组织起草《中国科学院工作汇报提纲》，其附件《关于中国科学技术大学几个问题的请示报告》的内容之一是落实李政道的建议创办一所"理科中学"，由于正值特殊年代，这一报告遭到批判，因此"理科中学"创办这一建议也就没有马上付诸实施。1977年党中央重新提出建设社会主义现代化强国的奋斗目标，人才成为国家发展的关键。1977年下半年，中国科学技术大学积极贯彻落实1977年8月8日邓小平在科学和教育工作座谈会上提出的"早出人才、早出成果"[③]的指示精神，在中国科学院的指导和教育部的支持下，

---

① 2008年中国科学技术大学邀请蔡自兴参加建校50年校庆，蔡自兴感动于中国科学技术大学的育人成果，收回之前的说法。参见李燕燕《解密中科大"少年班"（根据审读意见修改版）》，未正式出版，第6页。

② 司有和：《录以备考：中国科技大学少年班办学之缘起》，《教学研究》2018年第5期，第56~60页。

③ 《邓小平文选》（第二卷）（第2版），人民出版社，1994，第55页。

在各地教育和招生部门的主动配合下，破格选拔首批 21 个成绩优异的少年。1978 年 1 月 15 日，中国科学技术大学向中国科学院教育局呈报《关于试办预科班的报告》并于两周后得到中国科学院的批复。1978 年 3 月 2 日至 8 日的某一天，中国科学技术大学召开专门会议研究 21 个少年大学生的教学问题，并确定“少年班”这个组织名称，这一名称很快得到中国科学院的批准。①1978 年 3 月 8 日，第一期少年班正式开学，3 月 16 日“少年班”首次出现在《人民日报》的《中国科技大学七百多名新生入学》报道中。1984 年 4 月，系级建制的少年班管委会获批成立，全面负责少年班的教学、科研、行政和学生管理工作。2008 年 12 月 9 日，中国科学技术大学正式决定将少年班管委会改为少年班学院。从少年班到少年班学院，坚持按照国家需要和教育规律因材施教，从创办初期的一种“现象级”事件成为一场持久的拓展少年英才教育内涵和外延的实践探索，中国科学技术大学少年班学院是拔尖创新人才培养的一个生动样本，已经发展成为一个重要的精英本科生学院。赵紫阳曾评价少年班大学生“笃志博学，大器早成”，李政道认为“少年班这几年所取得的成绩在中国教育史上是少见的，在国际上也是少见的”。② 可见，中国科学技术大学少年班及少年班学院是政治需求与社会需求双重驱动的结果。

南方科技大学曾被外界视为中国高等教育改革的试验田，从创建初期的“自主招生、自授学位”“学者治校、去行政化”等“激进探索”到回归《高等教育法》框架内，南方科技大学被部分人笑为“南科一梦”，尽管没有初期设想的那么完美，但仍具有重要价值。熊丙奇认为，“从中国高教改革的历程看，南科大的改革虽未成功，但至少这场大讨论，使大家明白什么是去行政化，什么是高教改革的阻力和症结所在。这应该是

① 司有和：《录以备考：中国科技大学少年班办学之缘起》，《教学研究》2018 年第 5 期，第 56~60 页。

② 武汝扬：《光荣的三十年——热烈庆祝中国科技大学建校 30 周年 热烈庆祝中国科大少年班创办 10 周年》，《教育与现代化》1988 年第 2、3 期，第 19~20 页。

南科大的价值所在”[①]。当前，学校着力建立有利于教育公平、创新人才选拔的多元录取机制和先进的全面教育体系，率先采用“基于高考的综合评价录取模式”招收优秀学生，以“学分制、书院制、导师制”和“国际化、个性化、精英化”为核心和特色，大力培养拔尖创新人才。[②]宁波诺丁汉大学是中国第一所引进世界一流大学优质教学资源，具有独立法人资格和独立校园的中外合作大学。[③]2004年3月中英签署创建宁波诺丁汉大学的合作备忘录，中国教育部同意筹建宁波诺丁汉大学。2005年9月17日，学校举行首届学生开学典礼，时任中共浙江省委书记的习近平在典礼上指出，“宁波诺丁汉大学的创建和成立，开创了中国高等教育与国外优质高等教育资源相结合的先河，为中国教育走向世界创造了一个全新的模式”[④]。宁波诺丁汉大学的发展愿景是建成“国际化、高质量的新型大学”[⑤]。学校坚持“储英育才，造福人类”的定位。2017年8月浙江省政府批复同意筹建西湖大学，2018年2月14日教育部复函浙江省政府，在《教育部关于同意设立西湖大学的函》中指出“按照高起点、小而精、研究型的办学定位，集聚一流师资，打造一流学科，培育一流人才，产出一流成果，为我国高等教育体制机制改革创新，建设高水平研究型大学作出积极贡献”。西湖大学校长施一公曾说，“5年后，科研水平比肩东京大学、清华大学、北京大学、香港科技大学等，成为亚洲一流；15年后，媲美加州理工，成为世界一流”[⑥]。西湖大学承载了培养富有社会责任感的拔尖创新人才的重任，以至于有人发出“西湖大学成立了，‘钱学森之问’破解的

---

① 庄树雄：《朱清时卸任南科大：从踌躇满志到身心俱疲》，http://news.sohu.com/20140902/n403982153.shtml。

② 南方科技大学：《南科大简介》，https://www.sustech.edu.cn/zh/about.html。

③ 宁波诺丁汉大学：《大学概况》，https://www.nottingham.edu.cn/cn/about/who-we-are.aspx。

④ 华长慧、徐亚芬、沈伟其、喻立森：《一所国际化新型大学在成长——谈宁波诺丁汉大学的办学特色》，《中国高等教育》2009年第5期，第35~38页。

⑤ 《教育发展研究》编辑部：《英国高等教育模式的本土化实践——记宁波诺丁汉大学》，《教育发展研究》2010年第3期，第54~60页。

⑥ 熊丙奇：《西湖大学如何为高教改革作增量贡献》，《中国科学报》2018年4月17日，第7版。

日子还会远吗？”的感叹。可见，南方科技大学、宁波诺丁汉大学、西湖大学也是政治需求和社会需求共同驱动的结果。

随着改革开放的持续深入，人民的物质条件得到较大的改善，20世纪90年代大学生的消费需求越来越多，消费水准越来越高，高校、家长、社会等担心大学生成为变坏的一代，认为有必要对他们进行革命年代的艰苦创业教育。[①]也有学者指出，大学生艰苦创业教育有利于提高全民思想道德素质和加强精神文明建设。[②]1999年6月，《中共中央国务院关于深化教育改革全面推进素质教育的决定》指出实施素质教育要“以提高国民素质为根本宗旨，以培养学生的创新精神和实践能力为重点”，“高等教育要重视培养大学生的创新能力、实践能力和创业精神，普遍提高大学生的人文素养和科学素质”。但什么是素质教育，高校如何使素质教育落地生根，却是两个难以准确回答的问题。1998年10月，联合国教科文组织在巴黎总部举行世界高等教育大会，中国教育部部长出席会议并发表讲话，会议通过了《21世纪的高等教育：展望和行动》和《高等教育改革与发展的优先行动框架》两个重要文件。其中《21世纪的高等教育：展望和行动》第7条指出：为方便毕业生就业，高等教育应主要关心培养创业技能与主动精神，毕业生不再仅仅是求职者，首先将成为工作岗位的创造者。2002年4月，教育部结合1998年的世界高等教育大会的“巴黎宣言”探讨创业教育与中国高等教育的结合、发展这一主题，会议明确指出“创业教育是素质教育的一个重要方面，也是推进素质教育的一个重大举措”[③]。与会者认为创业教育是一种新教育理念，反映了知识经济对人才需求的变化，要贯穿高校人才培养全过程，“主要是通过课程体系、教学内容、教学方法的改革以及第二课堂活动，不断提高学

---

① 谢志远：《大学生创业教育与创业精神的培育》，《船山学刊》2004年第3期，第193~195页。

② 袁应柏：《浅谈对大学生进行艰苦创业教育》，《绵阳师专学报》（哲学社会科学版）1997年第1期，第1~3页。

③ 教育部高等教育司：《创业教育试点工作座谈会纪要》，2002年4月30日。

生的综合素质、增强学生的创新意识、创造精神和创业能力，同时强调通过开设课程、资助资金、提供咨询等方式使学生具备自己开办企业的能力”①。20 世纪 80 年代末以来创业教育理论研究与实践不断深入，高校毕业生就业压力越来越大，在多种因素的驱使下，为推动高校创业教育，2002 年黑龙江大学、北京航空航天大学等高校成立了一种新型人才培养组织，即创业学院。可见，黑龙江大学创业教育学院也是政治需求和社会需求共同驱动的结果。

（二）重要人物在人才培养组织创新过程中起关键角色作用

纵观高校人才培养组织创新历程，几乎在所有的高校人才培养组织的创办、改造创新过程中，都有一个或若干个重要人物起了关键角色作用（见表 4–2）。第一，做好顶层设计。董仲舒提出“罢黜百家，独尊儒术”，建议汉武帝“兴太学，置明师，以养天下之士”，实现思想统一，培养服务统治阶级的后备官僚，巩固政权。汉武帝采纳董仲舒的建议并下令让丞相公孙弘组建太学。朱熹不仅建言朝廷重修白鹿洞书院，还拟定了《白鹿洞书院揭示》，为白鹿洞书院发展做了顶层设计。张栻规定岳麓书院的办学宗旨和任务，盛怀宣拟定《拟设天津中西学堂章程禀》，丁家立主持修订《天津大学堂新订各规则》，梁启超起草《奏拟京师大学堂章程》，张百熙承命主办京师大学堂，蔡元培在北京大学提出“思想自由，兼容并包”这一思想，毛泽东拟定《湖南自修大学创立宣言》和《湖南自修大学章程》，胡适修改《湖南自修大学章程》，邓中夏拟定《上海大学章程》，毛泽东制定中国人民抗日军事政治大学的教育方针、校训并作出创办江西共产主义劳动大学的指示，刘少奇提出中国人民大学的基本办学思路、办学框架以及哈尔滨工业大学的办学方针和办学任务，

① 柴径:《以点带面 推进创业教育——〈创业教育〉试点工作座谈会综述》,《中国高等教育》2002 年第 10 期，第 38~39 页。

冯仲云提出加强哈尔滨工业大学的师资队伍建设并明确办学任务，陈康白对哈尔滨工业大学的校址确立提出建议，李昌对哈尔滨工业大学的办学任务转型提出建议，郭沫若提出中国科学技术大学的办学任务，朱刚提出金陵职业大学的办学思路，罗征启在深圳大学治理架构设计上做出突出贡献，上述这些人物在相应的高校创办、改造过程中都起了顶层设计的作用。第二，幕后推手。汉武帝对太学的创办，奕䜣对京师同文馆设立天文算学馆，严复对京师大学堂的师资聘任，孙中山、邵力子对上海大学的创办、改造，毛泽东对延安大学和中国人民大学的创办、改造，李维汉、张闻天、任弼时对延安大学的创办、改造，斯大林对中国人民大学的创办、改造，邓小平对中国科学技术大学及其少年班的创办、改造，聂荣臻对中国科学技术大学的创办、改造，邵式平、汪东兴、刘俊秀对江西共产主义劳动大学的创办、改造，邓小平、梁湘对深圳大学的创办、改造，李政道、方毅对中国科学技术大学少年班的创办、改造，衣俊卿对黑龙江大学创业教育学院的创办、改造，袁仁国对茅台学院的创办、改造起了幕后推手的作用。第三，直接参与创建、管理、讲学。公孙弘奉命组建太学，朱熹直接参与白鹿洞书院的管理、讲学以及参与岳麓书院的讲学，张栻直接参与岳麓书院的管理和讲学，丁家立不仅参与天津中西学堂的顶层设计还出任总教习，张百熙先斩后奏任命吴汝纶为京师大学堂总教习、主持修订章程，于右任担任上海大学校长，邵力子不仅邀请于右任出任上海大学校长还主动任代理校长一职，何长工主持中国工农红军学校校舍建设并担任校长，毛泽东在中国人民抗日军事政治大学、延安大学讲课，吴玉章担任延安大学、中国人民大学校长，朱刚担任金陵职业大学党委书记兼任校长，罗征启筹建深圳大学并担任党委书记、第一副校长、校长，朱清时担任南方科技大学首任校长并力推去行政化改革，徐亚芬、应雄创办宁波诺丁汉大学，丁立群主管黑龙江大学创业教育工作并支持设立创业教育学院，施一公筹建西湖大学并担任首任校长。

表 4–2 高校人才培养组织创新过程中的重要人物及其主要贡献

序号	名称	重要人物	主要贡献
1	太学	董仲舒	建议汉武帝“兴太学，置明师，以养天下之士”
		汉武帝	下诏令丞相公孙弘和太常孔臧、博士平等共同商议设立太学的具体计划
		公孙弘	组建太学
2	白鹿洞书院	朱熹	呈报朝廷《申修白鹿洞书院状》，修复后亲任洞主，参与讲学、研讨，制定《白鹿洞书院揭示》，等等
3	岳麓书院	张栻	提出“传道济民”的办学宗旨，确立岳麓书院培养人才、传承道学、经世济民三大基本功能
4	京师同文馆	奕䜣	上奏要求在京师同文馆中设立天文算学馆，招收科举考试出身的低级别官员入馆学习
5	天津中西学堂	盛宣怀	长期从事洋务实业，深感培养高级人才和兴办新式教育是亟须解决的重要问题，拟定《拟设天津中西学堂章程禀》
		丁家立	与盛宣怀一起细致地研讨章程、方法、实施计划等，并仿照哈佛、耶鲁模式勾画北洋大学堂（天津中西学堂）的创办蓝图并具体实施，主持修订了《天津大学堂新订各规则》
6	京师大学堂	康有为	受军机大臣兼总理衙门大臣廖寿恒之委托负责拟定《京师大学堂章程》
		梁启超	受康有为请托起草《奏拟京师大学堂章程》
		张百熙	承命主办京师大学堂
		严复	建议将总教习丁韪良罢职，提出“去则去，留则留”
7	北京大学	蔡元培	1917 年任北京大学校长，主张“思想自由，兼容并包”，为新文化、新思想的传播开拓道路，并实行民主管理和教授治校，提倡学生德、智、体、美、劳全面发展
8	湖南自修大学	毛泽东	参与创办湖南自修大学，拟定《湖南自修大学创立宣言》和《湖南自修大学章程》
		胡适	修改《湖南自修大学章程》
9	上海大学	孙中山	对上海大学寄予厚望，任上海大学董事和名誉校董
		于右任	定名“上海大学”并任校长
		邵力子	数次邀请于右任，任代理校长
		邓中夏	拟定《上海大学章程》，表示“本大学以养成建国人才，促进文化事业为宗旨”
10	中国工农红军学校	何长工	第一任校长兼政治委员，带领学员仅用 3 个月，就在瑞金西郊沙洲坝镇建起了被外界称作“山林军事学堂”的红军大学校园

续表

序号	名称	重要人物	主要贡献
11	中国人民抗日军事政治大学	毛泽东	1937 年 3 月 5 日，毛泽东为抗大题词，规定了抗大的教育方针，“坚定不移的政治方向，艰苦奋斗的工作作风，加上机动灵活的战略战术”。1937 年 4 月，还进一步为抗大题写了“团结、紧张、严肃、活泼”八个大字，成为抗大的校训。1937 年 8 月，毛泽东为抗大第二期教职员郑重题词，“忠诚党的教育事业”。与此同时，为抗大第二期学员毕业证书题词，“勇敢、坚定、沉着。向斗争中学习。为民族解放事业随时准备牺牲自己的一切！”
12	延安大学	毛泽东	确定校名，并多次去学校参加开学典礼。1944 年 5 月 24 日，毛泽东在新成立的延安大学开学典礼上发表重要讲话。他在讲话中明确提出：“政治、经济、文化，是我们延大学习的内容，一定要学好，要会做这方面的工作，要为实际服务，不搞教条主义，不脱离实际。”
		吴玉章	1942 年 3 月 1 日，吴玉章阐明延安大学的教育目的“不但在专门技术和知识的获得，且更应注意养成学员的伟大品格”。9 月 21 日，在延安大学成立周年纪念大会上，吴玉章再次强调，“我们延大今后不应当只是学科学的学校，而应当是学做人的学校”
		李维汉	1940 年在《预祝 1941 年延安干部教育的胜利》中提出干部教育从短期训练班向正规学校转型
		张闻天	提出青干（泽东青年干校）、女大（中国女子大学）、陕公（陕北公学）等合并成立大学的方针
		任弼时	提出青干（泽东青年干校）、女大（中国女子大学）、陕公（陕北公学）等合并的理由和原则
13	中国人民大学	毛泽东	提出创办决策，“同意在莫斯科建立一个中国大学”，“中国大学不设在阿尔马达而设在北平，由苏联派教授”
		刘少奇	筹建中国人民大学。1949 年 6 月，刘少奇秘密访苏联时向斯大林提出：“我们想请苏联为中国的建设管理人才办一所专门的学校，好像过去的中国劳动大学一样，来为新中国培养建设和管理国家与企业所必需的干部。”
		斯大林	积极回应并支持刘少奇的办学想法
		吴玉章	担任校长，确立办学指导思想和方针
14	哈尔滨工业大学	刘少奇	积极支持改造。1951 年刘少奇在教育部党组提交的《关于哈尔滨工业大学改进计划的报告》上批示，“办好这样一个大学，很有必要”
		冯仲云	担任校长，以松江省人民政府主席的身份兼任哈尔滨工业大学第十一任校长，哈尔滨工业大学中国化的第一推手，提出首先要组建一支以中国人为主的教师、干部队伍，积极向中共中央建议把哈尔滨工业大学改建、扩建成一个学习苏联的五年制的理工科大学，并为全国理工科大学培养师资

续表

序号	名称	重要人物	主要贡献
14	哈尔滨工业大学	陈康白	1951~1953 年任校长，哈尔滨工业大学现校址的选址人，哈尔滨工业大学的“总设计师”，是“永不干涸的精神源泉”，破格提拔了大批能人
14	哈尔滨工业大学	李昌	1954 年 1 月向高等教育部和第一机械工业部提交了《关于哈工大办学方向的报告》，确定了学校新的办学方向，哈尔滨工业大学由民用工业技术的教学与研究，转向军事工业技术的教学与研究，包括培养航空航天尖端技术人才
15	中国科学技术大学	郭沫若	提出为了培养干部，可以考虑中国科学院附设高等学校，挑选最好的学生；主持召开学校筹备委员会第一次会议，成立大学筹备委员会，担任主任委员、首任校长
15	中国科学技术大学	邓小平	1958 年 6 月，主持中央书记处会议并对中国科学技术大学的成立问题予以讨论，做出批示，即“书记处会议批准这个报告，决定成立这个大学”
15	中国科学技术大学	聂荣臻	向周恩来汇报中国科学院拟办大学一事，得到周恩来的首肯
16	江西共产主义劳动大学	毛泽东	做出七三〇指示
16	江西共产主义劳动大学	邵式平	江西省省长兼任总校党委书记，积极支持创办江西共产主义劳动大学，促成中共江西省委、省人委于 1958 年 6 月 9 日发布《关于创办江西省劳动大学的决定》
16	江西共产主义劳动大学	汪东兴	江西省副省长和农垦厅厅长，多次向毛泽东汇报办学情况
16	江西共产主义劳动大学	刘俊秀	积极支持创办江西共产主义劳动大学
17	七二一工人大学	毛泽东	做出七二一指示
18	金陵职业大学	朱刚	党委书记兼校长，确定“收费、走读、不包分配、择优推荐”的办学原则，培养“为我所用”“适销对路”的人才
19	深圳大学	邓小平	提出“深圳速度”
19	深圳大学	梁湘	以“当了裤子也要办起深圳大学”的决心筹办学校，他对首任校长罗征启等人提出要求“我不懂教育，我给你钱，给你地，你给我人才！”
19	深圳大学	罗征启	筹建深圳大学，1983 年任深圳大学党委书记、第一副校长，1985 至 1989 年任深圳大学第二任校长
20	南方科技大学	朱清时	首任校长，提出南方科技大学承担探索具有中国特色的现代大学制度，探索创新人才培养模式的重大使命

续表

<table>
<tr><th>序号</th><th>名称</th><th>重要人物</th><th>主要贡献</th></tr>
<tr><td rowspan="3">21</td><td rowspan="3">中国科学技术大学少年班</td><td>李政道</td><td>1974 年 4 月，李政道通过周恩来向毛泽东建议培养一支“少而精的基础科学工作队伍”，提出“理科人才也可以像文艺、体育那样从小培养”</td></tr>
<tr><td>邓小平</td><td>1983 年 12 月，杨振宁向邓小平建议“国外认为，搞软件十五至十八周岁较有利”。邓小平说：“科大少年班可以搞”</td></tr>
<tr><td>方毅</td><td>国务院副总理方毅批示破格录取并接见宁铂，推动成立中国科学技术大学少年班</td></tr>
<tr><td rowspan="2">22</td><td rowspan="2">宁波诺丁汉大学</td><td>徐亚芬</td><td>“破天荒”提出要引进国际一流大学，并经杨福家院士的牵线搭桥，浙江省万里教育集团向英国诺丁汉大学发出邀请。2017 年 9 月份，英国诺丁汉大学将一幢综合楼命名为“徐亚芬楼”</td></tr>
<tr><td>应雄</td><td>徐亚芬的创业伙伴，浙江省万里教育集团最初两位创办人之一。宁波诺丁汉大学的中方执行理事之一，全过程参与宁波诺丁汉大学创建初期的谈判、重大决策制定等，2018 年出任党委书记</td></tr>
<tr><td rowspan="2">23</td><td rowspan="2">黑龙江大学创业教育学院</td><td>衣俊卿</td><td>参加 2002 年教育部高等教育司举办的创业教育座谈会，针对学校人才培养方案及“一体两翼”创新人才培养作了典型发言</td></tr>
<tr><td>丁立群</td><td>时任主管创业教育工作的副校长，提出创业教育的基本目标是培养学生的创业素质</td></tr>
<tr><td>24</td><td>西湖大学</td><td>施一公</td><td>创办西湖大学并担任校长，提出“高起点、小而精、研究型”的办学定位，培养富有社会责任感的拔尖创新人才</td></tr>
<tr><td>25</td><td>茅台学院</td><td>袁仁国</td><td>时任茅台集团董事长，积极支持创办茅台学院并任董事长</td></tr>
</table>

（三）跨学科人才培养组织有一定基础但需要加快发展

纵观高校人才培养组织创新历程，从西汉太学到京师同文馆，再到中国人民大学，以及改革开放后创办的金陵职业大学、深圳大学、茅台学院，大部分人才培养组织创新指向培养适应政治需求和社会需求发展的专才。蔡元培担任北京大学校长期间改造北京大学是希冀培养通才，而通才不等于跨学科人才。跨学科人才是具有专业人才特征的通才或具有专业人才特质的通才，在某种意义上等同于复合型人才。跨学科人才有两个层面的含义，一是具有跨学科素养的专业人才，二是与学科分化中的专业人才相对的跨越两个及以上一级学科或学科门类的人才。在专业教育长期“一家独大”的环境中，跨学科教育没有得到足够的重视，但跨学科人才培养模式在有意识或无意识的教育改革实践中得到一定的发展。北宋胡瑗主持苏州、湖州两州州学时创设“经义”“治事”两斋，从人才需求出发，采用主修和辅修方式，要求治事斋学生必须学习一个主科和一个副科（治一事，又兼摄一事），是对跨学科人才培养模式的有益探索。湖南自修大学强调以学科为单位，学生至少要研究一科，也可以研究数科，具有跨学科人才培养的某些特征。蔡元培担任北京大学校长时，引进选课制度，学生可以根据个人兴趣爱好跨系选课，虽然其目标是培养硕学闳才，但也是对跨学科人才培养模式的探索。

新中国成立后，经过院系调整，专业教育更加受到重视，但也为跨学科教育留下一个口子。中国科学技术大学自创办时起就实行理工结合，创造性地把理科与工科、前沿科学与高新技术相结合，注重基础课教学，高起点、宽口径培养新兴、边缘、交叉学科的尖端科技人才。中国科学技术大学自创办之日起，在某种意义上而言就是一个跨学科教育和跨学科研究的大学。中国科学技术大学少年班学院、南方科技大学、西湖大学剑指拔尖创新人才培养，即培养跨学科高端人才。中国科学技术大学少年班学院、南方科技大学本科生入学后先接受 2 年通识教育，不分专业，后 2 年学生可以根据个人兴趣爱好、能力自由选择专业。中国科学技术大学少年班学院还开设交叉学科英才班，在少年班 3 年级的学生中遴选15位左右的学生接受交叉学科个性化培养。西湖大学根据“高起点、小而精、研究型”的办学定位，重点培养复合型拔尖创新的研究生。黑龙江大学创业教育学院提供以“创造、创新、创业”为主线的辅修专业课程群，打破专业壁垒，着眼于培养“专业 + 特色”的跨学科人才。茅台学院依据白酒产业链设置相应的学科专业，以“酿酒工程”为核心，逐步形成以工学为主，管理学、经济学、农学等学科协调发展的学科体系，也是一种跨学科人才培养组织。

综上所述，我国高校探索跨学科人才培养的时间长、形式多样，取得了丰硕成果，积累了不少经验，但相对庞大的专业人才体系，跨学科人才培养组织少、占比小，跨学科人才培养仍任重道远。

· 第五章 ·

跨学科人才培养流变

跨学科人才培养是我国高等教育改革发展的重要议题之一，也是应对解决复杂科技问题和社会问题的必然要求。我国在跨学科人才培养上具有较为深厚的历史基础，改革开放以来我国高校积极探索跨学科人才培养方式，走出了一条具有中国特色的跨学科人才培养道路。习近平总书记强调，办好中国的教育，必须坚持中国特色社会主义教育发展道路，扎根中国、融通中外，立足时代、面向未来，发展具有中国特色、世界水平的现代教育。[①] 本章拟在辨析跨学科人才培养概念内涵的基础上，梳理我国跨学科人才培养的具体做法，归纳总结跨学科人才培养经验。

一　跨学科人才培养基本理论

（一）跨学科

“跨学科”一词在中英文里的含义有差异。在英语里，“跨学科”的形

① 《习近平总书记教育重要论述讲义》，高等教育出版社，2020，第 108 页。

容词形式“interdisciplinary”、名词形式“interdisciplinarity”，于1926年被首次编入《韦氏大学词典》，基本含义指涉及两个或两个以上的学科的学习研究。从20世纪50年代开始得到学术界的普遍使用，先后出现跨学科研究者、跨学科关系、跨学科教育等。在中文里，其含义通常与交叉学科同义，有三层含义：一是打破学科壁垒，把不同学科的理论和方法有机融为一体的教育和研究活动；二是包括众多跨学科在内的学科群；三是一门以研究跨学科规律和方法为基本内容的跨学科学。[①] 教育部高教司组织高等教育研究界的专家从跨学科人才培养的角度进行研究，认为跨学科是“打破学科壁垒、超越一个已知的学科边界，进行涉及两个或两个以上学科知识的有机整合的科研或教育实践活动”[②]。跨学科既是现代科技和社会发展的必要结果，也是解决现代科技问题和社会问题的必然要求，更是以教育创新实现理论创新、制度创新、科技创新和文化创新的基础，包括跨学科研究和跨学科教育。按照学科间交叉的程度由低到高，可以把跨学科的学科分为比较学科、边缘学科、软学科（软科学）、综合学科、横向学科（横断学科）和超学科（元学科）。[③] 跨学科是以学科为基础，在现有典型学科、传统学科之间进行跨越，这种跨越不是学科之间的随意拼凑，而是相关学科的方法论、理论、知识的有机融合。

通常认为，跨学科研究活动开始时由近代科学家自发探索，如在近代出现达·芬奇、罗蒙诺索夫、李希特等跨多个学科的科学家。19世纪后，跨学科研究逐步进入自觉探索阶段，产生物理化学、化学动力学等学科。进入20世纪，特别是20世纪60年代，跨学科研究进入全面自觉发展阶段，不仅出现了更多的跨学科学，还出现了跨学科研究生培养等。现代跨学科教育出现在第一次世界大战期间的教学改革，第二次世界大战后跨学科教育越来越受到人们的重视，20世纪60年代各个阶段的跨学科教育成为世界教育改革的主要趋势之一。整体来说，西方国家的跨学科教育经历

---

① 刘仲林：《跨学科教育论》，河南教育出版社，1991，第277~278页。

② 李文鑫、黄进主编《跨学科人才培养的理论研究》，武汉大学出版社，2004，第24页。

③ 刘仲林：《跨学科教育论》，河南教育出版社，1991，第304~307页。

了三个发展阶段：第一次世界大战至第二次世界大战为初级阶段，第二次世界大战结束至20世纪60年代末为拓展阶段，20世纪60年代末以来跨学科教育为专业化阶段。[①] 如果说第一、二阶段属于跨学科活动的自发探索，第三阶段则属于跨学科活动的自觉探索。1970年第一次以跨学科为主题的国际性学术会议召开后《跨学科——大学中的教学和研究问题》《高等教育中的跨学科》出版，国际跨学科协会等成立。[②] 在我国，跨学科运动萌发于20世纪50年代，以钱学森提出的工程控制论为代表，[③] 工程控制论拓展了控制论的研究范畴。1983年，天津师范大学成立跨学科学会，1985年我国首届交叉科学学术讨论会召开，跨学科研究和教育活动逐步得到各界重视。[④]1993年11月，首届以“跨学科”命名的全国跨学科学术研讨会召开，与会人员认为社会需求和实践是跨学科发展的源泉和动力，时任山西省科委主任的李镇西结合自身跨学科实践经验指出高等教育要着力培养跨学科国际通用型人才。[⑤] 可见，跨学科活动在我国发展相对缓慢。20世纪70年代初，跨学科学诞生，是一个与科技哲学和科学学密切关联的学科，其含义与跨学科有很大区别。[⑥] 近年来，跨学科在我国快速发展，得到国家的高度重视。2017年1月，教育部、财政部、国家发改委印发《统筹推进世界一流大学和一流学科建设实施办法（暂行）》强调，要面向国家重大战略需求、经济社会主战场和世界科技发展前沿，突出学科交叉融合和协同创新。2020年12月30日，国务院学位委员会、教育部《关于设置“交叉学科”门类、“集成电路科学与工程”和“国家安全学”一级

---

① 刘仲林:《当代跨学科学及其进展》,《金秋科苑》1997年第1期，第44~46页。

② 程妍:《跨学科研究与研究型大学建设》，博士学位论文，中国科学技术大学，2009，第17~18页。

③ 程妍:《跨学科研究与研究型大学建设》，博士学位论文，中国科学技术大学，2009，第19页。

④ 刘仲林:《交叉科学与交叉（跨学科）教育》,《天津师大学报》1986年第4期，第29~35页。

⑤ 刘仲林:《迈向跨学科研究的新阶段》,《天津师范大学学报》（社会科学版）1994年第1期，第44~46页。

⑥ 刘仲林:《当代跨学科学及其进展》,《自然辩证法研究》1993年第1期，第37~42页。

学科的通知》(学位〔2020〕30号)提出设置"交叉学科"门类,成为第14个学科门类,下设集成电路科学与工程和国家安全学2个一级学科,要求高校根据实际情况做好学科建设和人才培养工作。

(二)跨学科人才及其培养

跨学科教育与跨学科研究是跨学科活动的"一体两翼",相互依存、相互促进,都是跨学科人才培养的重要途径。跨学科教育是致力于培养跨学科人才的教育活动,跨学科教育与专业教育并不冲突,而是相互补充、相辅相成,共同促进学生的全面发展。① 跨学科教育既包括跨越社会科学和自然科学领域的教育,也包括跨越学科门类、跨越一级学科、跨越专业的教育,以跨学科学位、跨学科专业、跨学科课程的形式呈现出来。汪丁丁认为,跨学科教育本质上是我国早期儒家教育与当代西方教育的结合,跨学科教育蕴含教育者对学科分科制度的反思和不满。② 跨学科人才是以解决复杂科技问题和社会问题为导向,以整合两门或两门以上学科设置的课程体系为载体,掌握、融通两门或两门以上学科世界观、方法论、知识和应用技能的复合型人才。也有研究把跨学科人才界定为通过一定的教育模式培养出的具有宽厚基础理论和广博的知识面,基本掌握两门或两门以上学科的理论、知识和技能方法,富有跨学科意识和创新精神的人才。③ 跨学科人才不完全等同于通才。《现代汉语词典》(第7版)把通才解释为兼备多种才能的人,《教育大辞典》把通才定义为发展较全面、知识面较广、活动领域较宽的横向型人才④。作为通才教育的主张者和实践者,梅贻琦眼里的通才是一种"全才"式的通才,而竺可桢眼里的通才是"闳才"

---

① 钱海燕、王雪:《世界高校跨学科教育的三种模式》,《上海教育》2021年第14期,第32~35页。

② 汪丁丁:《跨学科教育文集》,东北财经大学出版社,2009,第319页。

③ 李文鑫、黄进主编《跨学科人才培养的理论研究》,武汉大学出版社,2004,第38页。

④ 顾明远主编《教育大辞典》(第1卷),上海教育出版社,1990,第62页。

式的通才或领袖人才，竺可桢还主张通过主辅修制度培养跨学科的通才。[①]专才通常指专业方面较为集中，只在某一领域或某一领域的某个方面具有专门知识和技能技巧的人才。[②]复合型人才一般是指在专业、能力、素质三个方面具有复合性，且具有一定的创新精神，是一种具有精深的交叉学科基础理论知识和能力，知识结构合理、素质全面，具有创新能力和创新意识，掌握熟练的心智技能，具有一定科研能力和独创精神的高级人才。[③]如果说通才强调知识、技能的广度，专才强调深度，那么跨学科人才既强调广度，也强调深度，跨学科人才是具有通才特质的专业人才或具有专业人才特质的通才，在某种意义上是复合型人才。跨学科人才有四个基本特征：一是具有较广的多学科的基础知识、理论和方法，二是具有较强的创造、创新、创业的意识和能力，三是具有以主攻学科专业为主干而形成的合理的知识结构，四是具有良好的群体意识和协调、合作精神。[④]

跨学科人才在某种程度上是创新创业型人才，即通过跨学科教育来培养具有创新精神和实践能力的且具有跨学科知识结构或背景的高级专门人才。[⑤]跨学科人才培养的内涵有两个方面：一是“跨学科的人才培养”，即用“跨学科”的手段、方法和途径去培养具有一定跨学科素养的专业人才；二是“跨学科人才的培养”，即培养与学科分化中的专业人才相对的跨学科人才。无论是“跨学科的人才培养”还是“跨学科人才的培养”，都以承认分科教育的重要性并跨越学科壁垒为基础，强调关联学科的优势互补和知识整合，培养学生的解决复杂科技问题和社会问题的能力。跨学科人才培养的目标是培养基础知识宽厚、学术视野宽广、具有多学科知识

---

① 周谷平、张丽：《梅贻琦与竺可桢通才教育观之比较》，《高等教育研究》2019 年第 2 期，第 83~88 页。

② 顾明远主编《教育大辞典》(第 1 卷)，上海教育出版社，1990，第 62 页。

③ 张梅俊：《交叉学科复合式教学体系的理论与实践研究》，博士学位论文，武汉理工大学，2008，第 35~36 页。

④ 李文鑫、黄进主编《跨学科人才培养的理论研究》，武汉大学出版社，2004，第 44~46 页。

⑤ 胥青山：《跨学科人才培养与高校学科组织创新》，《辽宁教育研究》2004 年第 1 期，第 21~23 页。

结构的适应社会经济发展需要的复合型、应用型高素质人才。[①]两门或多门学科跨越学科壁垒之后有可能形成一种新的学科，即跨学科学或交叉学科学，也可能只是学科间“牵手”但不合二为一。在我国的语境中，“跨学科的人才培养”和“跨学科人才的培养”可以不做严格区分，现实中跨学科教育主要是指培养具有跨学科素养的专业人才，即“跨学科的人才培养”，跨学科人才培养途径包括主辅修复合、二元复合（双主修制或双科制、第二学士学位、跨学科攻读研究生学位）、多元复合、通识教育、跨学科专业（学际型学科专业、交叉学科专业）。

现有研究跨学科人才培养的文献主要集中在跨学科人才培养的必要性研究[②]、跨学科人才培养的价值研究、介绍外国特别是美国的跨学科人才经验[③]等，虽然有部分文献研究我国辅修学位等跨学科人才的具体做法[④]、组织支持[⑤]、政策支持[⑥]、培养模式[⑦]、跨学科人才培养的制约因素[⑧]等，但很少从跨学科层面讨论跨学科人才培养经验。1963 年哲学家波普尔曾指出，大学要培养解决问题的人才，而不是培养某个学科的人才，问题是可以跨越任何学科边界的，大学要培养跨学科人才。西方国家自 20 世纪初期开始实践跨学科本科人才培养，于 20 世纪 90 年代进入成熟阶段，从 1975

---

① 李文鑫、黄进主编《跨学科人才培养的理论研究》，武汉大学出版社，2004，第 47 页。

② 陈凯：《世界高科技人才培养工作的新趋势——重视跨学科人才的培养》，《科学学与科学技术管理》1995 年第 8 期，第 47~48 页。

③ 张晓报：《独立与组合：美国研究型大学跨学科人才培养的基本模式》，《外国教育研究》2017 年第 3 期，第 3~15 页。

④ 李文鑫、胡甲刚：《打破学科专业壁垒 推进跨学科人才培养》，《中国高等教育》2004 年第 3、4 期，第 40~41 页。

⑤ 胥青山：《跨学科人才培养与高校学科组织创新》，《辽宁教育研究》2004 年第 1 期，第 21~23 页。

⑥ 陈学敏：《跨学科培养人才的政策导向》，《教育与现代化》2005 年第 6 期，第 31~35 页。

⑦ 娄延常：《跨学科人才培养模式的多样性与理性选择》，《武汉大学学报》（人文科学版）2004 年第 2 期，第 232~236 页。李培凤、王生钰：《跨学科人才培养模式案例分析》，《国家教育行政学院学报》2004 年第 1 期，第 91~95 页。

⑧ 刘亚敏、胡甲刚：《跨学科人才培养的制约因素探讨》，《中国高教研究》2004 年第 3 期，第 59~61 页。

年到2000年美国跨学科学位数增加了250%，近半数的20世纪诺贝尔自然科学奖获得者具有跨学科教育或研究背景。[①] 20世纪60年代末，经济合作与发展组织调查发现，跨学科教育的兴起有五个源头：自然科学的发展、学生的需要、职业培训的需要、社会的需要及大学的功能与管理的需要。[②] 概而论之，跨学科人才培养既是社会发展对高等教育提出的新要求，也是大学积极回应社会发展和学生发展需要的表现。作为当今世界高等教育强国，美国大学的跨学科人才培养备受中国学者关注，有学者认为美国的跨学科教育经历了三个发展阶段：二战前为第一个阶段，这个阶段的特征是跨学科课程被视为通识教育的组成部分；二战至20世纪60年代末是第二个阶段，在社会急剧变革和跨学科研究的推动下跨学科教育深入发展，持续嵌入高等教育系统并出现跨学科专业；20世纪60年代末以来是第三个阶段，跨学科教育进入自觉发展的制度化阶段。[③] 总体来看，跨学科人才培养途径多种多样，有人认为欧美国家主要有跨学科课程和跨学科学位两种模式[④]，也有人归纳为设立跨学科组织、跨学科专业、双专业制度、双学位制度或主辅修专业制度、跨学科课程等[⑤]，还有人认为美国大学进行跨学科人才培养的主要方式是设立跨学科学院、开展跨学科教育项目、设立跨学科中心和研究所[⑥]。在我国，跨学科人才培养模式有主辅修复

---

① 徐冬青:《跨学科教育：高校教育改革的生长点》,《上海教育》2021年第4期，第28~31页。

② 〔美〕朱丽·汤普森·克莱恩:《跨越边界——知识 学科 学科互涉》，姜智芹译，南京大学出版社，2005，第24页。

③ 王冬梅:《美国高校交叉学科教育研究综述》,《比较教育研究》2007年第3期，第38~43页。

④ 叶取源、刘少雪:《架设人文教育与科学教育的桥梁——美国大学跨学科项目案例介绍和分析》,《中国大学教学》2002年第9期，第46~48页。

⑤ 刘宝存:《欧美大学多向发展跨学科教育》,《中国社会科学报》2010年7月1日，第B15版。

⑥ 杨海燕:《美国研究生阶段交叉学科的发展及其对我国的启示》,《中国高教研究》2008年第8期，第40~44页。

合型、二元复合型、多元复合型、通识型、学际型等。[①]“双一流”建设中大学跨学科学术组织变革和创新是高等教育体制改革与制度创新的重要突破口，但学科分割和与之相匹配的学科利益分配机制是制约跨学科教育与研究创新发展的关键因素。[②]跨学科教育在认知方式、学习方式、教学方式和内容特征上，与创新创业教育具有一致性。[③]跨学科创业教育是大学生获得创业知识的最优选择，跨学科创业教育始于1983年美国新墨西哥大学，正成为世界各国大学创新创业教育改革的方向。[④]跨学科教育需要跨越学术资源配置的官僚化模式，跨学科师资需要具有更强烈的企业家认知方式，即创新特质。[⑤]

二　跨学科人才培养实践

（一）探索实施主辅修双学位教育

主辅修制是指学生在学习主专业时，在本校或跨校修读另一个专业的制度。双学位是指在校本科生在保证完成主修专业课程内容的同时，学有余力，经自愿申请，学校考核同意，再完成跨学科门类的另一个专业的学位课程，达到授予学位条件者，可同时获得另一个学科门类的学士学位。

① 娄延常:《跨学科人才培养模式的多样性与理性选择》,《武汉大学学报》(人文科学版)2004年第2期，第232~236页。

② 《世界教育信息》编辑部:《“双一流”建设中我国高校跨学科学术组织变革与创新发展——访浙江大学中国科教战略研究院副院长、科教发展战略研究中心副主任张炜教授》,《世界教育信息》2019年第21期，第39~44页。

③ 顾沈静:《创新创业教育对跨学科教育的吁求》,《重庆高教研究》2015年第5期，第28~31页。

④ 徐冬青:《跨学科教育：高校教育改革的生长点》,《上海教育》2021年第14期，第28~31页。

⑤ 汪丁丁:《转型期社会的跨学科教育问题》,《社会科学战线》2012年第7期，第197~201页。

双学位教育是适应社会经济发展需要，培养复合型、具有创新精神和实践能力的高素质人才的有效途径，是培养跨学科人才的具体措施。本科教育阶段的主辅修制通常与双学位联系在一起，即主辅修双学位教育，专科教育阶段的主辅修制则与学位无关。主辅修双学位教育通常是指针对部分学有余力的学生，学校鼓励其根据自己的兴趣爱好修读辅修专业培养方案内的选修课程。毕业时，在获得主修专业毕业证书和学士学位的前提下，完成辅修专业培养方案规定的课程学分，可获得辅修证书；完成辅修专业培养方案规定的课程学分并通过辅修专业毕业论文答辩，还可以获得辅修学位。武汉大学、清华大学、南京大学是改革开放后较早进行主辅修双学位教育的高校，主要是培养有别于专才的复合型人才。1983 年，武汉大学允许学生在校内修读第二专业，1994 年起武汉大学联合武汉地区的华中理工大学、武汉水利电力大学、武汉测绘科技大学和中国地质大学（武汉）4 所大学进行跨校选课修读第二专业，2000 年发展到在武汉 7 所部委直属高校［武汉大学、华中科技大学、中国地质大学（武汉）、中南财经政法大学、华中农业大学、华中师范大学、武汉理工大学］跨校修读第二专业。辅修专业课程授课时间通常安排在周末、节假日，采用大班集中上课的方式。20 世纪 80 年代，清华大学的主辅修双学位教育采取“先试读，后认定资格”的办法，有修读辅修专业意愿的学生先修读部分课程，中途认为自己不适合修读时可以退出。当时清华大学确定培养机电一体化、工程 - 环保、工业 - 管理、工业 - 外语 4 类跨学科人才，对辅修专业学生单独编班授课，要求修读的学生获得 80~100 个学分才能授予双学位。清华大学的双学位教育采取严进严出的方式，到 1989 年全校批准修读第二学位的 270 个学生中只有 132 人获得双学位，1987 年和 1988 年获得双学位的毕业生分别占毕业生总数的 1%、2.7%。[①] 主辅修双学位跨学科人才符合社会经济发展需求，一度被用人单位“疯抢”。在学校政策层面，2005

① 曾煜恒:《改革开放后我国高校本科双学位教育的发展与改革研究》，硕士学位论文，湖南师范大学，2017，第 21 页。

年武汉大学制定的《武汉大学本科生辅修专业的实施办法》规定，申请辅修专业（通常为跨学科专业）的学生需要“主修专业课程成绩优良且学有余力”，辅修专业按每学分 100 元的标准收取学费，辅修课程成绩不及格者需要重新缴费学习，学生获得主修专业毕业证书的同时修完辅修专业 25 个学分即可获得辅修证书，符合《武汉大学双学位授予暂行办法》者还可以获得辅修专业学士学位。2012 年武汉大学印发《武汉大学完善本科生主辅修专业制的实施办法》，指出要进一步发挥武汉大学学科综合优势，扩大本科生修读双学位和辅修专业规模，培养更多复合型拔尖人才。该实施办法进一步明确了学生申请辅修专业的条件。第一学年平均学分绩点（GPA）达 2.5 及以上，辅修专业原则上不与主修专业所在的专业类别相同，每个学生只能参加一个辅修专业（双学位）学习。同时该实施办法规定，取得辅修专业证书的条件是要完成辅修专业培养方案规定的课程并获得 25 个及以上学分，取得双学位需要满足的条件是完成辅修专业培养方案规定的课程并获得 45 个及以上学分，完成相应毕业论文或毕业设计、其他实践环节，未取得辅修专业证书者，其辅修专业课程成绩按选修课成绩记载。北京大学在探索主辅修双学位教育的过程中，曾制定《北京大学关于攻读“双学士学位”试行办法》和《北京大学关于本科学生修读辅修专业的试行办法》。2003 年 3 月北京大学校长办公会讨论通过修订后的管理制度《北京大学本科生选修辅修 / 双学位专业管理办法》，指出北京大学继续推行主辅修制和双学士学位制的目的是加速培养“厚基础、宽口径、高素质”的富有创新精神和实践能力的知识复合型人才，让学有余力的学生更能充分利用北京大学多学科的教育资源，提高就业竞争力。该管理办法规定，在校本科生申请辅修专业和双学位的要求是第一年各门课程成绩均达及格以上，平均学分绩点在 2.0 以上，对辅修专业有特别兴趣且有一定学习基础；辅修专业需要完成必修课 5~8 门，学分达 20~30 个，双学位需要在辅修专业课程基础上增加 3~6 门，学分达 30~40 个；修读辅修专业或双学位的学生可以随现行课程班级上课，也可以单独编班，必须保证学好主修专业课程，凡主修专业受到学术警告者，其辅修专业或双学位学籍将被注销，如果连续两个学期辅修专业或双学位课程平均学分绩点低于2.0，其辅修专业或双学位学籍也将被注销。北京大学的辅修专业或双学位，不仅起点高、入口严，而且学校对学习过程和学习成效也实施监测，获得辅修专业毕业证书或双学位证书的应届毕业生，可以自行决定按主修专业还是辅修专业或双学位专业参加就业派遣。2017年1月，北京大学印发修订后的《北京大学本科生修读双学位专业管理办法》和《北京大学本科生修读辅修专业管理办法》，对2003年《北京大学本科生选修辅修/双学位专业管理办法》进行了较大调整，涉及课程质量、报名方式、学分、成绩、教学管理、毕业管理等。整体来说，2017年的两个管理办法强调辅修专业或双学位专业与主修专业同质教学、同质管理，同时具有鼓励辅修、促进交叉、出口规范、主次明晰等特点。两个管理办法开宗明义地指出，“充分发挥北京大学综合性研究型大学优势，为学生提供跨学科学习的机会”[①]，旨在通过辅修专业或双学位教育培养跨学科人才。同时，两个管理办法强调辅修专业或双学位专业在课程难度、要求和考核等方面与其本学科专业课程保持一致，辅修专业或双学位专业课程与主修专业课程要有明显区别，修读内容相近或相同的课程成绩无效，以保障跨学科人才培养质量。另外，2017年的管理办法与2003年的管理办法相比，2017年的管理办法规定辅修专业课程免费，但双学位课程继续收取学费，学生主修专业学业结束，无论毕业或结业离校，辅修或双学位专业学习同时终止，如果未按时完成辅修专业或双学位专业的学分，不再延期学习时间。

除高校、区域内高校结盟组织学校间的辅修专业、双学位教育外，也有少数地方由省级教育行政部门组织双学位教育。2009年四川省学位委员会印发《四川省开展“双学位”教育工作意见》，决定从2009年开始在西南石油大学、成都理工大学、西南科技大学、四川理工学院（现四川轻化工大学）、成都信息工程学院、中国民用航空飞行学院、泸州

① 北京大学教务部：《北京大学本科生修读双学位专业管理办法》，http://www.dean.pku.edu.cn/web/rules_info.php?id=16。

医学院（现西南医科大学）、川北医学院、西华大学、四川师范大学、西华师范大学、四川音乐学院、成都体育学院、西南民族大学、四川农业大学、成都中医药大学16所具有硕士学位授权资格的高校开展双学位教育试点工作。该意见规定各高校要做好本校双学位教育的实施方案，内容包括选拔程序、选拔标准、培养方案、管理办法和授位细则，招收双学位的学生的比例，不超过这一年级本科学生人数的10%。2009年2月福建省教育厅、福建省财政厅、福建省物价局、福建省人事厅、福建省发展和改革委员会联合发文《关于在全省高校毕业生中试行“双学位”、“双专业”教育的意见》，提出全省高校计划接收2万人的毕业生试行“双学位”“双专业”[①]教育，其中本科高校、高职高专院校各1万人。该意见对高校双学位、双专业的专业进行了明确限制，本科“双专业”应主要为为信息、石化、机械等三大工业主导产业服务的工学类专业和为现代服务业发展服务的应用文科类专业，特别是集成电路、软件、光电子、生物技术、环保、新材料等6个为高新技术产业发展服务的相关专业，不少于7000人；高职高专“双专业”应主要为软件业、制造业、汽车业、电子通讯业、建筑业、物流业、护理业、旅游业、商贸业、现代农业等产业发展的十大技能型紧缺人才领域的相关专业，不少于9000人；凡人才需求量小，毕业生就业率低的专业均不得列为“双学位”“双专业”教育的试点专业。福建省“双学位”“双专业”教育有四个鲜明特点：一是符合条件的高校毕业生均可向本人所在高校提出申请并免试入学；二是毕业后由高校颁发“××学校第二学位证书”和“××学校第二专业证书”，由省教育厅进行省内统一电子注册，并在本省范围内承认其学历、学位，福建省教育厅网站特别设置“福建省高校辅修专业证书查询”模块供学生和用人单位查询认证[②]；三是毕业生取得的“双学

① “双学位”是指修读本专业取得相应学位的同时，修读另一个学科门类的专业所获得的学位；本科“双专业”是指取得本专业毕业证书的同时，修读同一学科门类的另一个本科专业；高职高专“双专业”是指取得本专业毕业证书的同时，修读另一个高职高专专业。

② 中国高等教育学生信息网（学信网）尚未开通辅修专业证书信息查询。

位”“双专业”学历、学位在“福建省毕业生就业公共网”进行毕业生生源申报和就业登记；四是获得“双学位”的大学本科毕业生可享受未获得硕士学位研究生的工资待遇，取得“双专业”学历毕业证书的高职高专毕业生可享受本科毕业生工资待遇。福建省的双学位教育试行2年后被叫停，2013~2014学年起高校不再颁发“双学位”“双专业”证书。福建省的“双学位”“双专业”教育，一方面旨在培养产业发展急需的复合型人才，不断提高毕业生的综合素质和就业竞争能力；另一方面是为化解2008年金融危机带来的就业压力，政策初衷并非培养跨学科人才，但客观上培养了少量跨学科人才。

2015年教育部公布的《高等教育第三方评估有关情况》显示，根据部分高校统计，2013年底各高校当年修读双学位（主辅修）学生数占当年招生数比例的平均值为13.95%，其中“985工程”高校平均为15.21%，“211工程”高校平均为15.45%，地方本科高校平均为11.4%，实施双学位（主辅修制）已经成为高校的一种普遍做法。① 主辅修制和双学位制是培养跨学科人才的有效途径，也是高等教育教学改革和人才培养改革的重要举措。主辅修制度和双学位制可以缓解本科专业教育与社会融合发展之间的矛盾，缩短长线专业和短线专业之间的距离；能够促进学生的知识互补和能力互补，提高学生的学习兴趣，满足不同类型学生的自我发展需求。② 有研究显示，双学位本科生可以给学生带来明显的升学和求职优势，找到工作的概率是未修读双学位学生的1.45倍，继续升学的概率是非双学位学生的1.34倍，工资收入高出非双学位学生13.3%，这些优势会因第一专业的不同而不同。③ 进入21世纪后，部分高校把主辅修制、双学位教育与创新创业教育结合起来，以主辅修制、双学位教育推动创新创业教育。北京

---

① 郛大光:《高等教育第三方评估有关情况》，http://www.moe.gov.cn/jyb_xwfb/xw_fbh/moe_2069/xwfbh_2015n/xwfb_151204/151204_sfcl/201512/t20151204_222888.html。

② 李莉:《我国大学辅修与双学位制改革的回顾与分析》，《中国高教研究》2009年第1期，第60~62页。

③ 马莉萍:《双学位双回报？——基于全国高校毕业生就业调查的实证研究》，《教育发展研究》2013年第21期，第18~23页。

大学 2013 年起在光华管理学院实施创新与创业管理双学位项目，中南财经政法大学面向校内外学生开办劳动与社会保障（创业管理方向）辅修双学位班，天津大学开设了工商管理（创新创业方向）双学位课程。①

（二）开展第二学士学位教育

通常认为，已修完一个学科门类中的某个本科专业课程，获得毕业证书和学士学位证书，再攻读另一个学科门类中的某个本科专业，完成教学计划规定的各项要求，成绩合格，准予毕业的，可授予第二学士学位。根据国家需要，也可以在同一学科门类，但不属于同一本科专业类的两个专业中授予学士学位。与主辅修制中的双学位相比较，第二学士学位不属于高校的自主权事项，设立第二学位专业需要国家教育行政部门审批，就读第二学士学位专业也需要参加国家或地方组织的统一考试。2013 年 12 月，教育部在《关于第二学位和双学位的咨询》中指出，根据国家教育委员会、国家计划委员会、财政部关于印发《高等学校培养第二学士学位生的试行办法》（简称“1987 年试行办法”）的规定，“第二学士学位在层次上属于大学本科后教育，与培养研究生一样，同是培养高层次专门人才的一种途径……教育部现行文件中，没有关于双学位的提法或相关文件”。2019 年国务院学位委员会第三十五次会议审议通过的《学士学位授权与授予管理办法》中的第 14 条、第 15 条和第 16 条分别规定了辅修学士学位、双学士学位、联合学士学位三种学士学位授予的要求，第 25 条规定“自本办法实施之日起，学位授予单位不再招收第二学士学位生”。为贯彻落实《国务院办公厅关于应对新冠肺炎疫情影响强化稳就业举措的实施意见》精神，2020 年 5 月，教育部办公厅印发《关于在普通高校继续开展第二学士学位教育的通知》（简称“2020 年通知”），第二学士学位刚废又立。与 1987 年试行办法相比较，2020 年通知尽管明确指出“第二学士学

① 曾煜恒：《改革开放后我国高校本科双学位教育的发展与改革研究》，硕士学位论文，湖南师范大学，2017，第 28 页。

位教育作为大学本科后教育，是培养复合型人才的重要渠道”，但不再提及“与培养研究生一样”，且规定“第二学士学位生在生均拨款、学生资助、收费等方面参照相应专业本科生执行”。1987 年试行办法还规定，获得第二学士学位的毕业生的“起点工资与研究生班毕业生工资待遇相同”，2020 年通知则没有提及。可以认为，在办学层次上，第二学士学位教育从 1987 年试行办法的准研究生教育降格为本科教育的延长。

无论第二学士学位教育定位在准研究生教育还是本科教育的延长，其设立的目标在大的方向上是没有变化的，即培养跨学科人才。1987 年试行办法指出，第二学士学位教育是为了尽快地培养一批国家急需的知识面宽、跨学科的高层次专门人才，以适应“四化”建设的要求。2020 年通知也指出，第二学士学位是培养复合型人才的重要渠道。根据 1987 年试行办法，第二学士学位专业的招生对象主要是大学毕业并获得学士学位的在职人员（含实行学位制度以前的大学本科毕业生），也可以根据国家的特殊需要，招收少量大学本科毕业并获得学士学位的应届毕业生（含按学分制提前完成学业并获得学士学位的学生）。2020 年通知规定，第二学士学位主要招收应届和近三年未就业的获得本科毕业证书且获得学士学位者，并规定“其他人员原则上不得报考”。1984 年少数高校经过国家教委批准开始试办第二学士学位专业。1987 年试行办法颁布后，越来越多的高校开始开展第二学士学位教育，到 2000 年全国 81 所高校共开设 38 个第二学士学位专业，其中清华大学的第二学士学位专业最多，为 9 个，分别是法学、艺术设计、工业工程、公共事业管理、工商管理、工程管理、计算机科学与技术、编辑出版学、核工程与核技术。①2001~2008 年，第二学士学位教育以较快的速度发展，先后有 141 所高校新增了 104 个第二学士学位专业，2008 年全国共有 163 所高校共开设 81 个第二学士学位专业。②1987 年试行办法要求第二学士学位教育要“有计划地培养某些应用学科的高层

① 曾丽：《如何获得第二学士学位》，《中国大学生就业》2000 年第 3 期，第 38~39 页。

② 杨宗仁：《复合型人才培养模式多元化——招收第二学士学位生发展研究》，《中国高教研究》2010 年第 6 期，第 44~46 页。

次专门人才”，到 2008 年授予的第二学士学位以工学、管理学和法学学科门类为主，没有哲学和历史学学科门类中的专业。2020 年 5 月《教育部办公厅关于在普通高校继续开展第二学士学位教育的通知》要求第二学士学位专业要围绕国家战略急需的公共卫生与预防医学、应急技术与管理、电子信息、大数据、网络空间安全、集成电路、能源动力、生物与医药、养老护理、家政服务等相关领域，并明确支持高校依托“双一流”建设学科专业增设第二学士学位专业。2020 年 7 月，《教育部办公厅关于公布 2020 年普通高等学校第二学士学位专业备案结果的通知》显示，全国共有 497 所高校的 3426 个专业通过了该年度备案。从通过备案的高校看，曲靖师范学院、沈阳化工大学、沈阳航空航天大学通过备案的专业数量均超过 40 个，分别为 46 个、45 个和 44 个，东华理工大学、海南师范大学、江西财经大学、昆明理工大学、沈阳工业大学、宝鸡文理学院通过备案的专业数量均在 30 个及以上，聊城大学、华东交通大学、临沂大学、辽东学院、云南民族大学等 17 所高校通过备案的专业数量均在 20 个及以上。从第二学士学位专业来看，有 38 所高校的预防医学或公共卫生与预防医学、36 所高校的数据科学与大数据技术专业通过教育部备案，专业设置体现了国家急需。第二学士学位教育在一定程度上相当于学生在 6 年时间内，完成跨学科专业的学习任务，比如一个物理学毕业生，修读化学第二学士学位专业，毕业后可以形成较为完备的物理与化学 2 个专业的知识结构，达到培养跨学科人才的效果。因此，北京大学卢晓东教授认为第二学士学位教育比“强基计划”更重要。①

（三）设置本科跨学科专业

根据 2009 年《学位授予和人才培养学科目录设置与管理办法》，学科目录分为学科门类、一级学科（本科专业目录中为“专业类”）和二级学

① 卢晓东：《第二学士学位教育为何比“强基计划”更重要》，《中国科学报》2020 年 6 月 2 日，第 7 版。

科（本科专业目录中为“专业”）三级，学科门类和一级学科是国家进行学位授权审核与学科管理、学位授予单位开展学位授予与人才培养工作的基本依据，二级学科是学位授予单位实施人才培养的参考依据。在学理上，跨学科专业是指基于两个或两个以上学科门类，来实施跨学科教育与研究的基本组织或平台，是高校进行人才培养、科学研究和社会服务的重要载体。[①] 实践中，跨学科专业是指教育部颁布的《普通高等学校本科专业目录》（简称“本科专业目录”）中可以授予 2 个及以上学位中 1 个学位的专业，也指在《授予博士、硕士学位和培养研究生的学科、专业目录》中可以授予 2 个及以上学位中 1 个学位的专业，本研究主要分析本科跨学科专业。有的专业从名称上看属于跨学科专业，比如法学学科门下的“政治学、经济学与哲学”，但在本科专业目录中，这个专业不是跨学科专业，仅可授法学学士学位。也有的专业在名称上跟跨学科专业相似，但在本科专业目录中也不属于跨学科专业，比如“电子商务及法律”“跨境电子商务”跟“电子商务”很接近，“电子商务”可授工学、经济学或管理学学士学位，但“电子商务及法律”“跨境电子商务”只能授予管理学学士学位。当然，这些非跨学科专业在以后的本科专业目录中也有可能成为跨学科专业。

20 世纪 80 年代，北京医科大学、上海医科大学、华西医科大学等重点医学院校先后开设医学英语专业。[②] 医学英语专业具有跨学科性质，把医学和文学两个学科门类结合起来。由于高校专业设置与国家专业设置政策紧密相关，跨学科专业通常以目录外专业的形式出现，经过一段时间再进入专业目录。我国的专业设置概念是在 20 世纪 50 年代从苏联引进来的，1952 年 7 月教育部在北京召开全国农学院院长会议，该次会议拟定了农林院校的调整和专业设置相关方案，最早提及专业设置的文件是《教育部关于全国农学院院长会议的报告》[③]，该报告指出要根据各

① 刘海涛：《高等学校跨学科专业设置：逻辑、困境与对策》，《江苏高教》2018 年第 2 期，第 6~11 页。

② 李文鑫、黄进主编《跨学科人才培养的理论研究》，武汉大学出版社，2004，第 184 页。

③ 周光礼、吴越：《我国高校专业设置政策六十年回顾与反思——基于历史制度主义的分析》，《高等工程教育研究》2009 年第 5 期，第 62~75 页。

业务部门的具体需要并参照苏联的经验。我国先后于1954年、1963年、1984~1988年（1984年公布工科，1986年公布农科、林科，1987年公布医药、社会科学、理科，1988年公布教育、体育）、1993年、1998年、2012年、2020~2021年发布本科专业目录。1993年版本科专业目录是改革开放后的第一个体系完整、统一规范、比较科学合理的本科专业目录，也是第一个注明跨学科专业的本科专业目录。基于数据的可得性、完整性，本研究分析1993年版、1998年版、2012年版、2020~2021年版本科专业目录中的跨学科专业。

1993~2021年4个版本的本科专业目录中，经济学、法学、教育学、文学、历史学、理学、工学、农学、医学、管理学（1998年增设）10个学科门类跨学科专业的出现总频次为187次，哲学、艺术学（2012年增设）、交叉学科（2020年增设）3个学科门类未设跨学科专业，军事学学科门类的相关数据没有统计（见附录二）。第一，跨学科专业数量整体稳定。在时间上，1993年版、1998年版、2012年版、2020~2021年版本科专业目录分别设置56个、31个、46个、54个跨学科专业。除1998年版本科专业目录中的跨学科专业数比1993年版减少25个外，其余3个版本的跨学科专业数大体上稳定。1998年版跨学科专业数减少比较多的原因之一是医学学科门类中的药学类专业的整合，由1993年版的9个整合为1998年版的3个。另外，经济学学科门类的工商管理类2个专业、教育学学科门类的体育学类3个专业、历史学学科门类的图书信息档案学类5个专业调整为非跨学科专业或被撤销。第二，跨学科专业是动态调整的。跨学科专业首次在1993年版本科专业目录中注明，但并不等于1993年高校才开设跨学科专业，比如“外交学”在1987年社会科学本科专业目录中的代码为0703并标注说明是个别学校设置，但没有明确标示为跨学科专业，在1993年版本科专业目录中的代码为030304，与政治学、国际政治、行政管理学一并归入政治学类，4个专业可授法学或哲学学士学位，即均为跨学科专业。某个专业在较早版本的本科专业目录中属于跨学科专业，但后来也可以转变为非跨学科专业，比如“外交学”在1993

年版、1998 年版本科专业目录中被标示为跨学科专业，但在 2012 年版、2020~2021 年版本科专业目录中仅可授法学学士学位，不属于跨学科专业。第三，跨学科专业设置与时俱进服务经济社会发展，特别是服务于国家战略需求。法学学科门类的社会学类、政治学类、公安学类在 1993 年版、1998 年版本科专业目录中分别设有 8 个、6 个跨学科专业，但在 2012 年版、2020~2021 年版本科专业目录中没有设置跨学科专业。工学学科门类中，1993 年版的电子与信息类设有计算机及应用、计算机软件、计算机科学教育 3 个跨学科专业，随着信息科学与技术发展，在 2012 年版和 2020~2021 年版本科专业目录中，电子与信息类发展为电子信息类（设有 7 个跨学科专业）和计算机类（设有 9 个跨学科专业）。另外，在 2012 年版、2020~2021 年版本科专业目录中，设置了信用管理、精算学、智能体育工程、运动能力开发、会展、气象技术与工程、空间科学与技术、地球信息科学与技术等一批紧贴社会经济发展的跨学科专业。第四，跨学科专业在学科门类中呈“重理工、轻文史哲”的特点。187 频次的跨学科专业在学科门类中的出现频次情况是，经济学 5 次、法学 14 次、教育学 14 次、文学 3 次、历史学 7 次、理学 31 次、工学 49 次、农学 16 次、医学 20 次、管理学 28 次，其中理学和工科跨学科专业的出现频次为 80 次，占跨学科专业总频次的 42.78%，而文学和历史学跨学科专业的出现频次为 10 次，占跨学科专业总频次的 5.35%。社会科学中的经济学、法学、教育学、管理学 4 个学科门类中跨学科专业的出现频次为 61 次，占跨学科专业总频次的 32.62%。第五，学科跨度主要在两个学科门类之间跨越。187 频次的跨学科专业中 179 频次，占比 95.72% 的跨学科专业是在 2 个学科门类之间跨越，仅有教育技术学①、图书馆学、信息学、档案学、科技档案、图书出版发行学、电子商务跨越 3 个学科门类，公共事业管理跨越 4 个学科门类。在跨越的学科门类方面，大部分跨学科专业是在人文社会科学学科之间、自然科学学科之间跨越，很少专业在人文社会科

① 教育技术学在 1993 年版、1998 年版本科专业目录中跨越教育学和理学，在 2012 年版、2020~2021 年版本科专业目录中跨越教育学、理学、工学。

学学科与自然科学学科之间跨越。通常情况下，跨学科专业是在理学与工学、农学与理学、医学与理学、法学与哲学、工学与管理学之间跨越，也有在经济学与工学、教育学与理学、教育学与工学、文学与工学、理学与管理学、理学与经济学、农学与工学、农学与经济学、农学与管理学、艺术学与管理学之间跨越的跨学科专业。管理学学科门类设立于 1998 年，在这之前管理学方面的专业分布在法学、经济学、工学、农学等学科门类，2020~2021 年版本科专业目录中管理学学科门类下的 11 个跨学科专业有 8 个是在工学与管理学之间跨越。

整体来看，跨学科本科专业发展相对迟缓，占本科专业总数的比重较低，1993 年版（设 504 个本科专业）、1998 年版（设 249 个本科专业）、2012 年版（设 506 个本科专业）、2020~2021 年版（设 740 个本科专业）本科专业目录中的跨学科专业数分别占比 11.11%、12.45%、9.09%、7.30%。研究生教育阶段的跨学科专业发展较快，截至 2021 年 6 月 30 日，在教育部完成备案、均按照二级学科管理的交叉学科包括 160 所学校的 549 个学科[①]（相当于本科教育中“专业”），其中北京航空航天大学、成都理工大学、东北大学、河南理工大学、济南大学、西南林业大学、中国人民大学、中国石油大学、中南大学和中山大学各有 9 个学科，数量位居第一。通常情况下，交叉学科要求跨学科门类或多个一级学科，基础理论、研究方法已经超出一级学科的范围，并且由于研究对象的不同，其设置将促进新理论的形成和发展或产生新的研究方法。已经备案的交叉学科跨越 2~5 个一级学科，比如北京大学的纳米科学与技术涉及物理学、化学、力学、电子科学与技术、生物医学工程，数据科学涉及数学、统计学、计算机科学与技术、软件工程、公共卫生与预防医学，中国学涉及哲学、应用经济学、法学、政治学、中国语言文学。有研究认为，制约我国跨学科专业发展的因素主要是专业管理体制、单纯按学科划分专业的专业设置形

① 教育部：《学位授予单位（不含军队单位）自主设置二级学科和交叉学科名单》，http://www.moe.gov.cn/jyb_xxgk/s5743/s5744/A22/202108/t20210820_552722.html。

式、学科组织设置方式以及人才培养机制等。① 参考美国研究型大学跨学科专业发展经验，我国要建立多元主体需求导向的专业设置与评价机制，完善专业设置逻辑；优化专业管理体制，创造跨学科专业设置的制度条件；设置专门组织与协调机构，健全跨学科专业组织机制；建立课程共享机制，提供跨学科专业运行的课程基础；探索联合聘任制或双聘制，打破教师的院系和专业隶属。②

（四）开展荣誉教育

荣誉教育是从美国引进的一个概念，亦称高等教育大众化、普及化阶段的精英教育。在我国，荣誉教育以培养拔尖创新人才为目标，通常是指在专业教育之外，为少数优秀学生提供个性化教育的一种人才培养形式，组织方式主要有少年班、基地班、强化班、荣誉计划、荣誉项目、荣誉学院、书院、人才培养特区等。大多数荣誉学院是在少年班、基地班、荣誉计划、荣誉项目等基础上发展起来的，已经成为荣誉教育的主要实施载体。近年来我国荣誉教育发展的一个突出取向是跨学科教育③，在一定意义上来说，荣誉教育的本质是跨学科教育。自 1978 年中国科学技术大学成立少年班以来，荣誉教育组织在中国呈现由点到线再到面扩散的趋势，从重点大学扩散到普通院校。根据各高校官方网站数据，截至 2021 年 8 月，我国 42 所国家"双一流"建设高校中，共有 29 所高校设立 39 个荣誉教育组织，其中清华大学 7 个，中国人民大学、北京理工大学、北京师范大学、重庆大学各 2 个（见表 5-1）。另外，北京工业大学、北京邮电大学等一流学科建设高校和常州大学等"双非"院校（非国家一流大学和一流学科建设高校）也成立了荣誉教育组织，致力于培养跨学科人才。

---

① 刘楚佳:《高校跨学科专业发展探讨》,《高等教育研究》2002 年第 6 期，第 76~79 页。

② 张晓报:《跨学科专业发展的机制障碍与突破——中美比较视角》,《高校教育管理》2020 年第 2 期，第 62~70 页。

③ 钱再见:《荣誉学院拔尖创新人才培养的理念、困境与路径——以荣誉教育为视角》,《南京师大学报》(社会科学版) 2017 年第 1 期，第 65~74 页。

表 5–1　国家“双一流”建设高校的荣誉教育组织

序号	国家“双一流”建设高校	荣誉教育组织	序号	国家“双一流”建设高校	荣誉教育组织
1	北京大学	元培学院	22	厦门大学	—
2	中国人民大学	明德书院 明理书院	23	山东大学	泰山学堂
3	清华大学	新雅书院 致理书院 行健书院 日新书院 未央书院 探微书院 求真书院	24	中国海洋大学	崇本学院
4	北京航空航天大学	沈元荣誉学院 （高等理工学院）	25	武汉大学	弘毅学堂
5	北京理工大学	徐特立学院 北京学院	26	华中科技大学	启明学院
6	中国农业大学	—	27	中南大学	—
7	北京师范大学	励耘学院 瀚德学院	28	中山大学	逸仙学院
8	中央民族大学	—	29	华南理工大学	—
9	南开大学	伯苓学院	30	四川大学	吴玉章学院
10	天津大学	求是学部	31	电子科技大学	英才实验学院
11	大连理工大学	张大煜学院	32	重庆大学	弘深学院 博雅学院
12	吉林大学	唐敖庆班	33	西安交通大学	—
13	哈尔滨工业大学	英才学院	34	西北工业大学	教育实验学院
14	复旦大学	复旦学院	35	兰州大学	萃英学院
15	同济大学	新生院	36	国防科技大学	—
16	上海交通大学	致远学院	37	东北大学	—
17	华东师范大学	—	38	郑州大学	—
18	南京大学	匡亚明学院	39	湖南大学	—
19	东南大学	吴健雄学院	40	云南大学	—
20	浙江大学	竺可桢学院	41	西北农林科技大学	创新实验学院
21	中国科学技术大学	少年班学院	42	新疆大学	—

注：表中“—”表示该高校未设立荣誉教育组织。

自 1978 年中国科学技术大学开办少年班启动荣誉教育以来，我国荣誉教育发展经历了 1978~1985 年的萌芽阶段、1986~1999 年的探索阶段、2000~2017 年的扩散阶段以及 2018 年以来的深化阶段。荣誉教育的发展过程是一个打破专业教育人才培养模式和刚性教学管理制度的过程[①]，也是一个不断探索跨学科人才培养的过程。第一，在萌芽阶段，中国科学技术大学、北京大学、清华大学等 13 所大学先后开办少年班，以“快出人才，出好人才”理念指导培养少而精的基础科学人才。作为新中国荣誉教育的开创者，中国科学技术大学建校以来就确立了“红专并进，理实交融”的校训，创造性地把理科与工科结合起来，注重基础课教学，高起点、宽口径培养新兴、边缘、交叉学科的尖端科技人才，即建校以来就探索跨学科人才培养，在专业教育“一统天下”的时代，中国科学技术大学独树一帜。1984 年 9 月，中国科学技术大学少年班开办计算机软件专业，成立“软件班”，“软件班”作为一个特色班级，培养理工结合的跨学科人才。第二，在探索阶段，部分重点大学试图突破专业教育的局限，尝试以学科为中心培养宽口径、厚基础人才，比如浙江大学开办工科混合班，实行理工交叉，要求优秀工科学生接受严格的理科学科规训，北京大学开办文科试验班和理科试验班，南京大学开办理科试验班并于 1989 年成立基础学科教学强化部，1998 年改设为基础学科教育学院。第三，在扩散阶段，国家层面出台更多的政策支持培养高水平创新人才，部分重点大学先后成立荣誉学院进行高等教育大众化阶段的精英教育，比如浙江大学成立竺可桢学院、北京大学启动元培计划并成立元培学院、南京大学基础学科教育学院更名为匡亚明学院。为回答“钱学森之问”，教育部、财政部等部门联合启动“基础学科拔尖学生培养试验计划”（又称“珠峰计划”“拔尖计划 1.0”），在清华大学、北京大学、浙江大学等高校的数学、物理学、化学、生物科学和计算机科学 5

① 周光礼、黄容霞：《教学改革如何制度化——“以学生为中心”的教育改革与创新人才培养特区在中国的兴起》，《高等工程教育研究》2013 年第 5 期，第 47~56 页。

个学科培养具有国际一流水平的基础学科领域拔尖创新人才。在"拔尖计划 1.0"的支持下，中国科学技术大学在少年班管委会的基础上成立少年班学院，清华大学设立清华学堂项目、成立新雅书院等。2016 年，中国科学技术大学少年班学院创建交叉学科英才班，进一步发挥宽口径人才培养的优势，培育优秀的跨学科人才。第四，在深化阶段，教育部会同科技部等六部门实施"拔尖计划 2.0"，实施范围拓展至"大文、大理、大医"，包括数学、物理学、力学、化学、生物科学、计算机科学、天文学、地理科学、大气科学、海洋科学、地球物理学、地质学、心理学、哲学、经济学、中国语言文学、历史学、基础医学、基础药学、中药学等 20 个类别，两批共遴选 199 个基础学科拔尖学生培养基地。同时，教育部于 2020 年在 36 所国家"双一流"建设 A 类高校实施基础学科招生改革试点（又称"强基计划"），加强拔尖创新人才选拔培养。在"拔尖计划 2.0"和"强基计划"的驱动下，荣誉教育组织得到进一步深化发展。其中，清华大学在 2014 年成立新雅书院，培养文理兼修人才的基础上，于 2020 年成立致理书院、日新书院、未央书院、探微书院、行健书院。致理书院承担"强基计划"中数学与应用数学、物理学、化学、生物科学、信息与计算科学等专业的人才培养工作，日新书院承担历史学、哲学、汉语言文学和古文字学方向的本科人才培养工作，未央书院负责数理基础科学（含工程衔接方向）专业的理工双学位本科人才培养，探微书院承担化学生物学（含工程衔接方向）专业的人才培养工作，行健书院负责理论与应用力学（含工程衔接方向）专业的人才培养。中国人民大学在大类招生改革过程中设立人文科学试验班、理科试验班、社会科学试验班、经济学类等 4 个跨院系招生大类（涵盖 17 个学院 43 个专业），在此基础上，2020 年 7 月成立明德书院和明理书院进一步深入推进以学部为单位的跨学院的大类培养改革。明德书院承担人文科学试验班学生入学第一年的教学管理和学生管理工作，同时承担"强基计划"学生四年的教学管理与学生管理工作，明理书院承担理科试验班学生入学第一年的学生管理工作。

整体而言，我国荣誉教育发展40多年来，形成了“强选拔－封闭特区式培养”、“强选拔－半开放式双重培养”和“弱选拔－开放闯关式培养”3种选拔培养机制，以及相对应的“精英学院”、“专业院系”和“校级育人平台”3种荣誉教育组织。① 大学设置何种荣誉教育组织培养跨学科人才，一方面与大学的文化传统、资源禀赋、学科结构、跨学科人才培养定位等密切相关，另一方面也与外部政策、制度环境等因素密不可分。无论大学设置哪一种荣誉教育组织，都要经历一个不断优化调整的过程，这个过程也是荣誉教育组织发展制度化的过程。

（五）设立交叉学科门类的学科组织

以集成电路学院为典型代表的交叉学科门类的学科组织，大多是在之前的示范性软件学院及示范性微电子学院的基础上发展起来的。随着信息科学和信息产业发展，信息化人才越来越短缺，2000年6月，国务院发布《鼓励软件产业和集成电路产业发展的若干政策》要求加大软件人才培养力度。2001年7月《教育部关于试办示范性软件学院的通知》提出，择优支持在计算机科学与技术、数学与应用数学等相关学科具有优势的大学，试办一批示范性软件学院。2001年12月，教育部、国家计委公布《首批试办示范性软件学院的高等学校名单》，名单中共包括35所大学，分别为北京大学、清华大学、北京工业大学、北京航空航天大学、北京邮电大学、北京理工大学、南开大学、天津大学、大连理工大学、东北大学、吉林大学、哈尔滨工业大学、复旦大学、同济大学、上海交通大学、华东师范大学、南京大学、东南大学、浙江大学、中国科学技术大学、厦门大学、山东大学、武汉大学、华中科技大学、国防科学技术大学、湖南大学、中山大学、华南理工大学、重庆大学、四川

① 陆一、史静寰、何雪冰:《封闭与开放之间：中国特色大学拔尖创新人才培养模式分类体系与特征研究》,《教育研究》2018年第3期，第46~54页。

大学、电子科技大学、云南大学、西安交通大学、西北工业大学、西安电子科技大学。

为解决信息技术产业领域更为关键的“卡脖子”问题，2011 年国务院发布《进一步鼓励软件产业和集成电路产业发展的若干政策》，要求高校加强软件工程和微电子专业建设，并鼓励高校与集成电路企业通过联合办学等方式建立微电子学院。2014 年 6 月工业和信息化部发布《国家集成电路产业发展推进纲要》，要求在今后一定时期内着力发展集成电路设计业，加速发展集成电路制造业，提升先进封装测试业发展水平，突破集成电路关键装备和材料，并提出要建立健全集成电路人才培养体系，支持微电子学科发展等保障措施。2015 年 6 月，教育部等六部门联合印发《关于支持有关高校建设示范性微电子学院的通知》，支持北京大学、清华大学、中国科学院大学、复旦大学、上海交通大学、东南大学、浙江大学、电子科技大学、西安电子科技大学 9 所大学建设国家示范性微电子学院，同时支持北京航空航天大学、北京理工大学、北京工业大学、天津大学、大连理工大学、同济大学、南京大学、中国科学技术大学、合肥工业大学、福州大学、山东大学、华中科技大学、国防科学技术大学、中山大学、华南理工大学、西安交通大学、西北工业大学 17 所大学筹建国家示范性微电子学院，加快培养集成电路设计、制造、封装测试及其装备、材料等方向的工程型人才。另外，厦门大学、南方科技大学分别于 2018 年、2019 年被纳入国家示范性微电子学院筹建单位。

2020 年 12 月 30 日，国务院学位委员会、教育部联合印发《关于设置“交叉学科”门类、“集成电路科学与工程”和“国家安全学”一级学科的通知》，“交叉学科”正式成为第 14 个学科门类，下设“集成电路科学与工程”和“国家安全学”2 个专业类（一级学科）。在 2012 年版本科专业目录中“集成电路设计与集成系统”（专业代码为 080710T）是工学学科门类下电子信息类专业中的特设专业，属于非跨学科专业。在 2020 年 2 月教育部公布的 2020 年版本科专业目录中，“集成电路设计与集成系统”还是非跨学科专业。2020 年底，“集成电路科学与工程”从电子信息类中独立出来，升格为交叉学科门类下的一级学科。目前，交叉学科门类下的具体专业目录尚未公布，但部分大学已经成立集成电路科学与工程一级学科组织，如北京大学、清华大学、华中科技大学、北京航空航天大学等成立集成电路学院，致力于培养集成电路领域跨专业人才。北京大学是中国集成电路人才培养的摇篮，基础深厚、历史悠久。2002 年 3 月北京大学成立软件学院，2004 年软件学院与北京大学国家集成电路人才培养基地合并，软件与微电子学院成立。北京大学软件与微电子学院系科专业设置具有很强烈的跨学科色彩，学院的“特色定位”是新兴交叉学科。[①] 北京大学软件与微电子学院拥有软件技术与服务工程、微纳电子与嵌入式系统、金融信息与管理技术、新兴交叉学科 4 个领域研究方向，培养多层次、实用型、复合型、国际化软件与微电子人才。[②]2021 年 7 月，北京大学成立集成电路学院，服务国家战略的重要部署，助力国家集成电路产教融合创新平台建设，加快集成电路人才的联合培养。北京大学集成电路学院致力于新型微纳电子器件与集成、设计自动化技术、高端芯片设计、MEMS 与集成微纳系统、宽禁带材料与器件、集成电路制造与先进封装、集成电路关键设备与材料等重点方向的基础理论与前沿技术的创新突破，加强与计算机、数学、物理、化学、材料等多个优势学科的交叉融合，深化与集成电路产业多环节龙头企业的合作，构建“人才培养、科学研究、产业促进”三位一体的集成电路创新生态。[③] 清华大学集成电路学院瞄准集成电路“卡脖子”难题，聚焦集成电路学科前沿，打破学科壁垒，强化交叉融合，突破关键核心技术，培养国家急需人才。[④] 东南大学较早成立

---

① 张宏岩:《知识生产模式 2 对高校人才培养模式的影响——北京大学软件与微电子学院的案例分析》,《教育学术月刊》2013 年第 3 期，第 8~14 页。

② 北京大学软件与微电子学院:《招生信息》，http://www.ss.pku.edu.cn/admission/。

③ 集成电路学院:《芯怀天下 集成梦想——北京大学成立集成电路学院》，http://news.pku.edu.cn/xwzh/fa3aa03c58c1474bb1ff4f2f6575e185.htm。

④ 清华大学集成电路学院:《学院简介》，https://www.ime.tsinghua.edu.cn/xygk/xyjj.htm。

集成电路学院。2003 年 12 月，东南大学根据教育部、科技部文件精神成立集成电路学院，承担国家集成电路人才培养基地的建设任务，2015 年东南大学入选建设国家示范性微电子学院，集成电路学院正式更名为微电子学院。[①] 东南大学微电子学院依托电子科学与工程学院、信息科学与工程学院、东南大学国家专用集成电路系统工程技术研究中心和东南大学射频与光电集成电路研究所，主要开展研究生教育，培养“面向未来国家建设需要，适应未来科技进步，德智体全面发展，掌握本学科的基础理论和专业知识；了解本学科的技术现状和发展趋势，掌握解决工程问题的先进技术方法和现代技术手段；能胜任工程项目的研究、设计、施工、管理等工作，具有良好的创新能力、国际视野和领导意识的高层次工程技术应用型人才”[②]。北京航空航天大学 2004 年依托微电子学与固体电子学建立了国家级集成电路人才培养基地，2015 年入选国家示范性微电子学院，2020 年 10 月在全国率先更名为集成电路科学与工程学院，下设集成电路材料与器件系、集成电路设计与工具系、集成电路工艺与装备系，学院的特色研究方向为自旋电子芯片、人工智能芯片及生物芯片等集成电路学科与其他学科深度交叉的新兴研究方向。[③]

三　进一步讨论跨学科人才培养

（一）跨学科人才培养探索历史基础深厚

在我国漫长的教育史中，也曾经孕育出跨学科人才培养的种子。跨学科人才培养的前提是分科教育的存在，孔子曾以德行、言语、政事、

---

① 东南大学微电子学院:《本院简介》，https://ic.seu.edu.cn/2207/list.htm。

② 东南大学微电子学院:《本院简介》，https://ic.seu.edu.cn/2207/list.htm。

③ 北京航空航天大学集成电路科学与工程学院:《学院介绍》，http://www.sme.buaa.edu.cn/xygk/xyjs.htm。

文学四科教人，魏晋南北朝时期南朝宋设立儒学、玄学、史学、文学四个学馆，唐朝设国子学、太学、四门学、书学、算学、律学等六馆，探索分科教育，高等教育课程设共同必修课、专业必修课和选修课，比西方大学的选修课制度早出现1200年左右。[①] 分科教育和选修课程的设置为跨学科人才培养提供了基础和可能。宋朝时，太学分为外舍、内舍、上舍，实行分级教学管理，与之配套的是积分法。积分法的具体做法是每年年终统一计算每个学生的总得分，并依据得分多少决定是否升舍等，类似于欧美后来的学分制。宋朝胡瑗创立分斋教学制度，设经义斋和治事斋，经义斋以学习六经为主，治事斋分为治民、讲武、农田水利、天文历法等科。同时采用主科副科制度（苏湖教法），要求治事斋学生必须学习一个主科和一个副科（治一事，又兼摄一事），与现代大学主修和辅修制度有“英雄所见略同”[②] 之处。分斋教学制度是教学制度的一项重要创新举措，是一种对复合型人才或者跨学科人才培养的探索，对当时及后世产生了深远影响。胡瑗在世时，全国各地有识之士纷纷前来学习。清末书院改设新式学堂时，分斋教学制度被重新提出来，1896年刑部左侍郎李端棻在《请推广学校折》中提出“效仿宋胡瑗经义治事之例分斋教学”，翰林院侍讲学士秦绶章也建议效仿分斋教学制度，学生可以专攻一艺或兼习数艺。[③]

胡瑗分斋教学制度中的主辅修制度对中国共产党创建和领导高等教育也产生了积极影响。“取古代书院的形式，纳入现代学校的内容”[④] 的湖南自修大学是中国共产党成立之后，全国第一所培养革命干部的新型大学，也是“毛泽东高等教育思想的最早实践”[⑤]。《湖南自修大学组织大纲》规

---

① 李文鑫、黄进主编《跨学科人才培养的理论研究》，武汉大学出版社，2004，第131页。

② 涂又光：《中国高等教育史论》（第三版），华中科技大学出版社，2018，第138页。

③ 金林祥：《胡瑗教育思想研究》，《南通师范学院学报》（哲学社会科学版）2000年第2期，第101~106页。

④ 毛泽东：《湖南自修大学创立宣言》，载《建党初期毛泽东的几篇文稿》，《党的文献》2011年第1期，第3~4页。

⑤ 周光礼、公钦正：《中国共产党创建新型高等教育百年：一项问题史的研究》，《中国高教研究》2021年第5期，第1~10页。

定大学暂设文、法两科，文科科目有中国文学、西洋文学、英文、伦理学、心理学、教育学、社会学、历史学、地理学、新闻学、哲学，法科科目有法律学、政治学、经济学，学友须至少选修一科；大学研究范围设科学、哲学和文学三类，学友至少须选修一科。《湖南自修大学创立宣言》强调自修大学以学科为单位，学生研究一科也可，研究数科也可，每科研究的时间和范围，都依学生自己的志愿和程度去定。[①] 学生入学之前，要求详细回答“要研究哪几科？为什么要研究这几科？”[②] 等问题。主辅修制是培养跨学科人才的重要方式之一，美国大学拥有较为成熟的跨学科人才培养体系，但本研究不认同主辅修制“起源于20世纪的美国”[③] 的说法，但也承认美国的主辅修制确实影响了中国。与主辅修制度含义接近的是选课制，在学习自由权理念的指导下，允许学生自主选择所要学习的科学、专业、课程的教学制度。有人认为选课制产生于德国，发展和完善于美国，[④] 这种说法也同样失之偏颇，毕竟胡瑗分斋教学制度早于德国学习自由思想几百年。通常认为，中国近代高等教育是舶来品，效仿日本，实行严格的分科教育和年级制，学生限于一个固定专业进行系统学习，没有跨学科学习的机会。以美国高等教育为师后，改年级制为学分制（初称“单位制”）。蔡元培曾说，“适教员中有自美国回者，力言美国学校单位制之善。遂提议改年级制为单位制，亦经专门以上学校会议通过，由北大试办”[⑤]。北京大学、东南大学积极响应选课制，并于1919年率先实行，其中北京大学规定本科生80个学分由40个必修课学分和40个选修

---

① 毛泽东：《湖南自修大学创立宣言》，载《建党初期毛泽东的几篇文稿》，《党的文献》2011年第1期，第3~4页。

② 双传学：《论湖南自修大学的创新性与革命性》，《黑龙江社会科学》2006年第5期，第176~179页。

③ 党娜：《我国高校主辅修培养制度研究》，硕士学位论文，西北农林科技大学，2013，第15页。

④ 苗玉凤、田东平：《美国学分制的发展历程及其成因分析》，《现代教育科学》2005年第3期，第85~87页。

⑤ 《蔡元培全集》（第三卷），中华书局，1984，第332页。

课学分构成。[①] 选课制把学习课程分为必修课和选修课，学生可以根据个人兴趣爱好跨系选课，为培养学生的跨学科素养提供了一种可能性。1922年颁布的新学制，摒弃学习日本、德国学制的做法，改以美国为师，明确规定“大学校用选科制”[②]。1922 年新学制的颁布也标志着中国教育从日本式的军国民教育向美国式的平民教育的转向。[③] 1924 年颁布的《国立大学校条例》规定大学各学院或独立学院实行学分制，1929 年发布的《大学规程》进一步确认实行学分制并规定“聪颖勤奋之学生，除应修学分外，得于最后一学年选习特种科目，以资深造，试验及格时，由学校给予特种奖励”[④]。选课制的核心是主辅修制，本科生可以选择一个主系和一个辅系，辅系一般由主系指定若干系供学生根据自己的能力、爱好选择。学生选择辅系时，并不能随心所欲，辅系科目必须经选课指导员审定，突出主系与辅系之间的学科专业知识的整体结构和内在联系，避免选科的盲目性和随意性，由此可见，选课制是一种有集中、有分散的选科形式[⑤]。整体来说，清末至新中国成立，我国大学在学习西方人才培养经验时积极探索跨学科人才培养，既有照搬西方大学的做法，也有产自本土的做法，为改革开放后的跨学科人才培养积累了经验、奠定了一定的基础。

1949 年 12 月底，第一次全国教育工作会议指出“建设新教育要以老解放区新教育经验为基础，吸收旧教育某些有用的经验，特别要借助苏联教育建设的先进经验”[⑥]。有学者认为中国当代大学至少有三个源流：一是源于中国古典书院，经湖南自修大学传承创新形成的“延安模式”；二是

---

① 张雪蓉:《以美国模式为趋向：中国大学变革研究（1915—1927）——国立东南大学为个案》，博士学位论文，华东师范大学，2004，第 79 页。

② 骆威:《南京国民政府时期的高等教育立法》，南京大学出版社，2016，第 211 页。

③ 朱庆葆、陈进金、孙若怡、牛力等:《中华民国专题史（第十卷）——教育的变革与发展》，南京大学出版社，2015，第 82~83 页。

④ 骆威:《南京国民政府时期的高等教育立法》，南京大学出版社，2016，第 217 页。

⑤ 张雪蓉:《以美国模式为趋向：中国大学变革研究（1915—1927）——国立东南大学为个案》，博士学位论文，华东师范大学，2004，第 83 页。

⑥ 中央教育科学研究所编《中华人民共和国教育大事记（1949—1982）》，教育科学出版社，1984，第 8 页。

源于欧洲大陆的罗马传统，经中国人民大学转换创新形成的“苏联模式”；三是源于盎格鲁－撒克逊传统，经民国时期部分大学的引进吸收再创新形成的“美国模式”。[①] 这个说法是可靠的。无论是“延安模式”还是“美国模式”，二者都以主辅修制探索跨学科人才培养，与“苏联模式”强调分科教育培养专门人才形成鲜明对比。“延安模式”、“苏联模式”和“美国模式”分别成为新中国高等教育红色、黄色和蓝色基因，共存于一体。

1978 年 3 月，邓小平在全国科学大会开幕式上的讲话中强调，“四个现代化，关键是科学技术的现代化”，“我们向科学技术现代化进军，要有一支浩浩荡荡的工人阶级的又红又专的科学技术大军，要有一大批世界第一流的科学家、工程技术专家”，而“科学技术人才的培养，基础在教育”，特别强调“必须打破常规去发现、选拔和培养杰出的人才”。[②] 时隔一个月，邓小平在全国教育工作会议上强调要“提高教育质量，提高科学文化的教学水平，更好地为社会主义建设服务”，学校要“造就具有社会主义觉悟的一代新人”，“教育事业必须同国民经济发展的要求相适应”，等等。[③] 邓小平有关科技、教育工作的系列讲话在意识形态领域松绑了科技和教育，为高等教育教学改革、人才培养指明了方向，为高校培养跨学科人才提供了思想上的可能性。1978 年 6 月，教育部在武汉召开全国高校文科教学工作座谈会为文科教育正本清源，会议制定了“中文、历史、哲学、政治经济学、教育学等专业的学时制和学分制教学方案及文科教材编选、教师培训的规划”[④]，重新在政策层面启动了跨学科人才培养。1978 年 8 月教育部、国家计委联合印发《关于进行高等学校专业调查和调整工作的通知》，指出高校专业设置存在的主要问题有理、工、农科部分专业面

---

① 周光礼、公钦正：《中国共产党创建新型高等教育百年：一项问题史的研究》，《中国高教研究》2021 年第 5 期，第 1~10 页。

② 《邓小平文选》（第二卷）（第 2 版），人民出版社，1994，第 86~95 页。

③ 《邓小平文选》（第二卷）（第 2 版），人民出版社，1994，第 103~108 页。

④ 中央教育科学研究所编《中华人民共和国教育大事记（1949—1982）》，教育科学出版社，1983，第 520 页。

过窄、分工过细，文科专业不齐全，一些与新兴和边缘学科相关的专业是空白等，与国家在新时期总任务的要求很不适应。① 同年9月，教育部印发《关于高等学校理工科教学工作若干问题的意见》，规定“有条件的学校，可以试行学分制”②。至此，我国高校的跨学科人才培养，无论是在思想层面还是在具体政策层面，都得到相应支持。武汉大学③、浙江大学等部分高校积极响应政策，实行学分制、主辅修制等，特别是武汉大学走在前列、干在实处，掀起学分制试行的一波浪潮。1978年，武汉大学在病毒学、数学、历史、政治经济学等专业的1977级学生中试行学分制，把课程分为专业必修课、指定选修课和任选课，其中少数文科专业只有必修课和选修课。④ 比如，1977级数学专业的学生，毕业要求为122个学分，其中15门必修课共计98个学分，从指定选修课8门共计28个学分中选修16个学分以上，从任选课20门共计80个学分中选修8个学分以上。1983年1月教育部颁布的《全日制普通高等学校学生学籍管理办法》第6条规定，“实行学分制的学校，学生按照教学计划规定学完某门课程，考核及格，即获得该门课程的学分”，第17条规定，“实行学分制的学校，学生一学年不及格课程学分总数达到学年所选学分总数的三分之一者，经学校批

① 中央教育科学研究所编《中华人民共和国教育大事记（1949—1982）》，教育科学出版社，1983，第525页。

② 中央教育科学研究所编《中华人民共和国教育大事记（1949—1982）》，教育科学出版社，1983，第527页。

③ 武汉大学是改革开放后较早探索跨学科人才培养的高校，其做法体现在四个方面：一是实行学分制、主辅修制、双学位制、跨系选课制度，培养复合型人才；二是在全校进行跨学科、跨专业的人才培养综合交叉试验，从1992年起先后创办中法经济法语双学位班、人文科学基础理论人才培养试验班、数理经济试验班、国学试验班、中西比较哲学试验班、世界史试验班等；三是开展联合办学，允许学生获得外校辅修专业文凭和双学士学位；四是倡导教师跨学科组织科研课题，获得多学科交叉的知识，带着学生一起攻关课题。参见田勇泉《推进高等教育创新，培养跨学科人才》，载李文鑫、黄进主编《高等教育创新与跨学科人才培养文集》，武汉大学出版社，2004，第13页。

④ 武汉大学:《试行学分制，多快好省地培养人才》，《人民教育》1978年第6期，第40~42页。

准，可编入下一年级”[①]。这个管理办法掀起学分制试行的第二波浪潮，进一步为跨学科人才培养提供了政策依据。1985 年 5 月，《中共中央关于教育体制改革的决定》规定“要针对现存的弊端，积极进行教学改革的各种试验，例如改变专业过于狭窄的状况，精简和更新教学内容，增加实践环节，减少必修课，增加选修课，实行学分制和双学位制”[②]。1986 年国家教委有关司局在哈尔滨召开试行学分制的工作会议，会后印发的《部分高等学校试行学分制工作座谈会纪要》指出要“试行主辅修制，扬学分制灵性之长，并纳入‘复合型’人才培养的健康轨道”[③]。到 1986 年，全国有 200 多所高校试行学分制。学分制的试行，为跨学科人才培养提供了操作上的可能性。20 世纪 80 年代，武汉大学、大理理工大学、华中工学院（现华中科技大学）、清华大学、齐齐哈尔大学、同济大学等高校实行主辅修制，探索跨学科人才培养。[④] 1990 年 1 月 20 日起施行的国家教委令第 7 号文件《普通高等学校学生管理规定》在 1983 年《全日制普通高等学校学生学籍管理办法》的基础上，进一步明确了实行学分制的高校办理学生成绩记载、留级、退学、毕业、提前毕业的相关规定。[⑤]1994 年 6 月，国家教委印发《关于加强普通高等学校教学工作的意见》，一方面肯定了学分制、主辅修制在人才培养上的有益探索，另一方面鼓励更多高校“可以采用符合中国国情及学校特点的更灵活的学分制以及其他有利于因材施教、促进人才成长的教学管理制度和形式”。1998 年 4 月教育部印发《关于深化教学改革，培养适应 21 世纪需要的高质量人才的意见》，提出“要积极为学生提供跨学科选修、双学位、主辅修等多种教育形式，培养大批复合型人

---

① 教育部高校学生司编《中国高等教育学生管理规章大全（1950~2006）》，首都师范大学出版社，2007，第 169~170 页。

② 《中共中央关于教育体制改革的决定》，《师范教育》1985 年第 6 期，第 6~12 页。

③ 《中国教育年鉴》编辑部编《中国教育年鉴（1988）》，人民教育出版社，1989，第 4 页。

④ 党娜：《我国高校主辅修培养制度研究》，硕士学位论文，西北农林科技大学，2013，第 17 页。

⑤ 教育部高校学生司编《中国高等教育学生管理规章大全（1950~2006）》，首都师范大学出版社，2007，第 322~326 页。

才”。整体来看，学分制和主辅修制经过20多年的改革试点、推广，逐步走向制度成熟化阶段，参与的高校越来越多，从重点大学到普通院校，参与的形式多种多样，从校内到跨校。2005年3月教育部令第21号文件《普通高等学校学生管理规定》第15条规定“学生可以根据学校有关规定，申请辅修其他专业或者选修其他专业课程”[①]，第37条规定“对完成本专业学业同时辅修其他专业并达到该专业辅修要求者，由学校发给辅修专业证书”[②]。该文件不仅承认主辅修制的法律地位，还把辅修专业证书颁发权纳入高校办学自主权范畴。2017年2月教育部令第41号文件，即修订后的《普通高等学校学生管理规定》第16条规定，“学生根据学校有关规定，可以申请辅修校内其他专业或者选修其他专业课程；可以申请跨校辅修专业或者修读课程，参加学校认可的开放式网络课程学习。学生修读的课程成绩（学分），学校审核同意后，予以承认”。修订后的《普通高等学校学生管理规定》规定学生不仅可以申请修读本校辅修专业或其他专业课程还可以跨校修读辅修专业或其他专业课程，为跨学科人才培养提供了更加坚实的制度支撑。

（二）指向一师多用的师专主辅修制

师专主辅修制是我国高等师范教育在特殊时期的特殊产物，与非师范普通本科院校的主辅修制有很大的区别。师专主辅修制通常是为培养适应农村地区基础教育发展需要的一专多能、一师多用的教师，在三年制师专教育中，学生在主修一个专业的基础上，辅修另一个专业的主干课程或职业教育、劳动技术及其他应用技术类课程。按辅修专业性质，可以分为基础学科和艺术、体育学科类，职业技术和应用学科类；按辅修专业与主修

① 教育部高校学生司编《中国高等教育学生管理规章大全（1950~2006）》，首都师范大学出版社，2007，第657页。

② 教育部高校学生司编《中国高等教育学生管理规章大全（1950~2006）》，首都师范大学出版社，2007，第659页。

专业的关系，可以分为相关型和分离型。[①] 其中分离型主辅修制在一定意义上是跨学科人才培养的一种方式，比如主修思想政治教育、辅修音乐，主修历史、辅修美术，主修数学、辅修体育，主修物理、辅修法律，主修化学、辅修乡镇企业管理等。师专主辅修制的实施一般有两种方式：一是“二一分段，先主后辅”，即前 2 年学习主修专业课程，第 3 年学习辅修专业课程；二是“三年贯通，主辅结合”，即学生在 3 年在校期间，按照主辅修专业特点、内在联系、开课顺序等，同时学习主修专业和辅修专业的课程。师范院校是为培养中小学教师而设置的专门学校，评价师范院校教育质量最关键的一条标准就是毕业生能否胜任中小学教育教学任务，比如教师职业素养、职业意识、职业能力、职业技能等。改革开放后，我国师范院校快速发展，从 1977 年的 65 所发展到 1989 年的 260 所，其中师范专科学校由 14 所增加到 183 所，1989 年全国师范专科学校招生人数 13.3 万人，在校生人数 31.4 万人，分别占普通高校招生人数和在校生人数的 22.3% 和 15.1%。[②]20 世纪 80~90 年代，80% 左右的初中在校生分布在农村和县镇，作为主要服务农村教育的师范专科学校，能不能培养出数量充足、质量优良的毕业生事关我国教育改革与发展。为贯彻《中共中央关于教育体制改革的决定》，国家教委于 1986 年 3 月印发《关于加强和发展师范教育的意见》，指出师范专科学校的学制可以 2 年和 3 年并存，以二年制为主，师范本科学制为 4 年，为适应农村初中规模小、班次少的情况，三年制师专和四年制本科专业可实行主辅修制或双科制。[③] 针对农村地区初中学校规模不大、合格师资数量不足且结构不合理等现实问题，不少高等师范院校特别是师范专科学校积极作为，采用主辅修制培养一专多能、一师多用的师资。1989 年 12 月国家教委师范教育司在石家庄市召开了全

① 马淮安：《师专三年制主辅修专业课程体系的比较研究》，《高等师范教育研究》1992 年第 6 期，第 46~52 页。

② 国家教育委员会：《关于印发〈关于当前师范专科学校工作的几点意见〉的通知》，https://china.findlaw.cn/fagui/p_1/88237.html。

③ 《国家教委要求大力发展和加强师范教育》，《人民教育》1986 年第 6 期，第 9 页。

国师范专科学校工作会议，会后印发的《关于当前师范专科学校工作的几点意见》指出，“提倡三年制师范专科学校实行主辅修制。主修专业课程一般安排在前两年进行，要达到国家教委制定的二年制师范专科学校教学大纲的要求。第三年辅修相近专业、职业技术教育内容或根据学生自己的特长辅修音乐、美术、体育专业的部分课程。也可以在三年内，同时进行主辅修教学。三年制师范专科学校也可实行双专业制，如政史、化生、史地等专业”。20 世纪 90 年代，我国师范教育取得长足发展，师范教育政策随即做出相应调整。1996 年 12 月国家教委在《关于师范教育改革和发展的若干意见》中指出，“九五”期间师范教育适度发展本科，按需发展专科，调整、加强中师；师范本科教育学制为 4 年，师专教育学制由 2 年和 3 年并存逐步过渡为 3 年，中师教育学制由 3 年和 4 年并存逐步过渡为 4 年。1996 年《关于师范教育改革和发展的若干意见》没有主辅修制方面的内容，但在民族师范教育发展中指出要培养既能教文化课又会实用技术的一专多能的教师。20 世纪 90 年代末，农村初中教师“已由量的需求转向质的要求，精于一科的教师逐步取代通才教师”[①]。由此可以得出，师专主辅修制在 20 世纪 80 年代大发展后，进入 20 世纪 90 年代中期慢慢完成自身使命，在 20 世纪 90 年代末走向制度终结。

根据现有文献检索结果，四川省师专实行主辅修制在全国较早，1985 年四川省师专 50% 以上学习成绩好的学生除主修专业课程外辅修外语，1986年四川省高教局还曾准备在政史、生物、化学等专业实行主辅修制。[②]四川省也是师专主辅修制实施得比较好的地区，在 1989 年 12 月的全国师范专科学校工作会议上，四川省各师专和湖北荆州等地的师范专科学校介绍了实行主辅修制的经验。当时，乐山师专的主辅修制走在四川省前列，实施效果良好。乐山师专主辅修制的目标是培养能同时兼任 2 门课程的初

① 张秦龄、李刊文:《21 世纪师范高等专科学校培养目标及学生素质结构研究》,《西北师大学报》(社会科学版) 1998 年第 3 期，第 67~72 页。

② 王文肃:《把发展师专教育放在普及九年义务教育的先行地位》,《四川师范大学学报》(社会科学版) 1986 年第 5 期，第 13~18 页。

中教师。1983 年开始试办政史专业，1985 年学校根据农村教师一专多能、一人多用的培养目标，先后设置了“汉语言文学辅修历史”“数学辅修物理”等 7 个主辅修制专科专业，1987 年 5 月制定《三年制师范专科学校主辅修基准教学计划》，明确提出培养能教 2 门课程，具有基本教师职业技能的一专多能的初中教师。1989 年“三年制主辅修制度的探索与实践”获首届国家级教学成果特等奖。1991 年，乐山师专共开设 17 个辅修学科，其中英语、音乐、美术、体育、乡镇企业管理面向全校学生开设，政治、文秘、应用化学、农村生产技术、实用电子技术、实用电工技术、财务会计、乡村国土开发及整治、计算机、法律、学校管理、导游主要面向本系学生开设。主修专业的课程由公共必修课、专业必修课和加修课组成，加修课主要是指文理交叉渗透，旨在扩大教师知识面，提高教师素养的选修课程。辅修专业的课程分为两类：一是为满足农村师资短缺而开设的另一个专业的主干课程或艺术体育课程，二是根据农村初中实际需要开设的劳动技术、职业教育等应用型课程。乐山师专主要采用“二一分段，先主后辅”方式实施主辅修制，学生经过 2 年的主修专业学习后有三种选择：一是学习另一个专业的主干课程或艺术体育课程，二是学习职业教育方面的应用型课程，三是继续学习主修专业的提高课程。参加第一、二类辅修专业课程学生的比例从 1987 年的 12%、1988 年的 56%、1990 年的 76%，提高到 1991 年的 81%，主辅修制不仅拓宽了学生的知识面，提高了学生的实践能力和适应能力，还调动了学生的学习积极性。[①] 师专为培养一专多能、一人多用教师，开展的一种与本科院校不同的主辅修制教育，本质上也是一种具有中国特色的跨学科人才培养形式。

---

① 金长泽、王慧民:《乐山师专主辅修教学改革情况的调查与研究》,《高等师范教育研究》1991 年第 4 期，第 20~25 页。

· 第六章 ·

创新创业学院跨学科组织设计要点及运行机制构建

第三章所涉及的 265 所样本高校中有 211 所，占比 79.62%，建有约 260 个不同类型的创新创业学院，整体上代表我国高校创新创业学院建设和创新创业型人才培养水平。这些创新创业学院中，只有小部分创新创业学院的组织设计具有跨学科组织特征，大部分为传统院系、行政职能部门或教辅机构。目前，具有跨学科组织特征的高校创新创业学院，数量少、占比低，在发展程度上处于起步阶段，其组织设计难以满足创新创业型人才培养的需要。基于学科分化逻辑的传统院系具有分散、封闭、割裂等特征，成为制约高校创新活力和服务社会职能发挥的重要因素。跨学科组织被视为高等教育的第二次革命，从根本上改变了高校的经费结构、学术研究的性质及研究组织形式，是促进跨学科研究、培养创新创业型人才、解决复杂科技和社会问题的有效途径，对高校创新创业学院进行跨学科组织设计具有必要性、重要性和紧迫性，也有可行性。

一　创新创业学院跨学科组织设计的理论框架

组织设计是指建立或变革组织结构、组织流程、组织文化，进而提高组织环境适应能力和学习能力，使组织更有效地实现既定目标的过程。组织设计是推动组织完善治理结构体系，提高治理能力的重要方式，是组织治理现代化建设的关键。组织设计最重要的环节是如何用更加民主的方法来使组织成员获得组织经验，有自己的认知并进行自我反省，在某种意义上组织设计就是有意识地选择知识体系，而选择结果的好坏取决于组织成员在认识论上的自省情况。[①]组织设计理论大致分为四种类型：古典组织设计理论、新古典组织设计理论、现代组织设计理论及后现代组织设计理论。古典组织设计理论主要包括泰勒的科学管理理论、法约尔的行政管理理论、韦伯的科层制，认为组织是一个理性系统，组织设计的四个要点是劳动分工、部门化原则（指挥系统、等级和职能结构）、结构和层级制，组织的两个主要特征是目标具体化和结构正式化。新古典组织设计理论中的代表性理论（学派）主要有行为科学理论、巴纳德的协作系统理论、塞尔兹尼克的制度学派等，认为组织是一个封闭的系统，组织设计要靠人际关系、组织意识形态、协作意愿、共同目标、信息交流、制度化等。现代组织设计理论中的代表性理论有系统理论、权变理论等，认为组织是一个开放的系统，组织设计要重视战略、环境变化、技术、社会心理、规模等因素。后现代组织设计理论关注的主要因素有复杂的关系、分散控制和多样性、全方位结构、不确定的环境、互为因果、主观理解、形态变化（即在过程中变化）等。[②]

从组织设计理论的发展看，不同时期影响组织设计的因素有一定差异，但也有延续性，比如古典组织设计理论中的四个要点在当下的组织设计中也很重要。影响组织设计的因素很多，这些因素带来组织设计的复杂性，也带来组织设计的多样性。因此，在组织设计上没有“最好”，只有

① 罗珉：《组织设计思想演变与发展轨迹探析》，《外国经济与管理》2010 年第 4 期，第 16~24 页。

② 罗珉：《组织设计思想演变与发展轨迹探析》，《外国经济与管理》2010 年第 4 期，第 16~24 页。

"更好"或者"更加合适"。[①] 在服务"大众创业、万众创新"的战略中，高校创新创业学院跨学科组织设计需要跨越学科院系的组织边界，开展有组织的创新创业型人才培养，促进科技成果转化，重点突破以学科分化为基础的管理体制、资源配置方式和学科文化体系，强化创新创业学院的组织发展动力，进而提高其组织绩效。一方面，高校创新创业学院跨学科组织设计要积极回应"大众创业、万众创新"的战略需求，这就要求高校要有针对性地开展创新创业教育。另一方面，高校内部要加强教师聘任考核改革，打破传统学科组织壁垒。本书课题组认为高校创新创业学院跨学科组织设计要建立以能力为导向的课程体系以提高组织的环境适应能力，促进学生的深层学习以培养学生的高阶思维，提高组织学习能力，促进高校创新创业学院组织设计从跨学科技术层面向跨学科价值层面转变。

（一）深层学习的内涵

深层学习（deep learning，也译为"深度学习""高阶学习"）这一概念主要出现在教育领域或计算机领域，教育领域的深层学习与计算机领域的深层学习有本质区别，教育领域的深层学习是一种学习方法、一种教育理念，计算机领域的深层学习是人工智能中的多层结构高级智能系统，是人工智能发展的新兴方向。教育领域的深层学习不能与计算机领域的深层学习混淆，把计算机领域"算法对未知输出做出的预测"（机器领域的学习）当作"人类的心理及行为的变化"（人类学习）来进行研究是对深层学习的严重误解。[②] 本研究仅讨论教育领域的深层学习。布鲁姆等人在认知学习领域中，把教学目标从低到高分为识记、理解、应用、分析、综合、评价六个阶段，我国学者则在此基础上于20世纪初提出其中的前两

① 罗珉：《组织设计思想演变与发展轨迹探析》，《外国经济与管理》2010年第4期，第16~24页。

② 李小涛、陈川、吴新全、王海文：《关于深度学习的误解与澄清》，《电化教育研究》2019年第10期，第19~25页。

个阶段为浅层学习，后四个阶段为深层学习，并把深层学习定义为“在理解的基础上，学习者能够批判地学习新思想和事实，并将它们融入原有的认知结构中，在众多思想间进行联系，并能够将已有的知识迁移到新的情境中，做出决策和解决问题的学习”[①]。近年来，在综合前人研究的基础上，有学者认为教育领域中的深层学习是以激发学习者内在动机为前提，以学习者高度的情感投入与行为投入为基础，以多元化学习策略运用为手段，以元认知为调控，指向实际问题解决和高阶思维养成的学习方法。[②] 这个定义包括四个维度：在学习者特征维度，深层学习要求学习者要有积极主动的学习动机，能够自主学习，在学习过程中要有沉浸式的深度参与和投入；在学习过程维度，深层学习强调运用多元学习策略，强调学习过程中的反思与元认知，包括对自我学习状态的反省与认知；在学习内容维度，深层学习强调设计良构与非良构问题，良构问题是在真实复杂的情境中进行，非良构问题是“经过教师精心设计、具有教学意图的结构化的教学材料”；在学习结果维度，深层学习强调既有获得知识、提升解决问题技能等显性成果，也有形成高阶思维等隐性成果。[③] 有学者指出深层学习的核心要素是高阶思维、关键能力、学习行为，涉及心理、能力、行为等层面的一系列复杂变化过程，始于学习者心理高阶思维的变化，其运用自身关键能力，产生区别于浅层学习的高阶学习行为。[④]

深层学习研究始于 20 世纪 70 年代的西方学者马顿和萨尔乔对学习方法的研究。作为一种学习方法，深层学习有两个表现：一是作为学习过程和策略，从关注“学生学到了多少”到关注“学生学到了什么”，实现从量到质的转变；二是作为融入动机因素的学习方法，学生对考核方式的

---

① 何玲、黎加厚:《促进学生深度学习》,《现代教学》2005 年第 5 期，第 29~30 页。

② 付亦宁:《深度（层）学习：内涵、流变与展望》,《南京师大学报》（社会科学版）2021 年第 2 期，第 67~75 页。

③ 付亦宁:《深度（层）学习：内涵、流变与展望》,《南京师大学报》（社会科学版）2021 年第 2 期，第 67~75 页。

④ 马芸:《基于 MOOC 的混合式教学促进大学生高阶学习的研究》，博士学位论文，东北师范大学，2019，第 159 页。

预期等外部学习动机会影响学生的学习方法，但内部动机才是影响学生深层学习的重要因素，具象的、细节性的提问导致浅层加工，抽象的、整体性的提问引发深层加工。[①] 国外研究文献表明国外学者主要围绕影响学习者深层学习的因素开展研究，包括学生的学习动机、教师的教学投入等主体性因素，教学方法、教学模式等过程性因素，学习评价等结果性因素。[②] 国内学者在深层学习研究方面，在 2013 年之前，主要探索如何区分深层学习与浅层学习，从而界定深层学习的含义；2014~2016 年，主要探索深层学习模式，比如翻转课堂、翻转学习；2017 年以来，主要指向核心素养、深层学习结果，比如深层学习对养成核心素养的意义和价值，以及基于培养学生核心素养的深层学习的方式方法。[③]

学习过程分为生成动机、获取新知、深入理解、迁移应用、反思评价、创造六个阶段[④]，其中前两个阶段是浅层学习，后四个阶段是深层学习，从浅层学习到深层学习也是一个连续的过程。深层学习与浅层学习在记忆方式、知识体系、关注焦点、投入程度、反思状态、迁移能力、思维层次、学习动机等方面有显著差异（见表 6–1）。[⑤] 深层学习以提升创新能力为核心，主要目标是培养和提升人的高阶思维和解决复杂科技问题、社会问题的能力，相关学习策略有研究性学习、多维表征学习、有思考的“做中学”、主动学习等。[⑥] 现有深层学习研究文献大多仅仅把深层学

① 付亦宁:《深度（层）学习：内涵、流变与展望》,《南京师大学报》（社会科学版）2021 年第 2 期，第 67~75 页。

② 付亦宁:《深度（层）学习：内涵、流变与展望》,《南京师大学报》（社会科学版）2021 年第 2 期，第 67~75 页。

③ 付亦宁:《深度（层）学习：内涵、流变与展望》,《南京师大学报》（社会科学版）2021 年第 2 期，第 67~75 页。

④ 刘宇、解月光:《大学生深层学习的过程研究及思考》,《中国电化教育》2014 年第 7 期，第 56~62 页。

⑤ 张浩、吴秀娟:《深度学习的内涵及认知理论基础探析》,《中国电化教育》2012 年第 10 期，第 7~11、21 页。

⑥ 冯嘉慧:《深度学习的内涵与策略——访俄亥俄州立大学包雷教授》,《全球教育展望》2017 年第 9 期，第 3~12 页。

习作为具体学习方法来看待，探讨与此适应的教学策略[①]，需要进一步拓展深层学习的研究主题、运用范围等，比如深层学习与教学主体活动空间的关系、深层学习与教学组织设计的关系。有人研究了哥伦比亚大学格特斯曼图书馆的“学习剧院”项目和蒙大拿州立大学图书馆的“创新学习工作室”项目通过空间设计形成师生深层学习的支撑体系，并提出国内高校图书馆学习空间设计要有利于深层学习的若干思考。[②]这些研究对高校创新创业学院跨学科组织设计有一定的借鉴意义。

表 6–1 深层学习与浅层学习的差异

序号	项目	浅层学习	深层学习
1	记忆方式	机械记忆	强调理解基础上的记忆
2	知识体系	零散的、孤立的、当下所学的知识，且都是概念、原理等结构化的浅层知识	在新知识和原有知识之间建立联系，掌握复杂概念、深层知识等非结构化知识
3	关注焦点	关注解决问题所需的公式和外在线索	关注解决问题所需的核心论点和概念
4	投入程度	被动学习	主动学习
5	反思状态	学习过程中缺少反思	逐步加深理解，伴有批判性思维、自我反思
6	迁移能力	不能灵活运用所学知识	能把所学知识迁移应用到实践中
7	思维层次	低阶思维	高阶思维
8	学习动机	学习是因为外在压力	学习是因为自身需求

① 叶信治、杨旭辉:《深层学习与支持深层学习的教学策略》,《中国大学教学》2008 年第 7 期，第 26~28 页。付亦宁:《本科生深层学习过程及其教学策略研究》，博士学位论文，苏州大学，2014。闫建璋、朱豆豆:《深层学习视域下的大学有效教学策略》,《现代教育管理》2020 年第 5 期，第 121 页。

② 邵阳:《基于深层学习的高校图书馆学习空间设计》,《图书馆工作与研究》2018 年第 10 期，第 118~123 页。

（二）深层学习与创新创业型人才培养具有内在一致性

学习科学研究的两大主题是“学习是如何发生的”和“如何促进学习”。学习科学研究大致历经三个阶段：一是基于哲学研究传统的学习科学研究阶段；二是基于实验室的科学心理学研究传统和关注自然情境的多学科整合研究传统的学习科学研究阶段，在这个阶段逐渐形成了系统的、科学的学习理论；三是更关注真实情境中复杂学习现象的学习科学研究阶段。[①] 当前学习科学研究正处于第三个阶段，更多地把学习当作一种复杂活动。学习科学研究有两大流派，即行为主义和认知主义，行为主义关注学习者在控制的条件下刺激和可观察的行为反应之间的联系，认知主义关注学习者内部心理结构的性质和变化。[②] 无论是行为主义的学习活动，还是认知主义的学习活动，在现代社会中，其结果都要指向深层学习。深层学习与高阶思维相辅相成，深层学习的主要目标是发展学习者的高阶思维能力，需要学习者高阶思维的参与。高阶思维的核心是高阶思维能力和高阶思维倾向。[③] 高阶思维能力（higher order thinking skills）有两个概念来源，一是教育目标，二是单独提出，教育目标中的高阶思维能力是指实现 2001 年版布鲁姆教育目标分类学中理解、应用、分析、评价和创造等五个层次认知过程的能力，具体表现为批判性思维、分析性推理、反省思维等。[④] 其中，理解能力要素包括总结、推断、比较、说明，应用能力要素包括实施、决策，分析能力要素包括区别、组织、归因，评价能力要素包括检查、评论，创造能力要素包括产生、计划、生成。当一个人把新的

---

① 杨南昌：《学习科学视域中的设计研究》，教育科学出版社，2010，第 14~31 页。

② 张浩、吴秀娟：《深度学习的内涵及认知理论基础探析》，《中国电化教育》2012 年第 10 期，第 7~11、21 页。

③ 汪茂华：《高阶思维能力评价研究》，博士学位论文，华东师范大学，2018，第 225 页。

④ 杨翊、赵婷婷：《中国大学生高阶思维能力测试蓝图的构建》，《清华大学教育研究》2018 年第 5 期，第 54~62 页。

信息和记忆中储存的信息进行相互关联或重新组合，并拓展这些信息去实现一个目的或找到复杂情境中可能的解决方案的时候，高阶思维能力才会被激发和运用。[①] 思维倾向是指思维的情意维度，包括好奇心、寻求真相、求新求异、思想开放、公正客观等。当前学者从不同视角出发，比如教育目标分类学视角、思考方式（问题解决过程）视角、特征与标准视角、能力视角、评价视角、概念外延视角等，对高阶思维加以界定。有学者在综合各种视角下高阶思维含义的基础上，提出高阶思维是指在课堂教学活动中学习者高水平的认知能力或心智活动，是思维从具体思维发展到抽象思维的高级综合能力的体现，具有复杂性、非线性、解决方法与评价标准的多样性、不确定性以及思维过程的自我调节性等特征。[②]

高阶思维是创新创业型人才的重要标志，是当今社会经济发展对高校毕业生的基本要求，也是解决复杂科技问题和社会问题的必要条件。培养大学生的高阶思维成为当前高等教育改革发展的重要议题，是高校人才培养改革、教学改革、课程建设的重中之重。深层学习要求学习者在面对日益复杂的科技问题和社会问题时，更加重视批判性思维训练，深层加工所习得知识、概念、技能，主动构建自我知识体系并有效迁移到真实环境中以解决复杂科技问题和社会问题，培养高阶思维能力。浅层学习可以增加知识、能力、技能的“量”，深层学习则可以提升知识、能力、技能的“质”。要弥合学校教育与社会需求之间的沟壑，需要浅层学习与深层学习并存，即在浅层学习基础上进行深层学习，由量变引起质变，实现“量”和“质”的统一，提高学习者的创新意识，激发学习者的创新思维，培养学习者的知识创造、迁移与应用的能力。[③] 从这个意义上来说，深层学习是高阶跨学科学习，培养高阶思维能力需要高阶教学模式支撑，培养

① 汪茂华:《高阶思维能力评价研究》，博士学位论文，华东师范大学，2018，第 23 页。

② 姜玉莲:《技术丰富课堂环境下高阶思维发展模型建构研究》，博士学位论文，东北师范大学，2017，第 14 页。

③ 冯锐、杨红美:《基于故事的深度学习探讨》,《全球教育展望》2010 年第 11 期，第 26~32 页。

具有高阶思维的创新创业型人才需要高阶人才培养模式支撑。跨学科学习（interdisciplinary study）是指基于跨学科意识，运用两种或两种以上的学科观念以及跨学科观念，解决真实问题的课程与学习取向，它是一种以跨学科意识为核心的课程观，也是一种集综合性与探究性于一体的深层学习方式，还是一种以综合主题为基本呈现方式的特殊课程形态。① 跨学科学习的途径包括将跨学科意识渗透到学生的所有课程中，将深度学习运用到学生的全过程中及因地制宜创造性开发跨学科课程。STEM 教育涉及科学、技术、数学、工程、艺术等多个学科领域，核心是鼓励学生运用跨学科知识解决问题。② 作为一种以项目学习、问题解决为导向的教育理念、课程组织方式和学习方式，STEM 教育指向学生的深度学习，是典型的跨学科教育。

大学生高阶思维能力培养的教学模式具有学生主体、教师主导、充满挑战性、探究与创新、教学相长、开放性与多维度等特点。③ 从大学生学业成绩评价看，深层学习不仅可以提高学生的学业成绩，更是学生提高学习能力、实践能力和创新能力不可缺少的学习方法。④ 一项针对东北、华北、华东、中南 4 个地区 6 所高校 515 位在校大学生的问卷调查显示：深度学习策略对大学生的问题解决能力、元认知能力、团队协作能力具有正向显著影响，问题解决能力对元认知能力、团队协作能力、沟通能力、创造性思维能力具有正向显著影响，团队协作能力对沟通能力具有正向显著影响，沟通能力对创造性思维能力具有正向显著影响。因此教育教学中要重视大学生对深层学习策略的运用，重视教学者对问题解决

① 张华：《跨学科学习：真义辨析与实践路径》，《中小学管理》2017 年第 11 期，第 21~24 页。

② 曹培杰：《STEM 教育的关键：跨学科、灵活课时与深度学习》，《中小学管理》2018 年第 10 期，第 31~33 页。

③ 赵永生、刘毳、赵春梅：《高阶思维能力与项目式教学》，《高等工程教育研究》2019 年第 6 期，第 145~148、179 页。

④ 林银玲、叶信治：《论表层学习与深层学习——基于大学生学业评价制度改革的研究》，《福建师范大学学报》（哲学社会科学版）2014 年第 3 期，第 151~156 页。

教学模式的运用，重视对学习者团队协作、沟通能力的培养。[①]另一项针对高校工科本科生问题解决能力特征及其影响因素的实证研究结果显示，深层学习动机和教学满意度是制约工科生问题解决能力的关键性因素，深层学习动机越强、教学满意度越高，工科生问题解决能力越强。[②]除此之外，一项针对西安工业大学本科生的研究显示，大学生的学习方式与创新能力之间有显著关系，深层学习对创新能力的影响基本上是正面、积极的，深层学习的动机、策略与学生的好奇心、意志力等创新人格特征显著正相关，深层学习的策略与学生的创新思维的流畅性、灵活性、独创性也显著正相关。[③]另一项针对南京市 6 所理工类高校 300 名参加科技创新实验项目的大学生和 300 名未参加科技创新实验项目的大学生的对比研究显示，两组大学生的深层学习能力有显著差异，参加科技创新实验项目与大学生深层学习能力有显著正相关关系，大学生参加科技创新实验项目有助于提高其深层学习能力。[④]

现代社会中，要实现学校教育与社会需求的统一，培养创新创业型人才，学校既需要使学生获得必要的适应、改造、引领社会经济发展的知识、能力、技能，也需要培养学生的高阶思维能力。深层学习有助于提高大学生的知识吸收能力、知识整合能力、知识转化能力、知识应用能力和知识创造能力，进而有助于提高大学生的创新创业能力。[⑤]本研究认为，大学生的创新创业能力本质上是跨学科素养，创新创业型人才的基本特征是具有跨学科素养。我国跨学科学和跨学科教育研究的开创者

---

① 王靖、崔鑫:《深度学习动机、策略与高阶思维能力关系模型构建研究》,《远程教育杂志》2018 年第 6 期，第 41~52 页。

② 丁飞己:《工科本科生问题解决能力及其影响因素研究》,《中国高教研究》2020 年第 5 期，第 17~23 页。

③ 王志玲、刘江南、李纯青:《大学生学习方式与创新能力的关系研究》,《教学研究》2010 年第 1 期，第 13~16 页。

④ 邱慧敏:《大学生科技创新实验项目中的深层学习研究——以南京几所理工类高校为例》,硕士学位论文，南京邮电大学，2014，第 77 页。

⑤ 潘道广:《基于深度学习的大学生创新创业能力培养》,《湖南第一师范学院学报》2019 年第 1 期，第 80~83 页。

之一刘仲林指出，按照学科间交叉的程度由低到高，可以把跨学科的学科分为比较学科、边缘学科、软学科（软科学）、综合学科、横向学科（横断学科）和超学科（元学科）。[①] 也就是说，跨学科存在一个连续谱系。跨学科人才培养的具体实践，在专科层面有师专主辅修教育，设置政史、数理、生化专业，第二专业等；在本科层面有主辅修（双学位）教育、第二学士学位教育、跨学科本科专业、荣誉教育、交叉学科门类等。跨学科人才培养从培养一专多能、一师多用的教师到培养服务国家重大战略需求的拔尖创新人才，也是一个连续的过程。培养大学生的高阶思维是深层学习的关键，也是跨学科教育的关键所在，是否具备高阶思维是判断是否是跨学科人才或创新创业型人才的关键指标。因此，深层学习与创新创业型人才培养具有内在的一致性。

（三）创新创业学院跨学科组织设计理论框架

前述可知，创新创业型人才的关键特质之一是具有高阶思维，而培养高阶思维需要深层学习，深层学习是高阶跨学科学习。跨学科组织是实现深层学习的有效组织支持，是创新创业型人才培养的有效保障。对现有高校创新创业学院进行跨学科组织设计并构建运行机制是提高创新创业型人才培养质量的组织保障。跨学科的人才培养（培养具有跨学科素养的专业人才）的载体有跨学科课程、跨学科专业、跨学科门类。实践中，创新创业型人才培养（跨学科的人才培养或跨学科人才的培养）有三种形式：一是基于跨学科课程的跨学科人才培养形式，如本科阶段的主辅修双学位教育；二是基于跨学科专业的跨学科人才培养形式，如跨学科本科专业教育、第二学士学位教育以及师专开设政史、数理、生化专业；三是基于跨学科课程和专业的跨学科人才培养形式，如荣誉教育。三种形式均指向培养具有跨学科素养的专业人才。有学者基于美国跨学科人才培养的经验，

---

① 刘仲林:《跨学科教育论》，河南教育出版社，1991，第 304~307 页。

提出除跨学科课程、跨学科专业之外，还有基于学位的跨学科人才培养形式，如双学位、联合学位、第二学位。[①] 本研究认为学位是学生学术能力的证明，是修读课程、专业学习的结果，在基于课程和专业的跨学科人才培养模式中，学生符合学位申请条件就可以获得相应学位，因此不必单独把学位教育作为一种跨学科人才培养形式。交叉学科在 2020 年 12 月底成为独立的学科门类，下设“集成电路科学与工程”和“国家安全学”2 个一级学科，但 2020 年 3 月教育部公布的《普通高等学校本科专业目录（2020 年版）》并未在交叉学科门类下设置相应的本科专业。目前交叉学科门类的 2 个一级学科主要是在研究生教育阶段设置相应的专业，高校及科研院所学位授予单位自主设置的交叉学科（均按照二级学科管理）也是在研究生教育层次。

高校创新创业学院跨学科组织设计的关键要素是课程体系和学习方法。课程体系可以分为知识导向型和能力导向型，知识导向型的课程体系强调对知识的识记、理解，能力导向型的课程体系在知识导向型的课程体系基础上更进一步，强调对知识的应用、分析、综合、评价。学习方法可以分为浅层学习和深层学习，在创新创业型人才培养中，深层学习指向在价值层面进行跨学科人才培养，而浅层学习指向在技术层面进行跨学科人才培养。单纯的专业教育也存在浅层学习和深层学习之分，比如当下高等职业教育层面的专业学习基本为浅层学习，本科专业教育层面的学习既有浅层学习也有深层学习，研究生教育层面的学习大多数属于深层学习。中国大学生的深层学习有一定的独特性，反思“中国学习者悖论”，即中国学生非常强调记忆背诵等浅层学习方法，却能获得更好的学业成就表现。对此有“文化根基说”和“成就归因说”两种解释，“文化根基说”试图从儒家典籍中寻求中国学生学习特质背后的文化根源，“成就归因说”认为，记忆背诵本身带有一种特定的教养意味，它体

① 张晓报:《我国高校跨学科人才培养面临的困境及突破——基于理念、制度和方式的分析》,《江苏高教》2017 年第 4 期，第 48~52、98 页。

现出刻苦、勤奋、努力、坚守等伦理意蕴。① 基于深层学习与跨学科人才培养的关系和中国大学生深层学习的独特性，提高创新创业型人才培养质量，需要秉持“以学生为本”的理念，创造适应跨学科教育的参与式教学环境，营造契合中国学生独特性的组织文化等。本研究从课程体系和学习方法两个维度构建创新创业学院跨学科组织设计的基础理论框架（见图 6–1）。

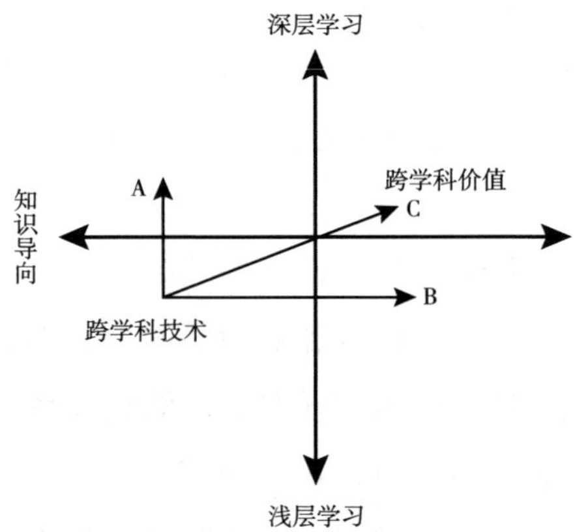

图 6–1 创新创业学院跨学科组织设计的基础理论框架

二 创新创业学院跨学科组织设计要点

高校创新创业学院跨学科组织设计的目标是提高创新创业学院的环境适应能力和学习能力，并指向提高创新创业型人才培养质量。在本研究中，提高创新创业学院的环境适应能力的核心载体是课程内容，提高组织学习能力的关键是改进学习方法。在第三章，本研究从组织适应外部环境能力和组织学习能力两个维度出发，把高校创新创业学院分为昆仑牛型、

① 吕林海、龚放：《中美研究型大学本科生深层学习及其影响机制的比较研究——基于中美八所大学 SERU 调查的实证分析》，《教育研究》2018 年第 4 期，第 111~120 页。

拓荒牛型、孺（乳）子牛型和老黄牛型四种类型。高校创新创业学院跨学科组织设计有三种方案。第一，方案C出现在第一象限，即能力导向的课程内容与深层学习的学习方法，在这种情况下，高校创新创业学院跨学科组织设计是在跨学科价值层面发生，是最高阶段的跨学科组织设计，是昆仑牛型创新创业学院跨学科组织设计的发展方向，目前昆仑牛型创新创业学院大多处于这个象限的中下位置。第二，方案A和方案B出现在第二、四象限，即分别是知识导向的课程内容与深层学习的学习方法、能力导向的课程内容与浅层学习的学习方法，方案B发生在跨学科技术层面发生，方案A发生在跨学科价值层面，但课程内容是知识导向型。目前大多数拓荒牛型、孺（乳）子牛型和老黄牛型创新创业学院跨学科组织设计处于跨学科技术层面，此三种类型的创新创业学院跨学科组织设计要立足方案A和方案B，继续加以完善，时机成熟时要朝向方案C改革。第三，少数高校设立创新创业学院，处于第三象限的远端，是一种低水平的跨学科技术层面的组织设计，甚至还没进行跨学科组织设计。由此，高校创新创业学院跨学科组织设计要依据自身目前的类型特征、发展程度选择建设方向，整体上要遵循以下四个要点。

（一）指向实现美好生活的组织设计理念

从1999年国务院批转教育部起草制定的《面向21世纪教育振兴行动计划》首次正式提出“创业教育”以来，国家层面先后出台数十项涉及或专门针对高校创业教育的政策。这些政策经历了从“以创业促进就业”阶段向“大众创业、万众创新”阶段的转变，政策的理念大致可以划分为三种：创业教育点缀专业教育、创业教育与专业教育紧密结合及创业教育与专业教育有机融合。第一，在“以创业促进就业”阶段，创业教育被视为专业教育的点缀，高校和教育行政部门希望在专业教育中添加一些创业教育元素，让一部分毕业生自主创业，以缓解毕业生就业压力。创业教育最初被认为有利于解决青年就业问题，促进待业青年自谋职业进而维护社会稳定，因此早期的创业教育政策是作为教育扶贫政策的组成部分。我国高校重视专业教育，专业设置制度具有强劲的路径依赖特征①，因此创业教育从诞生之日起就被视为专业教育的点缀或补充。正如雷家骕 1997 年在清华大学经济管理学院开设创新与创业方向课程时，由于没有取得教学管理部门的课程批号，不得不在“工程经济”“工业经济”课程中进行“插播植入”。《面向 21 世纪教育振兴行动计划》提出要“加强对教师和学生的创业教育，采取措施鼓励他们自主创办高新技术企业”；2002 年《创业教育试点工作座谈会纪要》不仅正式确定在中国人民大学等 9 所院校进行创业教育改革试点，还从解决就业问题的现实出发指出高校毕业生“不只是为了就业，还要创业，创造更多的岗位使更多的人能够就业”②。针对高校扩招后带来的高校毕业生数量的大幅增加，创业教育越来越被视为缓解就业压力的政策工具，教育部办公厅印发《大学生职业发展与就业指导课程教学要求》（教高厅〔2007〕7 号）的通知要求“从 2008 年起所有普通高校开设职业发展与就业指导课程，并作为公共课纳入教学计划，贯穿学生从入学到毕业的整个培养过程”。2010 年教育部成立了首届（2010~2015 年）集研究、咨询、指导、评估和服务职能于一体的高校创业教育指导委员会，还建立了高教司、科技司、学生司、就业指导中心四个司局的联动机制。上述政策在理念层面把创业教育视为专业教育的点缀或补充。第二，在“大众创业、万众创新”阶段，创业教育被认为必须介入专业教育，创业教育不仅有助于解决高校毕业生就业问题，还有助于提高毕业生的就业质量，并促进创新型国家建设。2012 年教育部办公厅出台《普通本科学校创业教育教学基本要求（试行）》，提出要“建立健全创业教育与专业教育紧密结合的多样化教学体系，在专业教学中更加自觉培养学生勇于创新，善于发现创

① 周光礼、吴越：《我国高校专业设置政策六十年回顾与反思——基于历史制度主义的分析》，《高等工程教育研究》2009 年第 5 期，第 62 页。

② 柴径：《以点带面 推进创业教育——“创业教育”试点工作座谈会综述》，《中国高等教育》2002 年第 10 期，第 38 页。

业机会、敢于进行创业实践的能力”。进入2015年，创业教育不仅是国家实施创新驱动发展战略、促进经济提质增效升级的迫切需要，还是推进高等教育综合改革、促进高校毕业生更高质量创业就业的重要举措。《国务院办公厅关于深化高等学校创新创业教育改革的实施意见》提出，“各高校要根据人才培养定位和创新创业教育目标要求，促进专业教育与创新创业教育有机融合，调整专业课程设置，挖掘和充实各类专业课程的创新创业教育资源，在传授专业知识过程中加强创新创业教育”。

除此之外，《国务院办公厅关于深化高等学校创新创业教育改革的实施意见》还提出到2020年“建立健全课堂教学、自主学习、结合实践、指导帮扶、文化引领融为一体的高校创新创业教育体系，人才培养质量显著提升，学生的创新精神、创业意识和创新创业能力明显增强，投身创业实践的学生显著增加”。目前来看，这一目标并未完全实现。本研究认为，深化高校创业教育需要反思创业教育的政策理念，从中国共产党创办和领导的高等教育办学实践中汲取经验，以政策创新推动创新创业学院组织设计理念创新。延安时期，中国共产党创办了抗大、陕北公学、中国女子大学、延安自然科学院、鲁迅艺术文学院、行政学院、延安民族学院、延安大学、北方大学、华北联合大学等30多所高校。这些院校创办之初便致力于满足大量青年学生的精神需求和物质需求以及服务抗战需求。延安时期，各高校在理论联系实际、“少而精”原则的指导下根据教育目的、学员接受能力和实际需要确定课程和课程内容，实行教育与生产劳动相结合。[①] 有学者将延安时期的高等教育办学实践归纳为“延安模式”，认为这一模式具有贯彻学以致用的教育方针，建立教学、科研、生产“三位一体”的人才培养模式等特征。[②] 可以说，延安时期的高等教育是一种战争年代典型的生存型创业教育，正如毛泽东在《论新阶段》中所指出的，“在一切为着战争的原则下，一切文化教育事业均应使之适合战争的需

① 曲士培：《抗日战争时期解放区高等教育》，北京大学出版社，2005，第126~129页。

② 周光礼、薛欣欣：《扎根中国大地办大学——中国共产党创办新型高等教育八十年论坛综述》，《教育研究》2017年第11期，第153页。

要”[①]，“伟大的抗战必须有伟大的抗战教育运动与之相配合，二者间的不配合现象亟应免除”[②]。高等教育的“延安模式”是中国特色高等教育模式形成和发展的逻辑起点。[③]本研究认为，“教育与生产劳动相结合”是高等教育“延安模式”的核心要素，也是中国共产党独立创办和坚强领导新型高等教育的合法性基础。“教育与生产劳动相结合”体现在三个层面上：一是事实层面，即一种社会客观现实，不以人的意志为转移；二是思想（认识的和价值的）层面，即对“是什么”的科学认识和看法；三是政策层面，即对“如何办”的认识和向具体可操作行为的转化。[④]在中国，“教育与生产劳动相结合”思想的发展大致经历了三个阶段。第一，教育与体力劳动相结合阶段（新民主主义革命时期至改革开放前）。延安时期的高等教育实践了“教育与生产劳动相结合”，一方面高校鼓励青年学生参加垦荒，以自力更生的方式保证粮食自给自足，另一方面高校要求学生通过参加劳动改造思想，融洽军民关系。1958 年中共中央、国务院《关于教育工作的指示》规定党的教育工作方针是“教育为无产阶级的政治服务，教育与生产劳动结合”，目的是“培养有社会主义觉悟的有文化的劳动者”，各级各类学校“必须进行马克思列宁主义的政治教育和思想教育”，“必须把生产劳动列为正式课程”，使学生树立“脑力劳动与体力劳动结合的观点”。第二，教育与国民经济发展相适应阶段（改革开放初期至《中国教育改革和发展纲要》发布前）。“文革”结束后，经过对“两个凡是”的反思和“实践是检验真理的唯一标准”思想大讨论，党和国家的工作重心从“以阶级斗争为纲”转移到经济建设上来，为了培养社会主义建设需要

---

① 中央档案馆编《中共中央文件选集》（第十一册），中共中央党校出版社，1991，第616 页。

② 中央档案馆编《中共中央文件选集》（第十一册），中共中央党校出版社，1991，第617 页。

③ 郝瑜、周光礼、罗云、曾鹿平：《高等教育的“延安模式”及其当代价值》，《高等教育研究》2017 年第 11 期，第 80 页。

④ 成有信：《教育与生产劳动相结合理论的新探索》，《北京师范大学学报》（社会科学版）1997 年第 3 期，第 26~34 页。

的合格的人才，“在新的条件下，如何更好地贯彻教育与生产劳动相结合的方针”[①]成为重要议题。“教育与生产劳动相结合”被认为是“培养理论与实际结合、学用一致、全面发展的新人的根本途径，是逐步消灭脑力劳动和体力劳动差别的重要措施”[②]。“教育与生产劳动相结合”的具体内涵从教育与体力劳动相结合发展到教育事业必须同国民经济发展的要求相适应，邓小平指出“现代经济和技术的迅速发展，要求教育质量和教育效率的迅速提高，要求我们在教育与生产劳动结合的内容上、方法上不断有新的发展”[③]，“国家计委、教育部和各部门，要共同努力，使教育事业的计划成为国民经济计划的一个重要组成部分”[④]。第三，教育与社会实践相结合阶段（《中国教育改革和发展纲要》出台至今）。1993 年《中国教育改革和发展纲要》总结了 40 多年来发展社会主义教育事业的经验，指出建设有中国特色的社会主义教育体系的八条主要原则之一是“必须坚持教育为社会主义现代化建设服务，与生产劳动相结合，自觉地服从和服务于经济建设这个中心，促进社会的全面进步”。实施科教兴国战略以来，江泽民要求“在我们的国家里，各级各类学校，都要认真贯彻执行教育为社会主义事业服务、教育与社会实践相结合的教育方针”[⑤]。教育不仅要适应当下社会经济发展，还要引领社会经济发展。最终，教育“必须为社会主义现代化建设服务、为人民服务，必须与生产劳动和社会实践相结合”这一原则在《教育法》[⑥]和《高等教育法》[⑦]中得到确认。

可见，高等教育“延安模式”的发展实践表明，“教育与生产劳动相

① 《邓小平文选》（第二卷）（第 2 版），人民出版社，1994，第 107 页。

② 《邓小平文选》（第二卷）（第 2 版），人民出版社，1994，第 107 页。

③ 《邓小平文选》（第二卷）（第 2 版），人民出版社，1994，第 107 页。

④ 《邓小平文选》（第二卷）（第 2 版），人民出版社，1994，第 108 页。

⑤ 江泽民：《关于教育问题的谈话》，《教坛文汇》2000 年第 1~2 期，第 1~2 页。

⑥ 《中华人民共和国教育法律法规全书：含相关政策》（第 4 版），中国法制出版社，2018，第 140 页。

⑦ 《中华人民共和国教育法律法规全书：含相关政策》（第 4 版），中国法制出版社，2018，第 225 页。

结合”在事实层面和思想层面已经在社会各界形成共识。当前这一教育思想需要结合社会主要矛盾的变化，赋予其新时代内涵，并在政策层面加以落实。习近平在党的十九大报告中指出：“中国特色社会主义进入新时代，我国社会主要矛盾已经转化为人民日益增长的美好生活需要和不平衡不充分的发展之间的矛盾。”① 在社会主要矛盾是人民日益增长的物质文化需要同落后的社会生产之间的矛盾时期，高校创业教育政策理念主要停留在物质层面，帮助大学生就业创业及服务国家创新驱动战略。随着我国社会主要矛盾的转变，既要发挥高校创业教育对实现“以创业促进就业”和服务创新型国家建设战略的功能，也要发挥高校创业教育对社会的精神培育和价值引领作用，要有利于全体学生及其家庭甚至全社会实现美好生活。美好生活建设是我国人民在社会主义革命胜利后自我解放、自我提高，不断超越自我的主要方式，有利于推动人民实现对自身思想观念的自我超越，推动人民主体的工作和生活技能的提高，推动群众克服不良生活方式的影响以及推动经济发展和社会进步。② 美好生活是一种善的、自由的、动态发展并趋向更好的、多元选择下的生活，在美好生活指引下，教育需要帮助学生唤醒美好，形成一生追求美好、体验美好、实现美好的情感、智慧与能力。③ 具体到高校创业教育，其不仅要在物质层面有利于全体学生实现美好生活，还要在精神层面有利于全体学生实现美好生活，进而有利于学生家庭甚至全社会实现物质和精神层面的美好生活。在美国，高校创业教育不仅注重培养大学生的企业家精神，使创业成为人的一种生活方式和思维方式，还强调创业的社会价值，鼓励人们以创业解决环境、贫穷、饥饿等社会问题。④ 在新时代，我国高校创业教育政策理念要超越“创业教

---

① 习近平：《决胜全面建成小康社会 夺取新时代中国特色社会主义伟大胜利——在中国共产党第十九次全国代表大会上的报告》，人民出版社，2017，第 11 页。

② 谢加书：《美好生活建设的中国道路》，《马克思主义研究》2017 年第 10 期，第 35 页。

③ 杨进、柳海民：《论美好生活与学校教育》，《教育研究》2012 年第 11 期，第 11~13 页。

④ 郝杰、吴爱华、侯永峰：《美国创新创业教育体系的建设与启示》，《高等工程教育研究》2016 年第 2 期，第 9~10 页。

育与专业教育有机融合"的定位，把创业教育上升到帮助大学生及其家庭甚至全社会实现物质和精神两个层面的美好生活上来，让高校毕业生将创业作为一种生活方式和思维习惯，真正实现扎根中国大地办大学，培养符合中国国情、具有中国特色的创新创业型人才。

（二）提高大学生创业项目的科技含量

第一，加大基础研究的支持力度。基础研究是现代科学活动的基础和科技成果转化的源泉，也是创新创业的持续动力。有研究显示，1901~2012 年诺贝尔物理学奖获得者共 194 人，其中从事纯基础研究的有 160 人，从事定向基础研究的有 21 人，两者共占比 93.3%，彰显了基础研究的重要意义，同时发现由于定向基础研究获奖人数逐步增加，基础研究与应用研究之间的交叉渗透趋势越来越强。① 美国政府认为基础研究不仅有利于提高教师的科研水平，还有利于培养创新创业型人才。20 世纪 40 年代以来，美国政府投入基础研究的经费数额快速增长，2016 年其基础研究经费高达 784.21 亿美元。② 美国政府还重视与大学合作开展基础研究，大学通过加强基础研究也获得大量科研经费。世界主要国家基础研究经费占研发经费的比重普遍处于 15%~30%，而我国基础研究经费占研发经费的比重长期徘徊在 5% 左右。③ 改革开放以来，我国高校科研经费规模增长较快，但总量仍显不足。在经费结构上，50% 以上的经费被用于应用研究，试验发展经费与基础研究经费总和不足 50%。④ 有

① 陈其荣：《诺贝尔自然科学奖与基础研究》，《上海大学学报》（社会科学版）2013 年第 6 期，第 86 页。

② OECD,Research and Development Statistics (RDS), https://www.oecd.org/innovation/inno/researchanddevelopmentstatisticsrds.htm.

③ 朱迎春：《我国基础研究经费投入与来源分析》，《科学管理研究》2017 年第 4 期，第 21 页。

④ 王海兰、李燕飞、梁燕、朱星谕：《高校科研经费投入与区域经济增长——基于产学研视角的分析》，《科技管理研究》2016 年第 4 期，第 108 页。

研究表明，基础研究经费投入不足不利于大学营造基础研究的宽松氛围，也不利于发挥基础研究者的创新精神。① 因此，我国政府和大学应该更加重视基础研究，加大对科研人员开展基础研究的支持力度，通过基础研究能力的提高来推动科技成果质量的提高，通过高质量的科技成果转化，为大学生创业提供不竭动力。

第二，科技成果优先转让给创业大学生。一项针对 2007~2015 年 25 个典型国家的科技创新与创业系统的耦合度实证分析表明：科技创新与创业存在很强的相关性，即存在耦合互动发展关系，且科技创新与创业的协同效应不断增强，实现从失调到协调的转变。② 目前我国高校科技创新活动主要集中在申报项目、发表论文、申请专利、申报奖励领域，重视科技成果的“技术价值”，但忽略了其“市场价值”。高校教师职称晋升、政府各种人才称号评选标准也偏重教师科研成果的“技术价值”，在各种科研成果评价体系的指挥下，高校科研活动重研究轻转化现象较为突出。同时，国务院在《实施〈中华人民共和国促进科技成果转化法〉若干规定》中规定科研人员的职务科技成果转让或作价投资后，所得净收入的不低于 50% 用于奖励，且在研究开发和科技成果转化中做出主要贡献的人员获得奖励的份额不低于奖励总额的 50%，这些规定有利于提高科研人员的智力经济回报。国家政策也要求公立研究机构和高校应优先向中小微企业转移科技成果，为“大众创业、万众创新”提供技术支持。目前高校科研人员的研发成果产权归属不甚明确，不少成果难以界定为职务成果，导致被私下交易或科研人员直接把研发成果市场化。科研人员离岗创业，从事科技成果转化活动，不仅被允许，还能享受不少优惠政策，比如人社部规定

---

① 吴杨、张海峰、何海燕：《大学基础研究创新文化环境问题的实证分析——基于对 40 多位专家学者的访谈和 60 所高校的问卷调查》，《教育研究》2013 年第 8 期，第 35 页。

② 李娜娜、张宝建：《科技创新与创业耦合协调关系研究——来自 25 个国家的经验证据》，《经济问题》2017 年第 12 期，第 69 页。

"经单位同意，可在3年内保留人事关系"[①]，中共山东省委组织部、人社厅等部门联合发文规定"离岗创业期间保留人事关系，发放国家规定的基本工资"[②]。科研人员离岗创业被有的学者认为是"压死骆驼的最后一根稻草"[③]。本研究认为与其支持和鼓励科研人员离岗创业，不如支持和鼓励他们把科技成果优先转让给创业大学生。政府要尽快建立运用知识产权制度促进科技创新的机制，充分发挥知识产权在科技管理中的导向作用。一方面要发挥科研人员在职务成果知识产权转让方面的积极性，进一步提高科研人员的成果转化受益率；另一方面要界定科研人员的职务成果和非职务成果的边界，确立科研人员在成果转让上的优先权，同时要对创业大学生为获得转让科技成果支付的成本给予一定比例的补贴。高校要进一步明确科研人员在科技成果转让上支持大学生创业的责任，让创业大学生在同等条件下享有获得科技成果转让的优先权。高校教师要积极吸收学生直接参与科研活动，发挥科学研究在培养创新创业型人才中的作用，使人才培养过程具有研究性特征。通过政府、高校、教师和大学生的协同努力，提高大学生创业项目的科技含量。

（三）以学习全流程整体性设计物理空间

第一，全流程设计创新创业学院物理空间。从浅层学习到深层学习的学习方法存在一个连续谱系，从知识导向到能力导向的课程也存在一个连续谱系，进而创新创业型人才培养是一个从跨学科技术到跨学科价值的连续体，因此创新创业学院在空间设计上需要贯穿全流程理念。依据学习

---

① 《人力资源社会保障部关于支持和鼓励事业单位专业技术人员创新创业的指导意见》，http://www.mohrss.gov.cn/xxgk2020/fdzdgknr/zcfg/gfxwj/rcrs/201703/t20170318_268143.html。

② 《中共山东省委组织部 山东省人力资源和社会保障厅 山东省财政厅 山东省科技厅 山东省教育厅关于支持和鼓励事业单位专业技术人员创新创业的实施意见》，http://zzrs.byfy.cn/u/cms/xzzrscsite/202003/06083751f2go.pdf。

③ 《施一公：不应该鼓励科学家创业》，http://www.cailiaokexue.com/researchlife/1651.html。

过程分为识记、理解、应用、分析、综合、评价六个阶段，不同学习阶段对学习空间有不同的要求，因此创新创业学院的物理空间设计需要体现学习过程的全流程性。一方面要使物理空间由静态转向动态，涉及的教学设施、场地等要素根据不同学习阶段的需要来布置，以学生的兴趣、学习动机为起点，形成与专业学习、跨学科学习、创新创业实践、职业发展规划、事业发展规划相连接的个体发展轨迹；另一方面要突破现有空间设计仅仅面向课堂教学的局限，既要往课堂教学前端延伸，也要往课堂教学后端拓展。创新创业学院的空间设计分为三个环节，力求环环有效衔接。第一个环节是课堂教学的前端部分，要在高校办学定位、人才培养定位、发展战略规划等的指导下，使昆仑牛型创新创业学院空间设计适应研究型大学本科生学习需要，体现高校培养拔尖创新人才的需要，围绕能力导向型课程教学需要设计相应的教学环境，将课程内容与空间布局紧密融合，促进高阶思维培养。老黄牛型创新创业学院的空间设计则要适应应用型高校办学定位，体现高素质应用型人才培养要求，围绕知识导向型课程教学需要设计教学环境，促进学生对知识的识记、理解及实践操作能力培养。第二个环节是课堂教学，要根据研究性教学、翻转课堂等的需要，建设智慧教室，打破与班级授课制相适应的统一空间，设计大小不等的独立空间，满足学生个性化学习需要。第三个环节是课堂教学的后端部分，创新创业学院空间设计需要场地、空间与学生学习评价、教师专业发展的有效衔接，在空间设计上推动实施创新创业型人才培养规划，塑造校园组织文化、优化教学状态。昆仑牛型创新创业学院要有利于提高学生解决复杂科技问题和社会问题的能力，老黄牛型创新创业学院则要有利于提高学生的动手能力。

第二，整体性设计创新创业学院物理空间。在深层学习过程中，学生的身心发展、认知能力、专业基础知识等的差异，带来他们对学习空间的偏好差异，这种差异可能影响他们的深层学习进程和学习效果。高校创新创业学院的空间设计应兼顾不同学生学习需求及学习过程的多样性。整体性表现在，兼顾学生的正式学习与非正式学习区域的结合、封闭性与开放性区域的结合、个体学习与团队学习区域的结合，满足学生独立学习和团队合作学习的需要；兼顾教师主导与学生主体区域的结合，发挥教师主导作用和学生主体作用，创造一个能够适应不同学生、满足不同课程教学要求、适合不同学习方式的学习空间生态圈。[①] 高校创新创业学院空间设计要充分利用现有技术、资源，融合深层学习理念、要素及学生学习多样化需求，为学生提供从获取知识到形成解决问题能力的整体性方案。高校创新创业学院空间设计要构建融合低阶思维与高阶思维、知识传授与自主学习的跨学科技术层面的学习空间和跨学科价值层面的学习空间；创设融合大数据、云计算等互联网技术的新型合作化学习空间，提升创新创业型人才的信息素养；构建校内与校外相结合，政府、高校、企业、社会组织、生活社区协力合作的真实学习体验环境。整体性的高校创新创业学院空间是大学生学习交流、思维碰撞、创意诞生的场所，“空间设计的精妙在于其能够作用于人们的思维和行为，产生意想不到的效果”[②]。高校创新创业学院在物理空间上，不仅仅是一个传统教学场地，而是一个满足不同学生多样化、个性化学习需求的空间，强调学习体验和分享经验，贯穿从浅层学习到深层学习、从知识导向到能力导向的全过程，融理念、技术、服务于一体。在技术层面，高校创新创业学院要充分利用先进教育技术推动教育教学改革、学习空间设计转型升级，使物联网、云计算等技术应用于创新创业学院空间设计；在服务层面，高校创新创业学院要创设与先进教育技术相适应的各种服务，发挥技术服务教学的最大效用。

（四）以能力导向建设课程内容

课程内容是高校在长期人才培养实践和毕业生在生产生活实践中总结出来的系统的直接经验和间接经验的总和，是高校根据人才培养目标和

---

① 董君武:《建构学习空间生态圈》，https://www.sohu.com/a/220478305_497980。

② 邵阳:《基于深层学习的高校图书馆学习空间设计》，《图书馆工作与研究》2018 年第 10 期，第 118~123 页。

课程目标从各种知识中选择并按一定逻辑顺序整合而成的知识体系。课程是知识的重要载体，知识是分科教育的重要单元，在学科制度中知识之间有严格的壁垒。通常认为，知识生产模式正经历从知识生产模式Ⅰ型向知识生产模式Ⅱ型的转变，在知识生产模式Ⅰ型中知识生产目标是探索学术知识和促进知识增长，知识内容主要是单一学科的知识；在知识生产模式Ⅱ型中“知识是在跨学科的情境中生产的”[①]，知识生产目标是在现实情景中应用知识和解决生产生活中的复杂实际问题，知识内容主要是跨学科知识，具有天然的跨学科性质。专业教育侧重单一学科知识传授，停留在浅层学习，跨学科教育强调在两门及两门以上学科知识传授的基础上，进一步培养学生的高阶思维能力、分析能力、创新能力、创业能力、创新创业精神，因此课程内容要在注重知识传授的基础上以培养学生问题解决能力为导向。一项针对山东高校毕业 5 年内的 5591 名本科毕业生，其中 2155 名在读硕士研究生、3436 名已参加工作的本科毕业生，覆盖文科、理科、工科等学科门类，包括课程目标、课程体系与内容、课程实施、课程资源、课程评价等方面的课程满意度调查显示：高校课程满意度总体上处于中等水平，在读硕士研究生与已就业本科毕业生之间、不同学科类别大学生之间的满意度之间存在差异；高校课程存在的主要问题有未能落实“以学生为本”的理念，课程定位未能精准指向社会需求，课程内容未能及时反映快速更新的知识和最新科技创新成果，课程设置未能帮助学生掌握跨学科的理论方法，教学与研究未能协同发展等。[②] 后现代教育理论强调培养学生的独立精神、创新能力和批判怀疑精神，在此理论下，高校课程内容应从预设向生成转变，实现知识、能力和素质的协调发展。[③] 现行课程考核内容以教材理论知识的再现、机械记忆的知识为主，缺乏对学生表达

---

① 陈洪捷：《知识生产模式的转变与博士质量的危机》，《高等教育研究》2010 年第 1 期，第 57~63 页。

② 周海银：《普通高校课程建设的向度——基于山东省普通高校毕业生课程满意度的调查》，《教育研究》2015 年第 10 期，第 37~46 页。

③ 魏小琳：《后现代视野中的高校课程体系建设》，《高等教育研究》2007 年第 7 期，第 90~94 页。

能力、应用能力、应变能力、组织协调能力的锻炼与培养，难以促进大学生就业能力的提升，考核内容改革需要从重知识转向知识、能力和素质并重。① 基于学生在 2001 年 PISA 测试中的表现低于平均水平的反思，2005 年德国发布基于核心概念和能力导向的科学教育标准，这标志着德国科学教育从知识导向到能力导向的重大变化。② 课程体系设计不仅要遵循学科专业知识、问题解决能力的逻辑，还要重视社会经济发展对人才的知识、能力的需求。我国创新创业型人才培养的课程体系建设重点是完善能力导向的课程体系。

第一，在国家教学质量标准基础上设计以能力为导向的课程体系。《普通高等学校本科专业类教学质量国家标准》规定了各专业类（一级学科）的主干学科基础、人才培养目标、培养规格、课程体系总体框架、课程设置等，下设个专业要在专业类质量标准基础上，结合本专业设计具体的课程体系。课程体系设计有两种思路：一是知识导向，二是能力导向。跨学科本科专业要设计能力导向的课程体系。行政管理专业在 1993 年版、1998 年版本科专业目录中分别可以授予法学或哲学学士学位和管理学或法学学士学位，在 2012 年版和 2020 年版的本科专业目录中可授予管理学学士学位，是一个跨学科专业。根据《普通高等学校本科专业类教学质量国家标准》有关公共管理类专业教学质量国家标准要求，公共管理类专业的主干学科有管理学、政治学、法学、经济学等，具有学科方法的多样性、学科导向的应用性等学科特点。行政管理专业隶属公共管理学科，其课程体系需要在公共管理类教学质量国家标准框架内设计。温州大学行政管理本科专业根据学校所在区域特点及毕业生就业去向等因素，确定立足温州、服务浙江、辐射全国的专业定位，实行“行政管理 + 法学”的人才培养模式，培养既懂管理，又有法治思维的

---

① 罗三桂、刘莉莉：《我国高校课程考核改革趋势分析》，《中国大学教学》2014 年第 12 期，第 71~74 页。

② 胡玉华、孙昕宇：《德国科学教育改革：从知识导向到能力导向》，《中小学管理》2016 年第 5 期，第 17~19 页。

复合型人才。在充分调研、论证基础上，该专业提出以写作与沟通能力训练为核心，以社会调查与实践为载体，实施深层学习与应用技能训练，培养学生解决复杂公共管理问题的能力。该专业在开设公共管理类专业教学质量国家标准规定的政治学、经济学、法学、管理学、社会学等相关学科基础课，以及公共管理、公共政策、公共伦理等专业基础课的基础上，重点建设了政治学与法学、企业行政管理 2 个特色课程群，培养学生的法律思维和管理学思维。其中企业行政管理特色课程群开设企业行政管理理论与实务、企业法务、劳动关系及争议处理、市场营销、人力资源开发与管理、劳动法、合同法、民法、秘书学、会计学、微观经济学等课程。[①] 高校在制定人才培养方案时，课程内容选择既要避免“重学轻术”也要避免“重术轻学”。[②] 温州大学行政管理专业的课程体系较好平衡了“学”与“术”，而有些高校的公共事业管理专业的课程体系则有“重术轻学”之嫌。在 1998 年版本科专业目录中，公共事业管理本科专业同样隶属公共管理学科，可授管理学、教育学、文学或医学学士学位，是一个跨学科专业，适应公共管理类专业教学国家标准。例如某高校公共事业管理专业的人才培养目标定位为培养系统掌握管理学、教育学、教育心理学、汉语言文学的基本理论知识，具备从事各级教育管理工作所必备的各种能力，拥有良好的教师素养以及从事中小学语文学科实际教学的能力，能在教育行政部门、各级各类学校从事管理、教学和科研等方面工作的复合型高级专门人才；主干学科为管理学、教育学、心理学、教育管理学；学位课程包括公共管理学、教育学原理、教育研究方法概论、汉语基础Ⅰ、教育行政与管理等。可见，该专业的课程体系与公共管理类专业教学国家标准有一定距离，调研得知其毕业生主要去向为到中小学校从事语文、政治、历史教学工作。

第二，构建以培养能力为导向的项目实践课程链。过去创新创业型人

---

① 《温州大学行政管理本科专业（2021 级）人才培养方案》。

② 王志蔚:《地方本科高校课程体系转型待解的五个问题》,《教育探索》2017 年第 1 期，第 43~46 页。

才培养的课程体系的弊端之一是实践课程学分、学时占比偏小，教学过程偏虚。能力导向的课程体系既要求加大实践课程的学分、学时的比重，同时要做实教学过程，真正发挥实践课程教学在培养学生复杂能力方面的作用，从这个角度出发，设计一种知识链与能力链双链并进、阶梯式的课程体系，其中知识链由专业理论课程构成、能力链由项目实践课程构成。大部分创新创业型人才培养的知识链上的专业课程已经比较成熟，设计能力链上的项目实践课程链成为重点。项目实践课程贯穿人才培养全过程，每个学期均安排一定项目实践课程，且课程之间有较强的逻辑关系，形成课程链。电子科技大学航空航天工程专业以"新工科"建设为指引，建立起来的项目实践课程链"依据范围的大小和复杂程度从低层到高层建立一系列设计－实现（D-I）的经验，反复强化学生对产品、过程和系统开发的理解"，有效巩固学生的基础知识和培养学生的创造力，使学生由简到繁、由单一到复合，将工程推理、解决问题、团队工作、交流能力和专业知识进行有机融合。[①]

三 创新创业学院运行机制构建

运行机制是指为实现组织目标，保障组织有序高效运转，组织内外部各功能要素的结构、相互作用关系及各要素发挥功能的作用过程。有人认为，高校跨学科研究组织运行机制是指在高校内部，构成跨学科研究组织的各人员要素和资源要素，通过一定的运作方式将跨学科研究组织各个部门有机地结合起来，使组织内部运行达到协调的各种机制。[②] 这个定义有两个不足之处，一是仅从跨学科研究角度定义概念，没有关照

① 任玉琢、徐利梅、谢晓梅、李辉、黄艳、黄廷祝：《面向新工科的本科专业培养方案及创新课程设计与实践》，《高等工程教育研究》2019 年第 3 期，第 29~32、46 页。

② 文少保：《美国大学跨学科研究组织变迁与运行治理研究》，博士学位论文，大连理工大学，2011，第 19 页。

跨学科教育；二是仅从高校内部要素定义概念，忽视现代组织的开放系统特性。本书课题组从跨学科人才培养全过程的角度，在对高校创新创业学院进行跨学科组织设计的基础上，把高校创新创业学院运行机制定义为：为培养高质量创新创业型人才，确保高校创新创业学院有序高效运转，涉及人才培养从招生到毕业全过程的创新创业学院内部和外部各要素的结构、相互作用关系及各要素发挥功能的作用过程。学者们根据自身对各种组织的认知和理解，提出多种组织运行机制，比如根据教学服务型大学的内涵和组织目标，从系统科学角度认为教学服务型大学的运行机制包括引导机制、激励机制、协作机制和反馈机制。[①] 有学者认为我国高校基层学术组织运行机制包括学科为基、育人为本的基层组织确立机制，学术主导、行政服务的基层权力耦合机制，教学为要、科研为基的学术事务运作机制，教授治学、民主集中的学术主体治理机制。[②] 高校跨学科组织运行机制包括协作参与的治理机制，完善的项目管理机制，有效的资源整合机制，跨学科教育和培训机制以及多层次的成果转化机制。[③] 本研究认为创新创业型人才的本质是跨学科人才，其培养过程存在一个从浅层学习到深层学习、从知识到能力、从跨学科技术到跨学科价值的连续谱系，为此，以创新创业型人才培养全过程重构高校创新创业学院运行机制，具体包括招生选拔机制、教学过程机制、就业升学机制、质量保障机制（见图 6-2）。

---

① 魏钢焰：《教学服务型大学的运行机制探讨》，《浙江树人大学学报》（人文社会科学版）2015 年第 3 期，第 100~104 页。

② 汤智、李小年：《大学基层学术组织运行机制：国外模式及其借鉴》，《教育研究》2015 年第 5 期，第 136~144 页。

③ 张倩：《大学跨学科组织运行机制研究》，硕士学位论文，华南理工大学，2019，第 57 页。

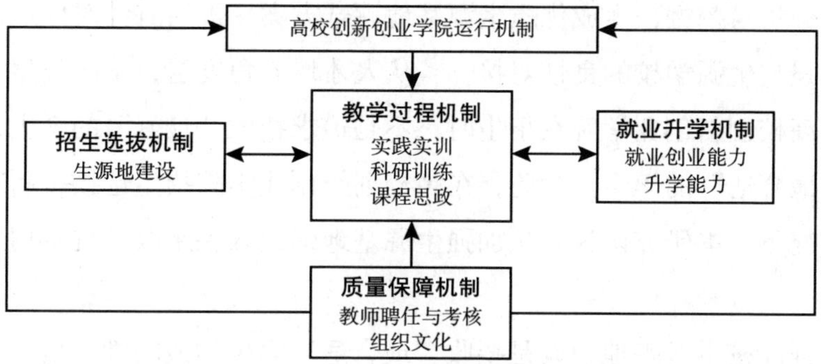

图 6-2 跨学科人才培养全过程中的高校创新创业学院运行机制

（一）以生源基地建设为核心的招生选拔机制

招生是人才培养的第一步，招生选拔机制是创新创业学院运行机制的第一个环节。目前高校创新创业学院的招生选拔方式（模式）主要有全国统一高考、“强基计划”招生（2020 年起不再组织开展高校自主招生工作）、浙江省的“三位一体”招生、南方科技大学“631”综合评价模式、中国科学技术大学少年班招收高二及以下年级学生参加全国高考加复试、荣誉教育学院“2+2”模式、辅修专业招生模式、第二学士学位招生等，这些招生选拔方式（模式）为创新创业型人才培养做出了有益探索，每种招生方式（模式）都有优点也有不足，很难评价哪个模式最好或最差。通过国家教育考试方式选拔学生必须在法律框架内进行，从在读大学生中选拔部分学生进行创新创业教育通常属于高校自主权范畴，但也需要力求在公平与效率之间取得平衡。有研究分析了 36 所“双一流”建设 A 类高校“强基计划”招生简章，认为为更好地服务创新驱动发展战略，应在全国统一高考模式的基础上积极探索“分类考核、综合评价、多元录取”的考试招生模式，选拔和培养更多综合素质优秀，具有创新潜质的拔尖创新人才。[①] 有研究提出利用数据挖掘分析技术，通过对毕业生的在校数据进

---

① 刘海燕、蒋贵友、陈唤春：《我国拔尖创新人才选拔与培养的路径研究——基于 36 所高校“强基计划”招生简章的文本分析》，《高校教育管理》2021 年第 4 期，第 93~100、124 页。

行统计分析与挖掘，生成优质生源基地评选方案，进而有针对性地优化生源，加强与生源学校的良性对接。[①] 从人才培养角度看，不同类型、不同层次的高校创新创业学院在招生时，不是追求招收“最好”的学生，而是招收“最合适”的学生。为此，在高校创新创业学院招生选拔机制难分优劣的情况下，本研究认为要从加强生源基地建设入手来改进现有招生选拔机制。

加强高校生源基地建设是招收“最合适”学生的战略性举措。高校招收优质生源是提高人才培养质量的第一步，优质生源不等于高分生源，而是最适合本校的生源。很多高校存在部分新生放弃入学资格的现象，也有在读大学生因对学校不满意等因素而退学的现象，这些现象本质上是高考考生与高校之间的匹配出了问题，也就是说高校没有招收最合适的学生，考生没有被最合适的高校录取。为此，近年来不少高校实施招生工作“一把手”工程，做好招生宣传工作，优化招生计划，建设生源基地。本研究认为，高校招收最合适的学生的可行方式是把招生工作向高中延伸，加强生源基地建设，培育最合适的生源，实现基础教育与高等教育的有效衔接。第一，深度合作的生源基地，比如苏州中学。早在 1985 年，中国科学技术大学少年班与苏州中学合作建设少年班苏州中学预备班，招收初二年级或具备同等学力的初二年级以下的优秀学生，实施四年弹性学制，苏州中学选派优秀教师担任班主任和任课教师，适当增加理科课程学时，对于具有显著特长的学生，给予奖励。此外，2009 年苏州中学还与西安交通大学合作开办八年制高中本科硕士连读预科班，2012 年苏州中学与南京大学合作采取“2+4”高中大学六年一贯直通车培养模式。苏州中学成为一批高校“普通高中创新人才培养试点学校”，承担着实践探索国家创新人才培养和普通高中教育改革与发展的战略任务。第二，较浅层面合作的生源基地。这种生源基地与高校没有实质性的合作，大多是作为高校招生

① 张妍:《基于数据挖掘技术的高校优质生源基地评选方法研究》，硕士学位论文，浙江师范大学，2019。

宣传重点对象。高校向特定高中授予“优秀生源基地学校”牌匾，学生可以提前了解报考学校，减少高考填报志愿的盲目性。2003 年前后中国矿业大学在江苏、山东、河南、安徽等省近 30 所中学建立生源基地，并授牌。①2010 年前后，湖北大学在仙桃中学、仙桃一中等 47 所高中建设生源基地，加强合作。这类生源基地有利于解决高校与考生的信息不对称带来的问题，也有利于提高生源质量。高校选派教师深入生源基地开展学术讲座、报告、职业生涯规划指导等活动，帮助学生尽早了解专业方向，合理规划人生目标，同时对于高中教师进行专业培训，提高生源基地老师的业务水平，与此同时，高校也可以组织高中师生来校参观、学习，增进高中师生对高校的了解。② 第三，高中先修高校课程学分。近年来，西安交通大学、清华大学等高校联合推出微积分、线性代数、大学物理、大学化学等 8 门课程，面向全国 116 所高中开放，高中生通过在线学习并通过考试，可以获得西安交通大学和清华大学等高校的认证学分。③

（二）以实践能力为中心的教学过程机制

现有教学过程研究的文献显示，教学过程是一个很难定义的概念，有多种理论视角和层次，这也导致教学过程机制的界定难度增加。在信息输入—加工—输出的信息论里，教学过程是教与学之间的信息传递反馈的控制过程；在心理学里，教学过程是学生以认知为基础的全面心理活动过程和以能力为核心的个性心理统一培养、塑造和发展的过程；在哲学里，教学过程是一种特殊的认知过程。④ 从层次上看，教学过程可以

① 龙景奎：《建立生源基地，发展高校和中学之间的新型关系》，《江苏高教》2003 年第 6 期，第 88~89、117 页。

② 贾彦彬：《高考改革新形势下关于加强高校生源基地建设的思考》，《吉林人大》2017 年第 11 期，第 34~35 页。

③ 郑庆华：《“双一流”建设背景下中国特色高校招生选拔创新模式探索与实践》，《中国高教研究》2017 年第 9 期，第 8~11 页。

④ 刘承波：《信息时代高等学校教学过程的变革及其运行机制》，博士学位论文，厦门大学，2002，第 9 页。

理解为一堂课的教学过程或者一门课程的某一个章节的教学过程或者一门课程的教学过程，也可以理解为一个人从学前教育到研究生教育的整个教育过程。本研究从创新创业型人才培养出发，把教学过程界定为高校实施某一个专业人才培养方案，进行专业理论教学和实践教学的过程。教学过程机制就是高校在实施人才培养方案时，专业理论教学与实践教学之间的相互作用的关系、专业理论教学各要素之间的相互作用的关系及实践教学之间的相互作用的关系。教学过程机制不同于教学过程机制图，教学过程机制图是一种辅助教学理解的专业工具，可以作为解释教学过程及其特定教学行为的重要抓手，用来回答教学是如何达成或偏离目标的问题。[①] 本研究中教学过程机制主要指培养实践能力的教学过程机制。

第一，强化实践教学。实践教学使专业理论转化为实践能力，是培养创新创业型人才问题解决能力的重要一极。实践教学具有问题探讨、深度体验和批判反思的特征，是一个以课程实践教学为主体、以专业实践教学和社会实践教学为两翼的逻辑体系。[②] 做好创新创业型人才培养的实践教学，要加强实践教学的顶层设计，一方面要加大实践教学课程在人才培养方案中的学分、学时比重，构建跨学科实践课程体系；另一方面要加强实践教学与专业理论课程教学的匹配度，革除实践教学与理论教学相脱节的弊端。为此，创新创业学院需要与政府、企业、社会组织共建一批实践教学基地，打造校内校外实践教学平台，为开展实践教学提供基础。在智能化时代，不仅要加强传统实践教学，还要加强虚拟实践教学。比如在工程实践教学中，要回归技术创新本质，夯实工程实践活动的知识基础；依托真实情境，开发集设计、生产、运营于一体的综合实践项目；协同多元主体，创设虚实结合、校企融合的工程实践平台；强化技术伦理，构建人机

① 何文涛、黄立新、王良辉:《教学过程数据驱动下的教学解释探究》,《中国电化教育》2019 年第 7 期，第 38~45 页。

② 时伟:《论大学实践教学体系》,《高等教育研究》2013 年第 7 期，第 61~64 页。

协同、安全共生的实践教学生态。[①]

第二，强化大学生科研训练。大学生参与科研训练有助于提升其发现问题、分析问题、解决问题的能力，进而提高其思维水平和认知水平。美国大学在 20 世纪 60 年代率先把本科生参与科研训练制度化和规范化，2000 年起美国各大高校把科研训练作为创新创业型人才培养的有效方式；在我国，1995 年清华大学最早实施本科生科研训练计划，2007 年教育部开始实施“国家大学生创新性实验计划”。[②] 大学生参与的科研项目包括教师的各级各类纵向和横向科研项目，也包括面向大学生的各级各类创新创业基金项目。一项针对北京某高校 2766 名本科生的问卷调查显示，大学生参与科研活动对个体认知水平和社会性能力的发展均有明显帮助，学生参与科研活动次数越多，越能体会到自身认知水平及社会性能力的提升。[③] 另一项针对 5 所高校 836 名有一次及以上完整科研参与经历的理工科大学生的问卷调查显示，“大学生参与科研训练的收获整体较多，从高到低依次为专业社会化、社会性能力和关系、对职业 / 教育道路的选择和准备、学术技能和研究能力”[④]。强化大学生科研训练，一是高校应把“科研训练参与”和“学术论文写作”作为选修实践课程纳入人才培养方案，并提出相应的学分和学时要求。二是高校要鼓励教师多吸收学生参与科研训练，并且规定教师不需要支付学生劳务费，免除教师“剥削”大学生的嫌疑，从制度上把大学生参与科研训练作为创新创业型人才培养的重要环节。三是高校要把各级各类学科竞赛、创新创业训练、毕业论文（设计）贯通起来，实现专业理论学习与实践训练的有机融合。目前大部分高校将

---

① 马廷奇、刘思远：《工业生产智能化背景下工程实践教学模式创新》，《国家教育行政学院学报》2021 年第 8 期，第 64~71 页。

② 李湘萍：《大学生科研参与与学生发展——来自中国案例高校的实证研究》，《北京大学教育评论》2015 年第 1 期，第 129~147 页。

③ 李湘萍：《大学生科研参与与学生发展——来自中国案例高校的实证研究》，《北京大学教育评论》2015 年第 1 期，第 129~147 页。

④ 郭卉、韩婷：《大学生科研学习投入对学习收获影响的实证研究》，《教育研究》2018 年第 6 期，第 60~69 页。

本科生毕业论文（设计）环节安排在第七学期，这个阶段相当一部分大学生在准备考研、考公等，投入毕业论文（设计）的时间得不到保障，这是本科毕业论文（设计）质量不高的重要原因。因此，在创新创业型人才培养过程中，要把毕业论文（设计）提前至第三学期，甚至更前，将大学生参与教师的科研训练成果、学科竞赛成果等认定为毕业论文（设计），或者鼓励学生在科研训练成果基础上形成毕业论文（设计），提高大学生参与科研训练的积极性。四是重视大学生科技创新团队。有调查显示，对工科大学生来说，科技创新团队是最有效的本土化科研学习形式。① 高校要建立大学生科技创新团队培育和管理制度，实现科技创新团队在指导老师带领下的“传、帮、带”，实现科技创新团队的可持续发展。

第三，以课程思政为主线的社会实践。课程思政与创新创业教育深度融合是提高创新创业人才培养质量的可靠保证。“立德树人、教书育人，是教育事业的神圣职责，也是教育改革的根本任务。” ② 课程思政与立德树人具有逻辑的一致性，是高校落实立德树人根本任务的内在要求。实施课程思政有利于进一步完善人才培养目标价值体系，实现知识传授、能力培养、素质提升与价值引领同频共振，实现与家国情怀的深度融合。为此，高校创新创业学院的教学过程机制需要整合课程资源，特别是实践课程资源，激发大学生的家国情怀，提升深层学习的主动性和积极性。实践教学过程中，教师要结合国内外复杂形势，科技竞争在综合国力竞争中的地位，大力培养能够解决复杂科技问题和社会问题的人才，帮助大学生树立为中华民族伟大复兴而读书的使命感和自豪感。

（三）以高质量为目标的就业升学机制

大学生就业机制，简单来说就是大学生实现就业的方式，分为主动就

① 郭卉、韩婷、黄刚：《大学生科技创新团队：最有效的本土化大学生科研学习形式——基于三所研究型大学的调查》，《高教探索》2018 年第 1 期，第 5~10 页。

② 教育部课题组：《深入学习习近平关于教育的重要论述》，人民出版社，2019，第 115 页。

业和被动就业，前者指个人发挥主观能动性实现的就业，后者指由制度或者他人安排实现的就业，如计划经济时期的国家分配工作。[①] 一项针对长沙市 11 所高校 9 个学科的 800 名应届毕业生的问卷调查显示，人力资本是就业的基石，是获得就业机会的敲门砖，社会资本是桥梁，是人力资本得以展示的中介，两者的合力共同影响大学生求职，并在影响过程中形成共生关系，大学生在读期间要加强人力资本与社会资本投资和积累。[②] 就业是发展的基础，高质量就业是高质量发展的基础。创新创业型人才高质量就业是创新创业型人才高质量发展的基础，是国家创新发展战略的基础，是“大众创业、万众创新”的基础，也是推进共同富裕的重要基础。创新创业型人才高质量就业机制的形成需要强化政府责任、市场主导、高校引导、以大学生为主体，从创新创业学院运行机制角度看，创新创业型人才高质量就业的关键要素是大学生就业创业能力。就业创业能力是大学生解决问题能力的基础，很难想象一个大学生如果就业创业能力不足却能够解决复杂科技问题和社会问题。新时代我国社会主要矛盾已经转化为人民日益增长的美好生活需要和不平衡不充分的发展之间的矛盾。大学生高质量就业不仅要在物质层面有利于全体学生实现美好生活，还要在精神层面有利于全体学生实现美好生活，进而有利于学生家庭甚至全社会实现物质和精神层面的美好生活。

第一，提升大学生就业创业能力。在政府层面，一方面要以合理速度发展经济，创造更多的就业岗位；另一方面要通过政策法规鼓励用人单位深度参与高校人才培养，确保就业机会公平，力避各种就业歧视，以体面劳动理念为指导在政策层面确保劳动者的工资收入、“五险一金”等福利的正常增长，保护劳动者的合法权益。在用人单位层面，一方面要以产

① 陈成文、何蛟龙：《就业资本、就业单位性质与大学毕业生就业机制的关系——基于湖南省 2011 至 2015 届大学毕业生的实证研究》，《湖南师范大学社会科学学报》2015 年第 6 期，第 82~86 页。

② 钟云华：《人力资本、社会资本与大学毕业生求职》，《高教探索》2011 年第 3 期，第 140~146 页。

学合作方式积极参与高校创新创业型人才培养过程，不仅要做人才的消费者，还要做人才的培养者和发展者，提高员工的工资福利；另一方面要做好员工的职业发展规划和继续教育，持续提高员工的思想政治素质和业务能力。在高校层面，一方面要根据社会经济发展需要，及时调整专业设置及人才培养方案，加强以能力为导向的课程体系建设；另一方面要做好就业、创业、升学帮扶工作，在大学生与用人单位、升学院校之间架起沟通桥梁。在大学生层面，一要正确认识就业市场，在正规就业渠道外理性参与非正规就业。大学生非正规就业既指在非正规部门就业，也指在正规部门无正式劳动关系就业，非正规就业大学生占全部就业学生的比例已达40.7%，主要通过劳务派遣形式集中于城市私营企业与外资企业，促进大学生非正规就业发展，在宏观层面政府需完善劳动力市场并优化非正规就业政策，在中观层面高校应优化大学生非正规就业教育与服务，在微观层面大学生需要加强对非正规就业的科学认知。① 二要以“打铁还需自身硬”的理念提升就业创业能力。在大学生就业创业机制中，高质量就业的关键要素是大学生自身的就业创业能力。政府、用人单位和高校尽管在大学生高质量就业中扮演重要角色，但不是关键角色。大学生要认真学习专业知识，提升综合能力和素质，掌握学习方法，保持持续学习的状态；要积极参与正规就业和非正规就业，在家庭、个人能力范围内做自主创业者、岗位创业者。岗位创业者是指就业者在用人单位通过发挥自己和团队的创新创业精神和创新创业能力，创造更多的新业务、新岗位，进而为社会、用人单位、个人创造更多的价值。岗位创业是高校创新创业教育发展的战略选择，以岗位创业为导向的创新创业教育具有融入高校现有人才培养体系、以大部分在校生为教育对象、以提升就业竞争力和创新创业能力为目标等特征。②

---

① 钟云华、朱家德:《大学毕业生非正规就业：特征、发展困境与破解之策》,《高教探索》2019 年第 1 期，第 104~110 页。

② 黄兆信、曾尔雷、施永川、王志强、钟卫东:《以岗位创业为导向：高校创业教育转型发展的战略选择》,《教育研究》2012 年第 12 期，第 46~52 页。

第二，提升大学生的升学能力。本科教育与硕士研究生教育的区别之一是人才培养规格不同，根据《高等教育法》规定的学业标准：本科生毕业需要“比较系统地掌握本学科、专业必需的基础理论、基本知识，掌握本专业必要的基本技能、方法和相关知识，具有从事本专业实际工作和研究工作的初步能力”，硕士研究生毕业需要“掌握本学科坚实的基础理论、系统的专业知识，掌握相应的技能、方法和相关知识，具有从事本专业实际工作和科学研究工作的能力”。《学位条例》中也有对学士和硕士的学术水平不同的要求。一项针对独立学院本科毕业生的调查显示，成功考研大学生普遍具有考研动机理性、考研目标明确且准备充分、综合素质优秀等特征。① 另一项基于 2012 年北京高校硕士研究生的调查数据显示，本科成绩对于硕士毕业生的起薪有显著的正向影响，读研学术动机越强、经济动机越弱、本科成绩越好的学生硕士阶段成绩越好且科研论文发表越多。② 还有调查显示，在美国大学读研究生至少需要具备良好的写作能力、提出问题并批判性思考问题的能力和良好的表达与沟通能力三种能力，这些能力都是解决复杂科技问题和社会问题所需要的能力。③ 可见，本科生考研升学不仅仅可以为国家培养更高层次的人才，也有助于个人积累更多的人力资本并带来更多的经济收益，提升学习能力，而学习能力是解决问题能力的基础。考研不仅是对大学生的毅力考验，也是对识记、理解、应用、分析、综合、评价等学习过程和学习能力的综合检验。成就动机是个人追求成就的内在动力，有研究显示成就动机与大学生学习的自觉性、坚持性的人格品质呈正相关，考研学生成就动机水平高于非考研学生，理科生的成就动机水平显著地高于文科生。④ 跨学科人才培养向研究生教育阶段延

① 李国昌、任笑良：《成功考研大学生的群体性特征分析》，《中国地质大学学报》（社会科学版）2013 年第 S1 期，第 145~148 页。

② 郭丛斌、闵维方、刘钊：《保研学生与考研学生教育产出的比较分析———以北京高校硕士研究生为例》，《教育研究》2015 年第 3 期，第 47~55 页。

③ 林晓东、史中琦：《2018 考研在即！哥大教授：想去美国读研究生，最需要这三种能力！》，《留学》2017 年第 24 期，第 34~38 页。

④ 刘彦华、杜卉、朱丽娜：《成就动机与大学生考研心理的调查与思考》，《教育科学》2006 年第 3 期，第 89~91 页。

伸是跨学科人才培养的发展趋势。一方面高校应鼓励并引导大学生考研，为考研学生提供学习、生活上的多样化服务，提高成就动机水平和考研成功率；另一方面大学生需要有提升学历的强烈动机，跨学科、跨专业的考生要有坚定的恒心和毅力，系统进行专业学习。

（四）以教师聘任与考核改革为关键的质量保障机制

创新创业学院质量保障机制是指为保障创新创业型人才培养活动的正常开展和实现创新创业型人才培养目标，而形成的有关创新创业型人才培养需要的硬件和软件的运行方式。从广义上来说，包括招生、教学过程、就业升学机制等在内的所有事关创新创业学院运行的机制都是质量保障机制。本研究从创新创业型人才培养全过程的视角出发，认为质量保障机制是确保创新创业学院的招生机制、教学过程机制、就业升学机制运行的条件，具体来说主要有教学设施、质量标准、师资队伍、信息控制与反馈、组织文化等。《国务院办公厅关于深化高等学校创新创业教育改革的实施意见》提出的总体目标是“到2020年建立健全课堂教学、自主学习、结合实践、指导帮扶、文化引领融为一体的高校创新创业教育体系，人才培养质量显著提升，学生的创新精神、创业意识和创新创业能力明显增强，投身创业实践的学生显著增加”。该实施意见还规定了九个方面的主要任务和措施：完善人才培养质量标准，创新人才培养机制，健全创新创业教育课程体系，改革教学方法和考核方式，强化创新创业实践，改革教学和学籍管理制度，加强教师创新创业教育教学能力建设，改进学生创业指导服务，完善创新创业资金支持和政策保障体系。2020年11月教育部高教司负责人表示教育部通过六大举措深化高校创新创业教育改革：建基地，把样板树起来；定标准，把质量立起来；抓课程，让根基强起来；强师资，让结构优起来；推政策，让活力热起来；强实践，把能力提起来。① 可以

① 安红丽：《教育部：六大举措深化高校创新创业教育改革》，http://www.moe.gov.cn/fbh/live/2020/52651/mtbd/202011/t20201112_499637.html。

认为，目前我国创新创业教育在基地、质量标准、课程、师资、政策、实践能力等六个方面已取得长足进展，基本实现《国务院办公厅关于深化高等学校创新创业教育改革的实施意见》提出的总体目标。本研究认为，从人才培养全过程视角看，经过多年建设，大部分高校创新创业学院的硬件建设很不错，不足之处主要是体现在软件建设方面，当前及今后一段时间高校创新创业学院的质量保障机制建设的重点任务是要完善教师聘任与考核制度，加强组织文化建设。

第一，完善教师聘任与考核制度。在较长的一段时间内，我国高校创新创业教育面临的一个重大挑战是师资的数量和质量难以满足创新创业型人才培养的需求，相当部分高校创新创业学院既缺乏专职教师，更缺乏专业化教师。为此，高校的通行做法是引进与培育并举，解决师资问题，比如安排校内其他学科专业的专任教师担任创新创业教育的教师；聘用具有创新创业经验的企业家、高管等作为在职教师；打破校际壁垒，从兄弟院校聘请或与兄弟院校共享请师资；等等。本研究认为，建立一支校内外结合的稳定的跨学科师资队伍是保障创新创业学院健康持续发展的根本举措。高校要以教师聘任与考核改革为突破点，打破传统学科组织壁垒，促进创新创业学院跨学科组织发展。有学者根据对我国及美国多所大学跨学科组织的考察以及现场访谈情况，提出了三种策略，即组织重构策略、变通策略、依托院系策略。[①] 这些跨学科组织设计经验对高校创新创业学院组织设计有积极的借鉴意义。组织重构策略型高校创新创业学院与学科院系双聘教师，整合若干个学科的学术资源，重点在于激活现有人才资源存量，是一种体制内的激进改革设计。变通策略型高校创新创业学院与学科院系在组织上为松散关系，没有双聘教师，教师因共同学术志趣、项目、资源聚集在一起，是一种体制外的增量改革设计。依托院系策略型高校创新创业学院依托学科院系聘任新教师，建立小规模的创

① 刘凡丰、徐晓创、周辉、邓宁:《高校促进跨学科研究的组织设计策略》,《清华大学教育研究》2017 年第 5 期，第 77~81 页。

新创业型人才培养团队，教师在完成团队任务的同时也承担院系内一定的教学科研任务并接受院系的部分管理，属于介于体制内与体制外之间的渐进式增量改革设计。

第二，加强组织文化建设。组织文化作为一个正式概念出现在20世纪80年代，与之比较接近的一个概念是组织气氛，即组织成员对环境的集体感知或认知，组织文化是指组织在解决其外部适应性问题以及内部整合问题时习得的一种共享的基本假设模式。① 组织文化是组织的价值观，是组织意识形态，在形成组织发展远景、规范组织成员行为等方面有重要作用。高校创新创业学院文化对构建创新创业教育生态有支柱作用，培育创新创业学院文化有利于创新创业型人才培育由政策驱动转向文化驱动，由权力推进走向自我发展。② 现有部分高校创新创业学院结合学校办学传统、办学特色、学科特色、地域文化培育组织文化，处于起步阶段。高校创新创业学院文化建设是创新创业学院建设的薄弱环节，一方面，今后高校要认识到组织文化建设的重要性，进一步凝练适合本校创新创业学院的组织文化，把创新创业学院文化建设融入校园文化建设体系。另一方面，创新创业学院文化应该成为创新创业型人才培养特色的中介，内化在人才培养全过程，成为师生日常行为习惯。创新创业学院文化建设要立足新中国高等教育体系的“红黄蓝”三种基因，突出红色基因，从中国共产党史、新中国史、改革开放史、社会主义发展史中发掘创新创业型人才培养的思想精髓。创新创业学院文化建设既要尊重高校办学历史，突出办学传统和优势，又要注入新时代内涵，既要重视物质层面的文化建设，更要重视制度层面、精神层面的文化建设。

① 陈春花、尹俊：《组织文化研究的演化路径、知识图谱及研究展望》，《外国经济与管理》2019年第11期，第70~85页。

② 成希：《研究型大学创新创业教育生态系统构建研究》，博士学位论文，湖南师范大学，2018，第158页。

代表全国创新创业教育整体水平的高校名单

一　开办少年班的高校（13 所）

北京大学、北京师范大学、东南大学、复旦大学、华中科技大学、吉林大学、南京大学、清华大学、上海交通大学、武汉大学、西安交通大学、浙江大学、中国科学技术大学。

二　入选国家理科基础科学研究和教学人才培养基地、国家文科基础学科人才培养和科学研究基地、国家工科基础课程教学基地的高校（73 所）

北京交通大学、北京大学、北京航空航天大学、北京化工大学、北京科技大学、北京理工大学、北京林业大学、北京师范大学、北京中医药大学、重庆大学、大连理工大学、电子科技大学、东北大学、东北师范大学、东南大学、福建师范大学、福州大学、复旦大学、广西师范大学、广州中医药大学、哈尔滨工程大学、哈尔滨工业大学、河海大学、湖北大学、湖南大学、湖南师范大学、华东理工大学、华东师范大学、华南理工大学、华南师范大学、华中科技大学、华中农业大学、华中师范大学、吉林大学、暨南大学、兰州大学、南京大学、南京航空航天大学、南京师范大学、南开大学、内蒙古大学、清华大学、山东大学、山西大学、陕西师范大学、上海交通大学、上海师范大学、上海中医药大学、石油大学①、首都师范大学、四川大学、苏州大学、天津大学、同济大学、武汉大学、西安电子科技大学、西安交通大学、西北大学、西北工业大学、西南交通大学、厦门大学、云南大学、浙江大学、郑州大学、中国地质大学、中国海洋大学、中国科学技术大学、中国农业大学、中国人民大学、中国药科大学、中南大学、中山大学、中央民族大学。

三　2002 年教育部创业教育试点高校（9 所）

北京航空航天大学、黑龙江大学、南京财经大学、清华大学、上海交通大学、武汉大学、西安交通大学、西北工业大学、中国人民大学。

四　入选 2008 年度人才培养模式创新实验区建设项目的高校（71 所）

北京大学、北京工业大学、北京航空航天大学、北京交通大学、北京师范大学、重庆大学、大连理工大学、东北大学、东北师范大学、东南大学、福建师范大学、复旦大学、广西大学、哈尔滨工业大学、河南大学、

① 1953 年创立的北京石油学院，1969 年迁至山东东营胜利油田，更名为“华东石油学院”。1988 年学校更名为“石油大学”，由石油大学（北京）和石油大学（华东）两部分组成，2005 年 1 月更名为“中国石油大学”。国家工科基础课程教学基地由原国家教委于 1996 年批准，本课题在数据分析时把石油大学国家工科基础课程教学基地（化学）归入中国石油大学（华东）。

黑龙江大学、湖南大学、湖南师范大学、华东理工大学、华东师范大学、华东政法大学、华南理工大学、华中科技大学、华中农业大学、华中师范大学、吉林大学、江南大学、江西财经大学、兰州大学、辽宁大学、南京财经大学、南京大学、南京航空航天大学、南京师范大学、南开大学、内蒙古大学、宁波大学、清华大学、山东大学、陕西师范大学、上海财经大学、上海对外贸易学院（现上海对外经贸大学）、上海交通大学、首都师范大学、首都医科大学、四川大学、苏州大学、同济大学、温州大学、武汉大学、武汉理工大学、西安电子科技大学、西安交通大学、西北大学、西北工业大学、西北农林科技大学、西南大学、西南政法大学、厦门大学、燕山大学、云南大学、浙江大学、浙江万里学院、中国海洋大学、中国人民公安大学、中国药科大学、中国政法大学、中南财经政法大学、中南大学、中山大学、中央民族大学。

五　“拔尖计划1.0”高校（20所）

北京大学、北京航空航天大学、北京师范大学、复旦大学、哈尔滨工业大学、吉林大学、兰州大学、南京大学、南开大学、清华大学、山东大学、上海交通大学、四川大学、武汉大学、西安交通大学、厦门大学、浙江大学、中国科学技术大学、中国科学院大学、中山大学。

六　《高等学校创业教育经验汇编》中的典型实验区高校（20所）

北京航空航天大学、北京交通大学、大连理工大学、东南大学、广西大学、黑龙江大学、华东理工大学、江南大学、江西财经大学、南京财经大学、南京航空航天大学、宁波大学、清华大学、上海财经大学、上海对外贸易学院（现上海对外经贸大学）、上海交通大学、温州大学、西安电子科技大学、中南大学、中山大学。

七　2016~2017 年教育部认定的深化创新创业教育改革示范高校中的本科高校（176 所）

安徽大学、安徽工业大学、安徽理工大学、北方民族大学、北京大学、北京服装学院、北京工业大学、北京航空航天大学、北京理工大学、北京邮电大学、北京中医药大学、长春大学、长江大学、长沙理工大学、常州大学、成都理工大学、重庆大学、重庆科技学院、重庆邮电大学、滁州学院、大连东软信息学院、大连理工大学、电子科技大学、东北大学、东北林业大学、东北农业大学、东南大学、福州大学、复旦大学、广东工业大学、广西财经学院、广西大学、广西师范大学、广西师范学院（现南宁师范大学）、广州中医药大学、贵州财经大学、贵州大学、贵州理工学院、贵州师范大学、桂林电子科技大学、桂林理工大学、哈尔滨工程大学、哈尔滨工业大学、海南大学、海南师范大学、杭州师范大学、合肥工业大学、合肥学院、河北大学、河北工业大学、河北科技大学、河北农业大学、河北师范大学、河南大学、河南科技大学、河南农业大学、黑龙江大学、湖北大学、湖北工业大学、湖南大学、湖南商学院、湖南师范大学、华东交通大学、华东理工大学、华南理工大学、华南农业大学、华南师范大学、华侨大学、华中科技大学、华中农业大学、黄河科技学院、黄淮学院、吉林大学、吉林动画学院、吉林建筑大学、吉林农业大学、济南大学、暨南大学、江南大学、江西财经大学、江西师范大学、江西中医药大学、景德镇陶瓷大学、昆明理工大学、兰州财经大学、兰州大学、兰州交通大学、兰州理工大学、辽宁大学、辽宁工程技术大学、南昌大学、南京大学、南京工业大学、南京航空航天大学、南京理工大学、南京信息工程大学、南开大学、内蒙古大学、宁波大学、宁夏大学、青岛大学、青岛理工大学、青海大学、青海师范大学、清华大学、曲阜师范大学、山东大学、山东师范大学、山东协和学院、山西大学、山西农业大学、陕西师范大学、汕头大学、上海财经大学、上海交通大学、上海理工大学、深圳大学、沈阳工业大学、沈阳化工大学、沈阳师范大学、石河子大学、四川大学、四川美术学院、四川师范大学、苏州大学、塔里木大学、太原科技大学、太原理工大学、天津大学、天津工业大学、同济大学、温州大学、武汉大学、武汉工商学院、武汉科技大学、武汉理工大学、武汉生物工程学院、武夷学院、西安电子科技大学、西安建筑科技大学、西安交通大学、西安理工大学、西北大学、西北工业大学、西北农林科技大学、西藏大学、西藏民族大学、西南财经大学、西南交通大学、西南石油大学、厦门大学、厦门理工学院、湘潭大学、新疆财经大学、新疆大学、燕山大学、扬州大学、云南财经大学、云南大学、云南大学滇池学院、云南农业大学、云南师范大学、浙江大学、浙江工商大学、浙江工业大学、浙江万里学院、郑州大学、中北大学、中国科学技术大学、中国美术学院、中国人民大学、中国石油大学（华东）、中南大学、中南民族大学、中山大学、中原工学院。

八　2016~2019 年教育部评选出的全国创新创业典型经验高校中的本科高校（168 所）

安徽工业大学、安徽科技学院、安徽理工大学、安徽师范大学、北京大学、北京服装学院、北京工业大学、北京航空航天大学、北京化工大学、北京交通大学、北京科技大学、北京理工大学、北京联合大学、长春理工大学、长春中医药大学、长沙理工大学、成都理工大学、重庆大学、重庆交通大学、重庆科技学院、重庆文理学院、重庆邮电大学、滁州学院、大连东软信息学院、大连海事大学、大连理工大学、大连艺术学院、电子科技大学、东北财经大学、东北大学、东北农业大学、东华大学、东南大学、佛山科学技术学院、福建农林大学、福建师范大学、福州外语外贸学院、复旦大学、广东工业大学、广西大学、广西师范大学、广西医科大学、贵州工程应用技术学院、哈尔滨工程大学、哈尔滨工业大学、海口经济学院、杭州师范大学、合肥工业大学、合肥学院、河北大学、河北科技大学、河南大学、河南农业大学、黑龙江大学、湖北工业大学、湖北理工学院、湖南大学、湖南科技大学、湖南农业大学、湖南商学院、湖南师范大学、华东交通大学、华东师范大学、华南理工大学、华南农业大学、华南师范大学、华中科技大学、华中农业大学、华中师范大学、黄河科技学院、黄淮学院、吉林大学、吉林动画学院、吉林建筑大学、吉林农业大学、暨南大学、江南大学、江苏大学、江西财经大学、江西理工大学、江西师范大学、江西中医药大学、景德镇陶瓷大学、昆明理工大学、辽宁工程技术大学、辽宁工业大学、鲁东大学、南昌大学、南华大学、南京大学、南京航空航天大学、南京理工大学、南京林业大学、南京农业大学、南京师范大学、南京信息工程大学、南开大学、南阳理工学院、内蒙古财经大学、内蒙古大学、宁波大学、宁夏大学、青岛科技大学、青岛理工大学、青海大学、清华大学、曲阜师范大学、三明学院、三亚学院、山东大学、山东科技大学、山东农业大学、山东协和学院、山东英才学院、山东中医药大学、山西大学、汕头大学、上海财经大学、上海大学、上海对外经贸大学、上海交通大学、上海理工大学、沈阳工程学院、沈阳工业大学、四川大学、四川美术学院、四川农业大学、太原理工大学、天津大学、天津商业大学、同济大学、温州大学、武汉大学、武汉工商学院、武汉理工大学、武汉生物工程学院、西安翻译学院、西安交通大学、西安培华学院、西安外事学院、西安邮电大学、西京学院、西南交通大学、西南民族大学、西南石油大学、湘潭大学、新疆大学、信阳师范大学、许昌学院、扬州大学、宜春学院、云南财经大学、云南大学、云南大学滇池学院、云南农业大学、肇庆学院、浙江大学、浙江工商大学、浙江工业大学、浙江理工大学、郑州大学、中国地质大学（武汉）、中国计量大学、中国矿业大学、中国农业大学、中国人民大学、中南大学、周口师范学院。

九 2019~2020 年“拔尖计划 2.0”高校（60 所）

北京大学、北京航空航天大学、北京理工大学、北京师范大学、北京邮电大学、大连理工大学、电子科技大学、东北财经大学、东北师范大学、对外经济贸易大学、福州大学、复旦大学、国防科技大学、哈尔滨工业大学、湖南大学、华东理工大学、华东师范大学、华南师范大学、华中科技大学、华中农业大学、华中师范大学、吉林大学、兰州大学、南方医科大学、南京大学、南京航空航天大学、南京信息工程大学、南开大学、清华大学、山东大学、山西大学、上海财经大学、上海交通大学、沈阳药科大学、首都师范大学、四川大学、天津大学、天津中医药大学、同济大学、武汉大学、西安电子科技大学、西安交通大学、西北大学、西北工业大学、西北农林科技大学、西南财经大学、厦门大学、云南大学、浙江大学、中国地质大学（北京）、中国地质大学（武汉）、中国海洋大学、中国科学技术大学、中国科学院大学、中国农业大学、中国人民大学、中国药科大学、中南大学、中山大学、中央财经大学。

十 入选首批未来技术学院的高校（12 所）

北京大学、清华大学、北京航空航天大学、天津大学、东北大学、哈尔滨工业大学、上海交通大学、东南大学、中国科学技术大学、华中科技大学、华南理工大学、西安交通大学。

· 附录二 ·

《普通高等学校本科专业目录》中的跨学科专业

<table>
<tr><th rowspan="2">学科门类</th><th rowspan="2">专业类</th><th colspan="4">跨学科专业</th></tr>
<tr><th>1993 年版</th><th>1998 年版</th><th>2012 年版</th><th>2020~2021 年版</th></tr>
<tr><td>哲学</td><td>—</td><td>—</td><td>—</td><td>—</td><td>—</td></tr>
<tr><td rowspan="2">经济学</td><td>工商管理类</td><td>国际企业管理、房地产经营与管理</td><td>—</td><td>—</td><td>—</td></tr>
<tr><td>金融学类</td><td>—</td><td>—</td><td>信用管理</td><td>信用管理、精算学</td></tr>
<tr><td rowspan="3">法学</td><td>社会学类</td><td>社会学、人口学、社会工作</td><td>社会学、社会工作</td><td>—</td><td>—</td></tr>
<tr><td>政治学类</td><td>政治学、国际政治、行政管理学、外交学</td><td>政治学与行政学、国际政治、外交学、思想政治教育</td><td>—</td><td>—</td></tr>
<tr><td>公安学类</td><td>武警指挥</td><td>—</td><td>—</td><td>—</td></tr>
<tr><td rowspan="3">教育学</td><td>教育学类</td><td>教育技术学</td><td>教育技术学</td><td>教育技术学、艺术教育</td><td>教育技术学、艺术教育</td></tr>
<tr><td>思想政治教育类</td><td>思想政治教育</td><td>—</td><td>—</td><td>—</td></tr>
<tr><td>体育学类</td><td>体育管理、体育生物科学、体育保健康复</td><td>—</td><td>运动康复</td><td>运动康复、智能体育工程、运动能力开发</td></tr>
</table>

续表

学科门类	专业类	跨学科专业			
		1993 年版	1998 年版	2012 年版	2020~2021 年版
文学	艺术类	乐器修造艺术、影像工程	—	—	—
	新闻传播学类	—	—	—	会展
历史学	历史学类	—	—	外国语言与外国历史	外国语言与外国历史
	图书信息档案学类	图书馆学、信息学、档案学、科技档案、图书出版发行学	—	—	—
理学	物理学类	—	应用物理学	—	—
	化学类	—	应用化学	应用化学	应用化学
	地理科学类	—	—	自然地理与资源环境、人文地理与城乡规划	自然地理与资源环境、人文地理与城乡规划
	海洋科学类	—	—	海洋技术	海洋技术
	大气科学类	—	—	—	气象技术与工程
	地球物理学类	—	—	空间科学与技术	空间科学与技术
	地质学类	—	—	地球信息科学与技术	地球信息科学与技术
	力学类	—	理论与应用力学	—	—
	电子信息科学类	—	电子信息科学与技术、微电子学	—	—
	材料科学类	材料物理	材料物理、材料化学	—	—
	科技信息与管理类	管理科学	—	—	—
	生物科学类	—	—	生物技术、生物信息学	生物技术、生物信息学
	心理学类	—	—	心理学、应用心理学	心理学、应用心理学
	统计学类	—	统计学	—	—

续表

学科门类	专业类	跨学科专业			
		1993 年版	1998 年版	2012 年版	2020~2021 年版
工学	力学类	—	—	理论与应用力学	理论与应用力学
	机械类	工业设计	工业设计	—	—
	材料类	—	—	材料物理、材料化学	材料物理、材料化学
	电子与信息类	计算机及应用、计算机软件、计算机科学教育	—	—	—
	电子信息类	—	—	电子信息工程、电子科学与技术、微电子科学与工程、光电信息科学与工程、电子信息科学与技术	电子信息工程、电子科学与技术、微电子科学与工程、光电信息科学与工程、电子信息科学与技术
	计算机类	—	—	计算机科学与技术、信息安全	计算机科学与技术、信息安全、智能科学与技术、数据科学与大数据技术
	环境类	环境规划与管理	—	—	—
	环境科学与工程类	—	—	环境科学、资源环境科学	环境科学、资源环境科学
	生物医学工程类	—	—	生物医学工程	生物医学工程
	电气信息类	—	计算机科学与技术	—	—
	轻工纺织食品类	—	食品科学与工程、服装设计与工程	—	—
	纺织类	—	—	服装设计与工程	服装设计与工程
	食品科学与工程类	—	—	食品科学与工程	食品科学与工程
	建筑类	—	—	风景园林	风景园林

续表

学科门类	专业类	跨学科专业			
		1993 年版	1998 年版	2012 年版	2020~2021 年版
工学	农业工程类	土地规划与利用	—	—	—
	公安技术类	痕迹检验、文件鉴定、法化学、公共安全图像技术	—	—	—
	管理工程类	技术经济	—	—	—
农学	植物生产类	—	—	设施农业科学与工程、应用生物科学	设施农业科学与工程、应用生物科学
	动物医学类	—	—	动植物检疫	动植物检疫
	动物生产类	—	—	—	饲料工程
	森林资源类	野生植物资源开发与利用	—	—	—
	环境保护类	风景园林	—	—	—
	水产类	海洋渔业	海洋渔业科学与技术	—	—
	管理类	农业经济管理、林业经济管理、渔业经济管理、渔业资源与渔政管理、林业信息管理	—	—	—
医学	基础医学类	基础医学	—	—	—
	预防医学类	卫生检验	—	—	—
	临床医学与医学技术类	医学检验	医学检验	—	—
	护理学类	护理学	护理学	—	—
	药学类	药学、药物化学、药物分析、药理学、临床药学、中药学、中药检定、中药药理学、中药资源	药学、中药学、药物制剂	—	—
	中药学类	—	—	中药制剂	中药制剂

续表

学科门类	专业类	跨学科专业			
		1993 年版	1998 年版	2012 年版	2020~2021 年版
管理学	管理科学与工程类	—	工业工程	管理科学、信息管理与信息系统、工程管理、工程造价	管理科学、信息管理与信息系统、工程管理、工程造价
	工商管理类	—	—	文化产业管理	文化产业管理
	公共管理类	—	行政管理、公共事业管理、土地资源管理	土地资源管理、交通管理	土地资源管理、交通管理
	农业经济管理类	—	农林经济管理、农村区域发展	农村区域发展	农村区域发展
	物流管理与工程类	—	—	物流工程	物流工程
	工业工程类	—	—	工业工程	工业工程
	电子商务类	—	—	电子商务	电子商务
艺术学	—	—	—	—	—
交叉学科	—	—	—	—	—
小计		56 个	31 个	46 个	54 个

注：不含军事学学科门类中的专业；表中“—”表示该产业类在对应《普通高等学校本科专业目录》版本中未设跨学科专业。

后 记

本书是国家社科基金教育学一般课题“高校创业学院跨学科组织设计及运行机制”（项目编号：BIA170184）的结题成果，课题研究得到国家社科基金和温州大学资助，书稿出版得到江西师范大学资助，在此表示真诚的感谢。

课题选题在很大程度上来自本人对高校创新创业学院的观察、反思、批评。2011 年夏，我来到地处中国民营经济发祥地之一温州的温州大学工作。习近平同志主政浙江期间，曾语重心长地指出，“要高度重视教育和人才工作，特别要办好温州大学等高等院校”（摘自习近平《干在实处 走在前列——推进浙江新发展的思考与实践》，中共中央党校出版社，2009）。在温州大学工作期间，我慢慢接触到创新创业教育，并得知学校在本科教学评估时，把创新创业教育提炼为办学特色之一。2009 年，温州大学成立创业人才培养学院，处级单位建制、实体运行，2019 年更名为创新创业学院。跟其他学院相比较，创业人才培养学院有三个特别之处：一是尽管被冠名为“学院”，但在学校机构序列中属于教辅机构（2019 年下半年起归入学院序列）；二是这个学院的领导配备，除专职院长外，教务处、学工处、团委各有一个中层副职兼学院副院长；三是这个学院成立后的几年内，行政人员比专职教师更多，只有 2 名左右专职教师。工作期间，我跟创新创业学院黄兆信教授、王佑镁教授、施永川教授等历任、现任院长均有交流，也向他们请教过有关创新创业教育的问题。2015 年夏，学校进行新一轮机构改革和全员聘用改革，时任院长的王佑镁教授还曾邀请我到学院去工作，但由于诸多原因，错过一段“姻缘”。在与创新创业学院领导、老师交流的过程中，我有时开玩笑说这个学院有点“不三不四”（在温州语境中，大概意思是“不着调”“不正统”）。那几年，我为国家社科基金申报选题犯愁。大概是 2015 年秋冬，或者 2016 年春夏，我参加了学院一次比较正式的座谈会。其间，王佑镁教授说我老是对学院有这个看法那个看法，干脆研究一下吧。这次座谈会，激发了我研究创新创业学院的“激情”，并在不久之后将其正式确定为国家社科基金申报选题。会后不久，我与王佑镁教授合作写了《高校创业学院的发生学研究》一文，发表在《高等工程教育研究》2017 年第 3 期。感谢王佑镁教授的鼎力支持、帮助、提携。

2017 年夏，课题获得立项批准。课题研究过程中，经历了各种困惑、困难，自不必细说。有两个事情值得说说，一是考虑怎样给“不三不四”的创新创业学院“正名”，二是发现仅仅就课题申报时的研究设计，很难回答创新创业学院“是什么”这个问题。要给创新创业学院“正名”，就得寻找证据，论证其“合法性”，要回答创新创业学院“是什么”，需要先回答“创新创业教育是什么”“创新创业型人才是什么样的人才”。随着研究的深入，我决定把课题研究主题拓展至“创新创业型人才培养的组织支持”，这样一来，就增加了研究广度、深度和难度，也因此增加了不少研究工作量，至 2018 年底，已发表课题研究相关 CSSCI 论文 3 篇，但没有急于结题，而是继续拓展研究主题。

课题申报时，本人并没有搞清楚创新创业学院与跨学科组织之间的关系，只是确定了一个研究指向。研究过程中，始终被“什么是创新创业教育”这一问题困扰。为了破解这个难题，我决定在摸清楚创新创业学院基本现状的基础上，到创新创业教育史和高校人才培养史中去探寻“真相”。人才培养涉及数量、速度、质量等问题，即“多出人才”“快出人才”“出好人才”，现有文献在讨论人才培养质量时，更多指向人才培养规格，忽视追问什么是“好人才”，高校怎样培养“好人才”。顺着这个思路，发现自北宋胡瑗实施分斋教学法以来，我国人才培养有了更为明显的“主流教育”和“非主流教育”两条线，即在以一种教育培养“主流”人才时，还有至少一种教育在培养“非主流”人才。为培养“非主流”人才，政府、社会、高校等积极探索创办新型人才培养组织。从这个意义上说，创新创业学院是一种为培养“非主流”人才而创办的新型人才培养组织，既可以发生在高校层面，也可以发生在高校内部的学院层面。为此，创新创业教育就存在含有“创业”二字的创新创业教育（狭义）和不含“创业”二字的创新创业教育（广义），含有“创业”二字的创新创业教育历史不长，只有 20 多年，而不含“创业”二字的创新创业教育至少可以追溯至 1958 年中国科学技术大学的成立，甚至更早。中国科学技术大学成立时，在专业设置上没有采取当时的主流做法，即苏联理工分家的模式，而是实行理工结合、科学与技术结合，宽口径培养新兴、边缘、交叉学科的尖端科技人才。中国科学技术大学的做法，实际上是一种跨学科人才培养模式，也是创新创业型人才培养方式。课题设计之初，大概意思是创新创业学院要成为一个跨学科组织，需要进行跨学科组织设计，才能更好培养跨学科人才，课题研究过程中，也感觉创新创业型人才在很大程度上等同于跨学科人才。跨学科有一个连续谱系，为此跨学科人才培养也存在一个连续谱系，进而认为创新创业学院的跨学科组织设计也有一个连续谱系，即创新创业学院需要分类讨论。

我国高校承担着培养“专门人才”的法定任务，与此对应的是专业教育。专业教育是“主流教育”，创新创业教育则是“非主流教育”。从狭义层面上的创新创业教育看，其采取的举措恰恰是广义层面的创新创业教育，早期主要针对少数学生，实施主辅修双学位教育，当面向全体学生时，则是在专业人才培养方案中添加若干门创新创业类课程，当然，这种做法更多地指向创业教育。一些大学为解答“钱学森之问”实施的荣誉教育及拔尖创新人才培养计划，则更多地指向创新教育。在官方话语体系中，创新创业教育也经历了从创业教育演化为创新创业教育的过程，但现有政策文本只提及“为什么要开展创新创业教育”和“怎样开展创新创业教育”，并没有定义过“什么是创新创业教育”这个基础性问题。我在课题研究过程中，从跨学科人才培养实践、跨学科人才与创新创业型人才之间的关系出发，把创新创业教育定义为“一种有别于专业教育但又以专业教育为基础，采用跨学科的手段、方法和途径去培养具有一定跨学科素养，具备解决复杂科技问题和社会问题能力的人才教育活动”。在不进行严格区分的情况下，创新创业型人才等同于跨学科人才，创新创业教育等同于跨学科教育。当我厘清创新创业教育的概念内涵时，有种如释重负的感觉，甚至有种打通任督二脉的感觉。

近两年，疫情给访谈、调研等数据采集带来诸多不便，但课题研究还是较为顺利地开展，感谢学界前辈、同人的支持和帮助，也感谢接受访谈的领导、管理人员、学术人员。很多年前，在向《高等教育研究》副主编曾伟教授讨教时，他高屋建瓴地指出“创新只要一点点”，我铭记于心。创新创业教育的概念内涵是一己之见，需要更多的研究加以验证，本课题提供了一个研究视角，也算是做出了一点学术贡献吧。

图书在版编目（CIP）数据

高校创新创业学院跨学科组织设计及运行机制 / 朱家德著. -- 北京：社会科学文献出版社, 2023.6
ISBN 978-7-5228-1914-3

Ⅰ. ①高… Ⅱ. ①朱… Ⅲ. ①高等学校-创造教育-研究-中国 Ⅳ. ①G640

中国国家版本馆CIP数据核字（2023）第103643号

高校创新创业学院跨学科组织设计及运行机制

著　　者 / 朱家德

出 版 人 / 王利民
责任编辑 / 彭　媛　孙丽萍
文稿编辑 / 尚莉丽
责任印制 / 王京美

出　　版 / 社会科学文献出版社·国际出版分社（010）59367142
地址：北京市北三环中路甲29号院华龙大厦　邮编：100029
网址：www.ssap.com.cn
发　　行 / 社会科学文献出版社（010）59367028
印　　装 / 三河市尚艺印装有限公司

规　　格 / 开　本：787mm×1092mm　1/16
印　张：19　字　数：282千字
版　　次 / 2023年6月第1版　2023年6月第1次印刷
书　　号 / ISBN 978-7-5228-1914-3
定　　价 / 138.00元

读者服务电话：4008918866